HISTOIRE

DU

PATRIARCAT

ARMÉNIEN CATHOLIQUE

PAR

LE R. P. DONAT VERNIER

DE LA COMPAGNIE DE JÉSUS

> *Ecce quam bonum et quam jucundum habitare fratres in unum!*
> Qu'il est beau et qu'il est doux de voir des frères vivre ensemble dans l'union!
> (Ps. CXXXII, 1.)

DELHOMME ET BRIGUET, ÉDITEURS

LYON | PARIS
3, Avenue de l'Archevêché, 3 | 13, Rue de l'Abbaye, 13

HISTOIRE

DU PATRIARCAT

ARMÉNIEN CATHOLIQUE

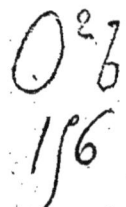

HISTOIRE

DU

PATRIARCAT

ARMÉNIEN CATHOLIQUE

PAR

LE R. P. DONAT VERNIER

DE LA COMPAGNIE DE JÉSUS

> *Ecce quam bonum et quam jucundum habitare fratres in unum!*
> Qu'il est beau et qu'il est doux de voir des frères vivre ensemble dans l'union!
> (*Ps.* CXXXII, 1.)

DELHOMME ET BRIGUET, ÉDITEURS

Lyon
3, avenue de l'Archevêché, 3

Paris
13, rue de l'Abbaye, 13

1891

BESANÇON. — IMPR. ET STÉRÉOTYP. DE PAUL JACQUIN.

PRÉFACE

Sa Sainteté Léon XIII a été établi par Jésus-Christ le pasteur de tous les hommes régénérés par le baptême, puisqu'il est le légitime successeur du Prince des apôtres. Soit qu'ils obéissent à son autorité, soit qu'ils la méconnaissent, il n'en est pas moins leur chef de droit divin, et la rébellion ne détruit pas sa juridiction imprescriptible; il est donc le pasteur de tous les peuples chrétiens, et en conséquence le pasteur de l'Arménie. Conformément à sa charge apostolique, il a, le 25 juillet 1888, rappelé aux Arméniens l'obligation qui leur incombe de vivre à l'ombre de sa houlette pastorale, en communion avec tous les peuples chrétiens qui forment l'Eglise universelle. Il n'avait fait que remplir son devoir et il avait suivi les traces de ses prédécesseurs, entre autres de Pie IX, d'heureuse mémoire, qui avait convoqué aux grandes assises du concile du Vatican tous les évêques de l'Arménie, pour faire tomber les barrières qui les séparent du centre de l'unité.

Ceux-ci n'avaient pas répondu aux avances paternelles du chef de l'Eglise. Mais les choses ont marché depuis vingt ans, et l'encyclique du 25 juillet a ému les Arméniens, qui ne demanderaient pas mieux que de vivre dans l'union et la paix. C'est alors que l'évêque arménien de Smyrne, Melchisédech Mouradian, s'est empressé de rompre le silence pour détruire l'impression favorable produite par le bref pontifical, et il a écrit au pape, en date du 23 août 1888, une longue lettre que nous nous contenterons d'analyser.

Il commence par rappeler l'invitation adressée par le Pape aux Arméniens, afin qu'ils se réunissent à l'Eglise catholique en se soumettant à la suprématie du siège apostolique. Puis il ajoute : « Pour se rendre à l'invitation que vous leur faites, par votre circulaire, les Arméniens doivent déserter l'institution du christianisme et l'apostolicité de leur Eglise; ils doivent abandonner leur indépendance et leur liberté spirituelle; ils doivent condamner l'esprit populaire de leur Eglise, esprit qui est le type des premiers siècles du christianisme; ils doivent renier leur très sainte profession de croire qu'il y a un seul chef de l'Eglise, Jésus-Christ; ils doivent méconnaitre l'autorité de leurs patriarches et de leurs docteurs, qui ont ainsi dogmatisé et enseigné; ils doivent renier leurs héros et leurs martyrs, qui, pour ne pas s'éloigner du seul et unique chef de l'Eglise, ont souffert la mort; ils doivent anathématiser leurs excellents et dévoués pasteurs, qui, pour conserver l'indépendance de leur Eglise, se sont opposés comme des champions aux attaques et aux sollicitations du clergé grec et du romain; pour tout dire en un mot, ils doivent apostasier une Eglise de mille huit cent cinquante-quatre ans, qui en Orient, dans des temps malheureux, a conservé le christianisme, a gardé le nom et la langue arménienne, les souvenirs et les monuments arméniens, et qui, dans toutes les persécutions et les terreurs, a été leur asile et leur consolation, le temple de leur foi, de leur espérance et de leur amour, soit dans cette vie terrestre, soit dans la vie céleste, et cela pour accepter la suprématie des pontifes romains. » Après cette sortie déclamatoire pleine de sophismes, l'évêque Mouradian nie cette suprématie du Saint-Siège et prétend qu'elle ne repose sur aucun texte du Nouveau Testament. Il commente ensuite à la manière protestante le fameux texte évangélique : Pais mes brebis, pais mes agneaux. Puis il affirme que tous les apôtres, leurs disciples et leurs successeurs sont comme des matériaux de l'édifice chrétien, dont Jésus-Christ est l'unique fondement, sans lieutenant ou vicaire particulier. La conclusion est celle-ci : « La question de primauté et de supériorité a été tranchée dès le premier jour par le divin Législateur : Celui qui voudra être le premier d'entre vous sera votre serviteur. Les Arméniens, en obéissant au pape, apostasieraient Dieu et adoreraient un homme. »

Après ce commentaire qu'il a tiré des doctrines protestantes et qui se retourne contre son auteur pour lui arracher toute supériorité, Mouradian poursuit en ces termes : « Laissez la sainte Eglise arménienne libre et sans souffrance, laissez-la dans son état primitif comme une antiquité précieuse, comme un type des premiers siècles chrétiens. » Ensuite il explique le retour des Arméniens à l'Eglise catholique par l'ignorance, par la force ou par l'indifférence religieuse ; il traite d'étranger quiconque s'est fait catholique : à ses yeux, ce n'est plus qu'un renégat de sa famille, de sa patrie et de sa nationalité. L'histoire écrase Mouradian sous le poids de ses témoignages irréfragables. Il cherche à s'en débarrasser en traitant d'apocryphes tous les documents historiques et en avançant, sans en donner la preuve, qu'ils ont été plus d'une fois réfutés. Sentant lui-même la faiblesse d'un tel argument, il a recours aussitôt au suffrage universel, et rejette toute déclaration même émanant de l'autorité patriarcale, lorsque cette déclaration n'a pas reçu la sanction de tout le peuple, comme si ce n'était pas le suffrage universel qui avait condamné Jésus-Christ au supplice infâme de la croix. Il revient à son idée favorite, qui est une idée protestante, c'est-à-dire à la négation de toute suprématie et de toute supériorité dont il n'a jamais été question, ose-t-il avancer, antérieurement au concile de Chalcédoine. Il met dans l'amour seul le centre universel de l'unité chrétienne, et il termine en disant que l'Eglise arménienne n'a pas besoin d'être rappelée à la vérité, et que lui, l'évêque Mouradian, n'imitera pas ses ancêtres en donnant au Pape les épithètes honorifiques qui pourraient faire supposer qu'il reconnaît sa suprématie.

L'ouvrage que nous publions sera la réponse aux sophismes de cette lettre. Il ne faut pas que la glorieuse nation arménienne soit induite en erreur dans une question aussi capitale qu'est la question de l'Eglise. Avec leur caractère grave et intelligent, il ne sera pas difficile aux Arméniens de discerner le vrai du faux. Ils veulent, nous le savons, l'union de tous les chrétiens. A cause du vif intérêt que nous leur portons, nous avons écrit l'histoire du patriarcat arménien catholique, afin de les aider dans la réalisation des vœux qu'ils forment pour le rétablissement de l'unité.

Pour enlever tout malentendu, nous donnerons, dans quelques chapitres préliminaires, la vraie doctrine sur l'autorité ecclésiastique, telle que l'a voulue le Fils de Dieu. Quand cette base aura été solidement posée, on verra se dérouler dans le reste de l'ouvrage les grandeurs et les revers du patriarcat arménien. En regardant passer sous ses yeux les mâles et nobles figures des patriarches que l'Eglise catholique a donnés à l'Arménie, le lecteur comprendra qu'ils ont puisé dans leur union avec le Saint-Siège le secret de leur grandeur.

Il faut qu'un historien soit impartial : c'est pourquoi nous devrons parler des éclipses malheureuses qu'a subies le patriarcat arménien. L'histoire n'a-t-elle pas aussi pour mission d'instruire le peuple en lui montrant où conduit l'oubli du devoir? En considérant les maux qui ont surgi en Arménie, quand le sel s'est affadi, et quand la lumière s'est éteinte parmi eux, les Arméniens sentiront de plus en plus la nécessité de se presser autour du vrai pasteur établi par Jésus-Christ pour donner la vie aux nations.

Qu'ils veuillent bien parcourir ces pages dictées par l'amour cordial que nous ressentons pour leur pays. Nous y avons séjourné cinq années durant, et nous avons appris à le connaître et à l'estimer. Nous avons donc la douce confiance qu'à la lecture de cet ouvrage, les habitants de cette illustre contrée, avec la pénétration d'esprit qui les distingue, s'apercevront bientôt qu'on les trompe lorsqu'on vient leur dire que Jésus-Christ ne s'est point donné de vicaire, et que c'est devenir idolâtre que d'obéir au lieutenant du Christ, comme si un enfant apostasiait sa foi en Dieu en se soumettant à son père. Ils jugeront s'il est bien vrai qu'un catholique renonce à sa nationalité et devient étranger à ses frères et à ses concitoyens parce qu'il obéit à l'Eglise romaine.

Est-ce que, par hasard, les Français, les Autrichiens, les Espagnols, tout en étant catholiques, seraient étrangers entre eux et n'auraient point de nationalité? Est-ce que les Arméniens catholiques ne sont pas tout aussi Arméniens que les autres?

Non, les Arméniens qui sont rentrés dans le giron de l'Eglise romaine ne l'ont point fait par ignorance, par force ou par indifférence ; c'est une insulte purement gratuite qu'on leur lance en attribuant à de tels mobiles leur retour à l'unité catholique ; non, les Arméniens qui ne sont pas encore unis au Saint-Siège n'ont point, pour rétablir cette union, à renier l'institution du christianisme, ni l'esprit des premiers siècles de l'Eglise. Non, on ne leur demande point de substituer un homme à Dieu, dans l'objet de leur adoration. Non, on n'exige point d'eux de méconnaître l'autorité de leurs anciens patriarches et de leurs anciens docteurs, puisque ces patriarches et ces docteurs étaient catholiques. Non, il ne s'agit pas pour eux de se séparer de leurs héros et de leurs martyrs : car leurs héros et leurs martyrs ont combattu et sont morts pour la foi catholique. Non, l'Eglise arménienne séparée de l'Eglise catholique n'a pas mille huit cent cinquante-quatre ans d'existence ; il n'est donc pas question pour les Arméniens d'apostasier, comme on le prétend, en renonçant à une Eglise de dix-neuf siècles. C'est ce qui ressortira comme conclusion de notre ouvrage.

A Dieu ne plaise que nous voulions induire en erreur la noble nation qui a pour apôtre l'immortel saint Grégoire. Nous ne souhaitons qu'une chose, c'est qu'elle revienne aux enseignements de cet illustre saint, et nous n'avons d'autre but, en écrivant cette histoire, que de l'aider dans ce retour si désirable.

La vérité ne se prouve pas avec des mots sonores et vides de sens. Elle repose sur des faits. C'est pourquoi nous avons compulsé les annales de l'Arménie, pour appuyer nos assertions historiques, et nous avons interrogé sa liturgie et les enseignements de ses patriarches et de ses docteurs pour confirmer nos propositions dogmatiques tirées de l'Ecriture.

Nous aurions voulu être plus bref dans le développement de la thèse sur l'autorité ecclésiastique. La faute n'en est pas à nous, mais à ceux qui ont entassé tant d'erreurs à ce sujet pour en faire un rempart au schisme. Il nous fallait bien en finir une bonne fois avec ces erreurs. C'est pourquoi nous avons été forcé de traiter à fond cette question capitale ; puis nous avons donné dans un chapitre spécial un résumé de l'histoire politique de l'Arménie, afin de jeter un plus grand jour sur son histoire religieuse, qui est l'objet principal de cet ouvrage.

Que Dieu bénisse ces lignes inspirées par notre ardent amour pour l'intéressante et glorieuse nation arménienne !

Tous nos vœux sont d'éclairer les âmes droites qui s'y rencontrent.

C'est pourquoi nous déposons aux pieds de Sa Sainteté Léon XIII, auguste successeur de saint Pierre, le fruit de nos recherches sur le patriarcat catholique de l'Arménie, afin qu'il daigne lui donner, par sa bénédiction, l'efficacité qui le rendra utile aux âmes. Ce grand pontife ressent une prédilection pour cet illustre pays éprouvé par tant de malheurs, et il regarderait comme la plus belle perle attachée à sa tiare son retour à l'unité catholique que saint Grégoire l'Illuminateur y avait établie, il y a quinze siècles, avec un zèle indomptable et d'héroïques souffrances.

Puisse cet opuscule y contribuer pour quelque chose ! et que la Reine immaculée du saint Rosaire nous obtienne cette grâce du cœur de son divin Fils. Amen !

HISTOIRE
DU PATRIARCAT
ARMÉNIEN CATHOLIQUE

CHAPITRE PREMIER

DE L'AUTORITÉ PONTIFICALE

Jésus-Christ, Dieu incarné pour le salut de tous les peuples passés, présents et futurs, a néanmoins limité sa mission visible en ce monde à la période de trente-trois années environ, parce qu'il n'était point dans le plan de la très sainte Trinité que la vie mortelle du Sauveur se prolongeât jusqu'à la fin des siècles. Avant donc de disparaître aux regards des hommes pour retourner à son Père, l'Emmanuel a délégué son autorité universelle sur tout le globe racheté par lui, à un homme dont il a fait son vicaire. C'est à Simon, fils de Jona, le pêcheur de Bethsaïda, qu'avec cette même voix, dont la puissance commandait aux flots en courroux, au mugissement des tempêtes, aux démons épouvantés et aux cadavres des sépulcres, l'Eternel a dit : Simon, tu t'appelleras Pierre.... Pierre, tu es pierre, et sur cette pierre je bâtirai mon Eglise.... Je te donnerai les clefs du royaume des cieux ; tout ce que tu lieras ou délieras sur la terre sera lié ou délié au ciel. Voilà que Satan a demandé de vous cribler comme on crible le blé (il s'adressait alors aux douze) ; mais moi j'ai prié pour toi, Simon, afin que ta foi ne défaille pas.... Confirme tes frères.... Pais mes agneaux, pais mes brebis. Il a dit, et ainsi il a été fait.

L'autorité pontificale était créée avec le privilège d'une science infaillible qui devait éclairer les âmes dans les régions de la foi, comme le soleil matériel éclaire les corps dans notre monde sublunaire. Cette autorité pontificale du vicaire de Jésus-Christ a reçu de l'amour des hommes le nom sublime de Paternité ou de Papauté ; le vicaire de Jésus-Christ, c'est le Saint-Père, le Pape, le père par excellence de l'humanité. Elevé au faîte de la plus haute dignité qui soit sous le soleil, et commandant à près de trois cents millions d'âmes, il a toujours devant les yeux le précepte du Seigneur : « Celui qui sera le premier parmi vous sera le serviteur de tous, » et il ne se donne d'autre titre que le titre de serviteur des serviteurs de Dieu, *servus servorum Dei*. Son autorité est inébranlable ; toutes les autorités croulent autour d'elle, républiques, potentats, rois ou empereurs. Elle seule se glorifie d'avoir déjà vingt siècles d'existence immuable, et elle se promet de commander à toutes les évolutions du temps jusqu'au règne de l'éternité. C'est le roc ; car en changeant le nom de Simon en celui de Pierre, le Tout-Puissant a montré qu'il donnait à l'autorité de son lieutenant l'indestructibilité du granit ; et c'est sur le granit de cette autorité qu'il a bâti son Eglise impérissable. Cette autorité est universelle ; elle ne souffre aucune restriction : Tout ce que tu lieras ou délieras sur la terre sera lié ou délié dans les cieux.

Tous les continents, l'Europe, l'Asie, l'Afrique, l'Amérique, et jusqu'aux plus lointaines îles de l'Océanie, forment son domaine; le Septentrion comme le Midi, l'Orient comme l'Occident, sont soumis à son sceptre; rien ne la limite, ni dans le temps ni dans l'espace; toutes les questions qui intéressent la foi, les mœurs et la discipline sont de son ressort; nulle ne fait exception. Le Christ, durant sa vie mortelle, avait seul la puissance d'ouvrir les portes de l'empyrée; mais après son ascension, c'est son vicaire qui hérite de cette puissance, et qui seul peut ouvrir aux enfants d'Adam les portes de l'éternité bienheureuse : Je te donnerai les clefs du royaume des cieux. On pourra voir parfois tournoyer pêle-mêle, dans le crible de Satan, moines, prêtres, évêques ou patriarches, avec des peuples entiers, qu'ils entraîneront à leur suite; mais la fureur de l'enfer n'atteindra jamais le délégué universel de l'autorité de Jésus-Christ, car de faillible qu'il est par nature, Jésus-Christ l'a rendu infaillible par sa prière toute-puissante : J'ai prié pour toi, afin que ta foi ne défaille point; confirme tes frères, qu'ils soient rois ou pâtres, évêques ou patriarches; tu es le docteur suprême, à qui je commande de combattre et de dissiper toutes les erreurs par un enseignement que je préserverai de toute défaillance. Enfin le Pape est le pasteur des pasteurs, comme il l'est des simples chrétiens : Pais mes agneaux, tous les fidèles; pais mes brebis, tous les pasteurs des fidèles, sans excepter les pasteurs arméniens ou grecs, ou d'un autre rite quelconque; et le Verbe incarné a répété par deux fois ces mots solennels : Pais mes brebis, pour que ces paroles soient comme deux coups de foudre marquant au front du stigmate de l'anathème tous les rebelles qui redisent le cri de Lucifer : *Non serviam!* Je n'obéirai pas!

Les textes qui établissent le pouvoir de la papauté ont la clarté du soleil. Jésus-Christ l'a voulu ainsi ; car il savait que l'orgueil humain se révolterait contre cette autorité, et il a dissipé d'avance, par l'éclat lumineux de sa parole, tous les sophismes qui devaient s'élever contre elle.

Changeons pour un instant les rôles. Si Jésus-Christ eût dit au patriarche arménien, ou grec, ou copte : Tu es ce rocher sur lequel je bâtirai mon Eglise, tout ce que tu délieras ou lieras sur la terre sera délié ou lié au ciel ; je te donnerai les clefs du royaume des cieux ; confirme tes frères ; pais mes brebis, quelles clameurs s'élèveraient d'Etchmiadzin, ou de Sis, ou de Constantinople, ou d'Alexandrie, ou d'Antioche, contre l'Eglise romaine, pour lui jeter à la face le nom d'usurpatrice ! Et certes, ce serait à bon droit, et elle ne pourrait y répondre que par le silence de la honte. Mais non. Qu'on aille frapper du pied le sol d'Etchmiadzin, ou de Sis, ou d'Antioche, ou d'Alexandrie, ou de Constantinople, on n'entendra point résonner le roc posé par le Fils de Dieu pour être le fondement de son Eglise. Mais ce roc de granit est à Rome, et les ouragans de vingt siècles sont venus les uns après les autres, en brisant contre lui l'orgueil de leur vaine fureur, proclamer son indestructibilité.

Après avoir lu dans l'Evangile comment Pierre fut établi vicaire de Jésus-Christ et pasteur des pasteurs, voyons, dans les Actes des apôtres, comment il a exercé cette autorité universelle et suprême dont il avait été revêtu.

Et d'abord le Saint-Esprit y donne encore la première place à Pierre dans l'énumération des noms des onze apôtres [1], comme il la lui avait donnée dans l'Evangile pour indiquer sa primauté d'honneur et de juridiction.

Puis, à la première réunion des fidèles, nous voyons Pierre se lever comme chef et déclarer qu'il faut donner un remplaçant

---

[1] *Act.* I, 13.

au traître Judas dans le collège apostolique [1] : *Exsurgens Petrus in medio fratrum.*

Ensuite, au jour de la Pentecôte, c'est Pierre qui, debout comme vicaire du Christ, élève la voix et commence la prédication de l'Evangile au milieu des Juifs : *Stans Petrus cum undecim* [2].

Au verset 37, Pierre est encore distingué des autres apôtres; c'est à lui principalement que les Juifs s'adressent, et c'est encore lui qui leur commande de se faire baptiser : *Dixerunt ad Petrum et ad reliquos apostolos.*

Au chapitre III, c'est Pierre qui fait le premier miracle, qui parle au peuple pour la seconde fois et annonce Jésus, fils du Dieu vivant. Au chapitre IV, nous entendons encore Pierre répondre au sanhédrin. Au chapitre V, c'est Pierre qui châtie les premiers rebelles à l'Eglise, et les foudroie de sa suprême autorité.

Au même chapitre, la multitude semble oublier les onze autres apôtres pour ne connaître que Pierre : les malades étaient portés sur les places et dans les rues, pour que l'ombre du prince des apôtres, en les touchant à son passage, les guérît de leurs souffrances.

Si Pierre n'était que l'égal des autres apôtres, pourquoi le Saint-Esprit l'a-t-il toujours mis le premier en scène quand il nous raconte l'établissement de l'Eglise?

Bientôt la persécution éclate; les apôtres sont jetés dans les fers. Un ange les délivre, et les princes des prêtres les citent à la barre de leur tribunal. Qui va répondre? Citons le texte sacré : *Respondens autem Petrus et apostoli* : c'est Pierre et

---

(1) *Act.*, I, 15 et suiv.
(2) *Id.*, II, 14.

les apôtres. Pourquoi cette distinction si Pierre n'est pas le chef des apôtres [1] ?

Pierre et Jean étaient à Samarie, où se produisit le premier crime de simonie. Qui anathématisera le simoniaque? Sera-ce le disciple bien-aimé? Non, c'est encore Pierre, le vicaire de Jésus-Christ [2].

Lorsque l'Eglise eut conquis toute la Judée, la Galilée et la Samarie, nous voyons Pierre visiter les fidèles comme chef de l'Eglise : *cum transiret universos*, et ressusciter le premier mort pendant sa tournée pontificale [3].

C'est encore à Pierre, comme au chef de l'Eglise, qu'est révélée la vocation des Gentils et qu'est adressé par un ange le centurion Corneille, le premier d'entre eux qui ait reçu la foi, et c'est Pierre qui commande de le baptiser [4].

A Jérusalem, les Juifs convertis protestaient contre l'admission des Gentils dans le sein de l'Eglise. Pierre alors se lève, tranche la question comme juge suprême, et la discussion est close : *His auditis, tacuerunt et glorificaverunt Deum, dicentes : Ergo gentibus pœnitentiam dedit Deus ad vitam* [5].

Au chapitre XII, Hérode massacre l'apôtre saint Jacques, et pour plaire aux Juifs veut se défaire de Pierre : il le jette en prison afin de l'égorger après la pâque. Aussitôt toute l'Eglise commence une prière qu'elle continue jusqu'à ce qu'elle ait obtenu sa délivrance. Si Hérode s'en prend à Pierre plutôt qu'à un autre apôtre, c'est qu'il savait que le meurtre du prince des

---

(1) *Act.*, v, 29.
(2) *Id.*, VIII, 19.
(3) *Id.*, IX.
(4) *Id.*, X.
(5) *Id.*, XI, 18.

apôtres réjouirait davantage les ennemis de l'Eglise, et si l'Eglise tout entière tombe à genoux, c'est qu'il s'agissait de sauver la tête de son chef condamné au dernier supplice.

Le chapitre xv contient le récit du concile de Jérusalem. Dans ces premières assises du monde chrétien siégeaient les apôtres et les prêtres pour juger la question des rites mosaïques, que l'autorité de Paul et de Barnabé n'avait pu terminer à Antioche.

Dans l'assemblée de Jérusalem, les avis étaient grandement partagés malgré la présence des apôtres. C'est alors que Pierre se lève ; il porte son jugement, il articule la définition suprême, et toute la multitude, dit le texte, garde le silence, comme si Jésus-Christ en personne eût prononcé la sentence ; il n'y avait plus rien à répondre, puisque le vicaire de Jésus-Christ avait parlé. C'est par ce trait que le Saint-Esprit termine l'histoire révélée du prince des apôtres. Il nous le montre comme l'interprète infaillible des oracles divins assis sur le trône de la papauté, où il reste dans la personne de ses successeurs jusqu'à la consommation des siècles.

Cette suprématie de Pierre était si bien reconnue dans la primitive Eglise, que l'on voit encore de nos jours, dans les catacombes, sur les fresques peintes par les premiers chrétiens, l'image de Moïse avec ces mots : *Sanctus Petrus*. On ne pouvait professer plus solennellement la foi à la primauté du vicaire de Jésus-Christ.

Les traditions de tous les peuples chrétiens sont tellement remplies de cette vérité, qu'il suffit de les ouvrir pour confondre aujourd'hui tout schismatique, en lui montrant qu'en rompant avec Rome, il ne rompt pas seulement avec le Pape, mais qu'il rompt nécessairement avec la foi de ses ancêtres.

Les mahométans eux-mêmes, guidés par le seul bon sens, ont toujours reconnu la suprématie de Rome sur tous les chrétiens. Aussi donnent-ils au Pape un titre qu'il ne leur est jamais venu à l'esprit de donner à un patriarche quelconque : ils le nomment le calife des chrétiens [1].

Si l'*Islam*, si les *pierres* elles-mêmes crient cette vérité, la tradition arménienne n'est pas restée muette, quand il s'est agi d'affirmer l'autorité universelle du souverain pontife, et il n'est peut-être pas de nation qui se soit exprimée à ce sujet en termes plus magnifiques.

Consultons d'abord le rituel arménien et voyons comment il atteste la primauté du saint-siège.

A la bénédiction de la première pierre d'une église, on y rencontre la prière suivante : O Dieu, notre Seigneur, qui avez donné le nom de Pierre au chef des apôtres et qui avez bâti sur lui l'édifice de toute église catholique. Dans la consécration épiscopale, le patriarche, d'après ce même rituel, interpelle celui qui doit être ordonné en lui disant : Voulez-vous être obéissant et fidèle au bienheureux Pierre, qui a reçu le pouvoir de lier et de délier, ainsi qu'à ses successeurs? L'ordinand répond : Je le veux. Après l'ordination, le patriarche adresse au nouvel évêque cette recommandation : Frère bien-aimé, conformez-vous, dans les ordinations que vous ferez, aux sages constitutions de l'Eglise romaine. Dans le livre liturgique appelé Charagan, on trouve une foule de textes qui ont trait à la suprématie du pontife romain. Nous n'en citerons qu'un seul; c'est un chant pour la fête de saint Pierre, dans lequel on dit : O Dieu, qui avez choisi le bienheureux Pierre pour être le chef suprême des apôtres, la tête de

---

[1] *Géographie* d'Al. IDRISI.

la sainte foi, le fondement de l'Eglise, le rocher indestructible....

Passons maintenant au ménologe arménien. Saint Pierre, y est-il dit au 22 juin, est le roc de la foi, le plus grand de tous, le lieutenant du Christ, le porte-clefs du ciel.

On y trouve encore au 27 décembre, que saint Pierre a été établi le chef des apôtres pour leur communiquer ses ordres à la place de Jésus-Christ même.

Il est un antique recueil de conciles chez les Arméniens. On y lit au canon 39e : Quoique l'archevêque soit le premier entre ses frères les évêques, qui lui doivent obéissance, le patriarche est leur supérieur à tous ; de même celui qui occupe le siège de Rome est le chef et le prince de tous les patriarches ; car il est le premier ou le chef suprême, comme Pierre, qui a reçu l'autorité sur tous les princes chrétiens, sur tous les peuples et sur l'Eglise universelle. Quiconque lui résiste encourt l'excommunication du concile.

Ecoutons maintenant les témoignages des saints et des docteurs arméniens. Saint Isaac Ier, au ve siècle, dans son homélie sur l'Eglise, donne à Pierre le titre de prince de l'ordre apostolique.

Moïse de Khorène, dans son ouvrage sur les Ehries [1], appelle saint Pierre le porte-clefs du royaume des cieux, le fondement de l'Eglise, le prince des apôtres par sa primauté, celui que le Seigneur a proclamé le roi, le type et l'exemplaire de la foi infaillible.

Le même Moïse, dans une homélie sur les vierges Ripsime et Gaïané, dit de Rome qu'elle est la capitale de toutes les Eglises, et que ses rayons émanés de la foi de l'apôtre Pierre se répandent

---

[1] Liv. VIII, exemple v.

sur toute la face du monde; et il ajoute que l'Eglise romaine est l'épouse immaculée du Christ, son épouse apostolique.

Eznigh Goghpatsi, au Vᵉ siècle, nomme Pierre le prince des apôtres (1).

Jean Montagouni, au VIᵉ siècle, dans un discours cité par Eléazar de Pharbe, dit que Pierre est le portier et le porte-clefs du royaume du ciel.

L'évêque Khosrov Antzévatzi, dans son Commentaire liturgique, s'exprime ainsi : Pierre est le porte-clefs du royaume des cieux ; le Seigneur l'a établi le fondement de son Eglise ; il est le chef des apôtres ; Rome est le grand siège (Xᵉ siècle).

Saint Grégoire de Narèg n'est pas moins explicite. Le Sauveur, dit-il, a constitué Pierre le fondement de son Eglise; tous les fidèles qui confessent la Trinité reposent sur lui (XIᵉ siècle).

Grégoire Magistros déclare que Pierre est le fondement de la foi des apôtres et des prophètes (XIᵉ siècle).

Nersès Chenorhali, dans son poème sur Jésus-Christ, donne à Pierre le nom de roc immobile de la sainte foi ; et dans son élégie sur la ruine d'Edesse il s'écrie : Et toi, Rome, la mère vénérable de toutes les villes, trône de Pierre, le grand prince des apôtres, ô Eglise indéfectible, construite sur le roc de Pierre, ô Eglise invincible, contre laquelle ne prévaudront point les portes de l'enfer et qui ouvres le ciel fermé.

Le docteur Sarkis, disciple de saint Nersès Chenorhali, appelle Pierre le chef et le prince des apôtres, le fondement de la foi, la voix de toute l'Eglise.

Saint Nersès de Lampron, au XIIᵉ siècle, dit de Rome qu'elle est le principe et le fondement inébranlable de la foi des chrétiens depuis les apôtres.

---

(1) *Réfutation des sectes*, p. 263.

Le docteur Basile, dans son Commentaire sur saint Matthieu (1), parle ainsi : Le Cénacle est l'église où nous est préparée la pâque du Seigneur ; le père de famille à qui appartient la maison est l'apôtre Pierre, auquel le Seigneur a confié sa maison, et c'est par lui qu'il n'y a qu'un troupeau, un pasteur et une Eglise.

Il faut que cette primauté de Pierre et de ses successeurs soit bien évidente pour que les Arméniens séparés eux-mêmes aient été forcés de la confesser. Ainsi Vartan, dans ses avis aux Arméniens (2), donne à saint Pierre le titre de prince des apôtres.

Le *pseudo-magister* Serge ou Sarkis affirme que le Christ a établi Pierre le chef et le prince des apôtres en même temps que le fondement de la foi.

Jean Odznetzi, dans un sermon sur saint Pierre, s'exprime en ces termes : Jésus-Christ a quatre prérogatives qui lui sont propres : sa première prérogative est d'être le principe et le fondement de l'Eglise, et il a communiqué ce pouvoir à Pierre, quand il lui a dit : Tu es Pierre, et sur cette pierre je bâtirai mon Eglise ; sa deuxième prérogative est d'être le chef de tous les fidèles, et il l'a transmise à Pierre, en lui disant : Tu t'appelleras Céphas, c'est-à-dire chef des apôtres ; sa troisième prérogative est d'être le pasteur de l'Eglise, et il l'a donnée à Pierre en lui adressant ces mots : Pais mes agneaux, pais mes brebis ; sa quatrième prérogative est d'être juge, et il en a revêtu Pierre par ces paroles : Tout ce que tu lieras sur la terre sera lié au ciel.

Dernièrement, en 1868, Jean Deroyens, le plus versé des

---

(1) Ch. xix, n° 15.
(2) Ch. v.

schismatiques dans les sciences ecclésiastiques, a publié son ouvrage *Iravakhoh*, imprimé à Constantinople avec l'approbation du patriarche d'Etchmiadzin, Georges. Chose remarquable, ce savant arménien donne à l'Eglise romaine le titre de mère et de maîtresse de toutes les Eglises.

Les témoignages que nous venons de rapporter sont postérieurs au concile de Chalcédoine, tenu en 451. On a prétendu que dans les temps antérieurs à ce concile, l'Eglise vivait sous le régime de l'égalité. Est-ce que vous ne savez pas, dit l'évêque Mouradian à Léon XIII, qu'avant le concile de Chalcédoine il n'était pas question de primauté apostolique ni de suprématie quelconque?

Ne savez-vous pas que tous les pasteurs et docteurs de l'Eglise s'étaient plongés dans l'infinie profondeur de l'amour divin et ne voyaient aucune gloire, hormis celle de la croix, ni trône, ni siège, ni primauté, ni suprématie? Prenez les apôtres, prenez les disciples, les illuminateurs, tels que Chrysostome, Augustin : quelle est leur gloire? la croix. Devant qui s'inclinaient-ils, se prosternaient-ils? Quel était leur signe caractéristique? L'amour, qui est le centre universel de l'unité chrétienne. Or, vénérable frère, le nom de notre vrai bonheur, c'est la grâce; mais le nom de nos peines, c'est la tentation. Comme tous les vrais chrétiens, Pierre aussi n'est pas le chef de l'Eglise, ni le chef des apôtres, mais c'est un enfant de la grâce. Et ne savez-vous pas que la tentation vient souvent quand nous oublions que nous sommes les ministres de la propagation de l'amour, et non de la division et de la domination.

Nous répondrons d'abord à cet évêque que non seulement il contredit Jésus-Christ et toute la tradition chrétienne, mais qu'il se contredit lui-même.

S'il n'y a dans l'Eglise ni siège, ni suprématie, ni trône, ni primauté, et si l'amour seul est le centre de l'unité chrétienne, en d'autres termes, s'il n'y a que l'unique autorité de Jésus-Christ, il n'y a pas plus d'évêques qu'il n'y a de pape ; alors de quel droit se signe-t-il Melchisédech Mouradian, évêque?

Ceci dit en passant, consultons l'histoire et voyons si, avant le concile de Chalcédoine, il n'a jamais été question de primauté apostolique et de suprématie quelconque.

Saint Chrysostome naquit à Antioche, soixante-dix-sept ans avant le concile de Chalcédoine. Voici ce que pensait ce Père sur la suprématie de saint Pierre : « Leur repas fini, dit-il, Jésus dit à Simon Pierre : Simon, fils de Jean, m'aimes-tu plus que ceux-ci? — Oui, Seigneur, répondit-il, vous savez que je vous aime. Jésus reprit : Pais mes brebis. Et pourquoi sans rien dire aux autres, parle-t-il d'eux à celui-ci ?

C'est qu'il était le plus éminent des apôtres, l'organe des disciples et le chef de la troupe (littéralement : le coryphée du chœur). C'est pourquoi Paul alla le voir de préférence aux autres. En même temps Jésus lui montra qu'il devait bannir toute crainte ; oubliant son reniement, il le charge de présider à ses frères. Il ne rappelle pas son reniement, il ne lui reproche point le passé, mais il lui dit : Si tu m'aimes, sois le chef de tes frères : Προΐστασο τῶν ἀδελφῶν ; et l'amour ardent que tu m'avais toujours témoigné et dont tu faisais gloire, montre-le maintenant ; la vie que tu voulais, disais-tu, donner pour moi, donne-la pour mes brebis. » Ailleurs le même Père : « Après une chute si grave, dit-il en parlant du reniement de saint Pierre, Jésus-Christ le rétablit dans sa dignité première et lui confia l'autorité sur l'Eglise universelle, τὴν ἐπιστασίαν τῆς οἰκουμενικῆς Ἐκκλησίας. »

Saint Augustin, né quatre-vingt-dix-sept ans avant le concile de Chalcédoine, enseignait la suprématie de saint Pierre en ces termes : « *Idem.... Petrus à petrâ cognominatus beatus, Ecclesiæ figuram portans, apostolatûs principatum tenens.* » Pierre a été surnommé bienheureux par le Christ, la pierre angulaire ; il représente l'Eglise en sa personne et il jouit de la primauté dans l'apostolat [1].

Saint Cyprien, antérieur de deux cent cinquante et un ans au concile de Chalcédoine, écrivait ces mémorables paroles dans son ouvrage sur l'unité de l'Eglise : « *Quamvis apostolis omnibus post resurrectionem suam parem potestatem tribuat et dicat : « Sicut misit me Pater.... etc., tamen ut unitatem manifestaret, unam cathedram constituit, et unitatis ejusdem originem ab uno incipientem suâ auctoritate disposuit : hoc erant utique et cœteri Apostoli, quod fuit Petrus, pari consortio præditi et honoris, et potestatis, sed exordium ab unitate proficiscitur ; primatus Petro datur, ut una Christi Ecclesia, et cathedra una monstretur.* »

Le Christ, il est vrai, après sa résurrection, a confié à tous les apôtres une égale puissance en leur disant : « Comme mon Père m'a envoyé, je vous envoie ; » néanmoins pour montrer l'unité qui les rattachait entre eux, il a établi un seul siège, et, de son autorité, il a réglé que cette unité tirerait son origine d'un seul apôtre. Certainement les apôtres étaient ce qu'était Pierre, partageant avec lui l'honneur et le pouvoir ; mais le principe de l'unité du corps dérive de l'unité du commandement : aussi la primauté est donnée à Pierre, afin de montrer qu'il n'y a qu'une seule Eglise et qu'une seule chaire de vérité. »

Ce texte affirme donc que tous les apôtres, en tant qu'évêques,

---

[1] Serm. XIII *de Verbo Domini.*

étaient égaux, mais que Pierre, par droit d'investiture divine, était en outre leur chef et le chef de toute l'Eglise.

Remontons à deux cent soixante-six années avant le concile de Chalcédoine. A cette époque naquit Origène, qui a écrit les paroles suivantes dans son commentaire sur l'Epître aux Romains [1] : « *Petro cum summa rerum de pascendis ovibus traderetur, et super ipsum velut petram fundaretur Ecclesia, nullius confessio virtutis alterius ab eo, nisi charitatis exigitur.* » Lorsque fut remise à Pierre l'autorité souveraine sur les brebis qu'il fallait paître, et lorsque l'Eglise fut fondée sur sa personne comme sur un rocher, nulle autre profession ne fut exigée de lui que celle de la charité.

Arrivons à Tertullien, qui vint au monde trois cent quatre-vingt-onze ans avant le concile de Chalcédoine, et qui, dans son ouvrage sur la prescription [2], donne aussi à Pierre le nom de roc sur lequel est bâti l'Eglise : *Petrum œdificandœ Ecclesiœ petram dictum.*

Enfin saint Irénée, qui avait eu pour maître saint Polycarpe, disciple de l'apôtre saint Jean, posait en principe, au IIe siècle, que « toutes les Eglises, c'est-à-dire les fidèles du monde entier, doivent absolument s'accorder avec l'Eglise romaine à cause de sa primauté, *propter potiorem principalitatem.* »

Cette doctrine des premiers Pères de l'Eglise a été affirmée par le grand concile de Nicée, qui la résume en ces termes dans son sixième canon : L'Eglise romaine a toujours possédé la primauté.

Héritier de la foi des apôtres et de la primitive Eglise, saint Grégoire l'Illuminateur ne pouvait professer une autre

---

[1] Ch. VI.
[2] Ch. XXII

doctrine : c'est pourquoi l'apôtre de l'Arménie appelait saint Pierre la colonne et le fondement de la vérité [1], et dans le livre intitulé *Hadjackh Abadon* [2], il s'exprimait de la sorte : « Le Seigneur, dans les Evangiles, dit à Pierre : « Tu es Pierre, et sur cette pierre je bâtirai mon Eglise, c'est-à-dire le peuple de Dieu, qui croit en lui, et jamais les portes de l'enfer ne prévaudront contre elle. Ceux que tu délieras sur la terre seront, sans aucun doute, admis dans les cieux comme saints et justes, et ceux que tu lieras sur la terre, les impudiques, les injustes et les hétérodoxes, seront liés dans les cieux par les peines dont ils sont menacés. »

Saint Jacques de Visibe, fils de la tante de saint Grégoire l'Illuminateur, dans son septième sermon sur la pénitence, parle comme il suit : « Le Seigneur reçut en grâce Simon, le chef des disciples, après qu'il eut lavé ses péchés par des torrents de larmes, en fit le fondement de son Eglise et l'appela le roc de l'édifice. »

Pour ne pas multiplier indéfiniment nos témoignages, finissons par la citation suivante, que nous tirons de la collection des canons des conciles généraux, faite en 402. Ce sont les paroles de saint Isaac Bartèv : « Comment faut-il entendre ces mots : Tu es Pierre, et sur cette pierre je bâtirai mon Eglise? S'agit-il d'une pierre matérielle? à Dieu ne plaise! mais d'un homme raisonnable; comme cet homme professa avec une foi invincible sa croyance en Jésus-Christ, Fils de Dieu, il en reçut la béatitude et fut appelé roc. Ainsi ceux qui sont bâtis sur lui ne sont pas des pierres, mais des hommes participant à sa foi. »

---

[1] Agathange.
[2] *Recueil historique*, p. 163.

Tel est l'enseignement magistral des Pères, des Docteurs et des conciles de l'Eglise, et telle est la grande tradition de tous les siècles chrétiens au sujet de l'autorité pontificale. Il y a donc, quoi qu'on en dise, un trône, un siège, une primauté, une suprématie dans l'Eglise de Jésus-Christ. Mais ce trône, ce siège, cette primauté, cette suprématie est à Rome, et à Rome seulement. Celui qui est aujourd'hui assis sur ce trône et qui est revêtu de cette suprématie de par le Christ est Léon XIII, deux cent cinquante-neuvième successeur de saint Pierre, prince des apôtres. C'est donc à lui que tout chrétien, tout évêque, tout patriarche, doivent obéissance comme au lieutenant du Fils de Dieu.

CHAPITRE II

DE L'AUTORITÉ PATRIARCALE

Cependant saint Pierre ne pouvait personnellement être présent dans toutes les contrées du globe pour administrer l'Eglise dont il était le chef visible. Aussi Jésus-Christ lui donna-t-il onze coopérateurs dans les onze apôtres qu'il lui adjoignit, afin de travailler sous ses ordres à la conversion du monde.

Avant la descente du Saint-Esprit régnait un esprit de rivalité parmi les apôtres; chacun d'eux voulait être le premier et le chef des autres. Mais une fois qu'ils ont reçu la plénitude de l'Esprit-Saint, toute ambition disparaît parmi eux; ils savent que Pierre a été établi le pasteur des pasteurs et le prince du collège apostolique, et tous lui cèdent le pas comme au vicaire du Christ, et tous acquiescent à ses décisions. Les apôtres ne sont pas toutefois privés d'autorité; cette autorité, pour être subordonnée à celle de Pierre, n'en est pas moins réelle.

Pierre et les onze apôtres formaient le corps de l'Eglise enseignante chargée de la foi, des mœurs et de la discipline dans tout l'univers. C'est de cette Eglise, dont les onze apôtres sont les pasteurs dépendants de Pierre, le pasteur par excellence, que Jésus-Christ a dit : Celui qui n'obéit pas à l'Eglise doit être regardé comme un païen. Car cette Eglise ainsi constituée a un pouvoir universel et absolu ; tout ce que Pierre et les autres apôtres en union avec Pierre, leur chef, et sous sa dépendance, lieront ou délieront sur la terre sera lié ou délié dans les cieux [1]. Tous les péchés que, dans cette condition, ils remettront ou retiendront seront remis ou retenus [2].

Cette constitution divine de la hiérarchie de l'Eglise n'était point limitée aux temps apostoliques, mais elle doit durer jusqu'au retour de Jésus-Christ dans la majesté du souverain juge des vivants et des morts. Le texte évangélique est positif sur cette question : Voilà que je suis avec vous, disait le Christ aux apôtres, chaque jour, jusqu'à la consommation des siècles [3].

Les successeurs de Pierre héritaient donc de la juridiction universelle, comme les évêques héritaient, dans leurs diocèses, de la juridiction subordonnée des apôtres. Jésus-Christ est donc tous les jours avec le Pape et les évêques en communion avec lui, et il n'est que là.

Il incombe à tout évêque de promouvoir l'œuvre de la Rédemption dans l'Eglise particulière qui lui a été confiée directement ou indirectement par le Pape, chef de l'Eglise universelle ou catholique, formée de la réunion de toutes les Eglises particulières ; et il incombe au Pape, de par sa mission divine, de veiller sur la conduite de chaque évêque, de procurer le bien général de toute l'Eglise, comme son bien particulier, et de pourvoir la hiérarchie de membres dignes par leur science, leur zèle et leurs vertus, d'être les pasteurs des âmes ; c'est son droit, c'est son devoir : Pais mes brebis, confirme tes frères.

Mais au commencement du christianisme et pendant de longs siècles encore, les rapports des Eglises spéciales avec l'Eglise

---

[1] *Matth.*, xviii, 17, 18.
[2] *Joann.*, xx, 23.
[3] *Matth.*, xxviii, 20.

romaine, mère et maîtresse de toutes les Eglises, étaient souvent difficiles à cause des distances qui les séparaient de Rome, où Pierre avait établi son siège. Pour faciliter l'administration générale de l'Eglise, Pierre, se réservant la direction personnelle de l'Occident, choisit deux cités, où il établit deux centres d'action pour rayonner de là sur le reste du monde connu; ces deux cités furent Antioche et Alexandrie. Les évêques de ces deux cités reçurent du siège apostolique les plus amples pouvoirs. Par l'intermédiaire de l'évêque d'Antioche, Pierre administrait l'Asie, et par celui de l'évêque d'Alexandrie, il gouvernait l'Afrique [1] et la Libye.

Telle est l'origine des trois grands patriarcats établis dans l'Eglise, dès les temps apostoliques : le patriarcat de Rome, où le vicaire de Jésus-Christ réglait par lui-même les affaires ecclésiastiques; le patriarcat d'Antioche, où il les réglait indirectement au moyen de l'évêque d'Antioche, et le patriarcat d'Alexandrie, où il les réglait en Afrique, indirectement encore, en se servant de l'évêque de cette cité comme d'un autre lui-même.

Ces deux grands patriarcats d'Alexandrie et d'Antioche, saint Pierre les a fondés avec une intention toute particulière, celle de se multiplier en quelque sorte lui-même en se faisant représenter pour l'Asie par l'évêque d'Antioche, et pour l'Afrique (sauf l'Afrique latine), par celui d'Alexandrie, tandis qu'il se réservait personnellement le patriarcat d'Occident. Saint Grégoire le Grand est formel à ce sujet : C'est son principat, dit-il, que Pierre établit ainsi intentionnellement: *Cum multi sint apostoli, pro ipso tamen principatu sola apostolorum principis sedes in auctoritate convaluit.* QUÆ IN TRIBUS LOCIS UNIUS

---

[1] Excepté la Mauritanie, qui relevait directement de Rome.

EST; *ipse enim sublimavit sedem, in quâ etiam quiescere et præsentem vitam finire dignatus est. Ipse decoravit sedem, in quâ evangelistam discipulum misit. Ipse firmavit sedem, in quâ septem annis, quamvis discessurus, sedit. Cum ergo unius atque una sit sedes, cui ex auctoritate divinâ tres nunc episcopi præsident, quidquid ego de vobis boni audio, hoc mihi imputo.* Bien qu'il y ait eu plusieurs apôtres, néanmoins le seul siège du prince des apôtres a joui de la puissance et de l'autorité de la suprématie. Cette autorité est l'autorité d'un seul en trois lieux différents : c'est Pierre qui a érigé le trône où il a daigné reposer et terminer sa vie mortelle; c'est Pierre qui a conféré sa gloire au siège où il a envoyé l'évangéliste, son disciple; et c'est Pierre encore qui a établi la chaire où il s'est assis provisoirement pendant sept années. Donc, puisqu'il n'y a qu'un seul siège appartenant à un seul et où commandent maintenant trois évêques au nom de Dieu, je m'attribue tout le bien que j'entends dire de vous [1].

Hincmar le constate d'une façon tout aussi expresse : *Sedes ecclesiarum, scilicet Romanæ, Alexandrinæ et Antiochenæ.... licet disparentur longinquitate locorum, una sedes sunt magni Petri principis apostolorum.* Les sièges des Eglises de Rome, d'Alexandrie et d'Antioche, quoiqu'ils soient séparés par la distance des lieux, ne sont qu'un seul et même siège, le siège de Pierre, le grand prince des apôtres [2].

Saint Léon proclame aussi cette vérité en ajoutant les mots suivants, comme une contre-épreuve : « Saint Pierre a fondé *beaucoup d'autres Eglises* par lui-même ou par ses disciples, mais il *en a distingué trois* [3]. » Par conséquent, ce n'est pas

---

[1] *Ad. Eulog. Alexand.*, lib. VII, epist. XL.
[2] *Op.*, t. II, p. 431. Ed. Migne.
[3] Cité par dom Gréa, liv. II, ch. v, § 51.

le seul fait de la *fondation par saint Pierre* qui a donné à ces deux Eglises leurs privilèges, mais bien une institution positive de saint Pierre.

L'intention de saint Pierre, en octroyant à ces Eglises leurs privilèges, était de leur conférer une véritable participation non pas seulement à sa primauté d'honneur, mais à son principat d'autorité. Le sixième canon du concile de Nicée l'établit positivement. Tandis que dans le septième canon il est parlé de l'honneur rendu dès l'origine à l'évêque d'Ælia [1], ici il est parlé de véritable dignité et autorité : « *Antiqui mores serventur qui sunt in Ægypto, Libya et Pentapoli, ut Alexandrinus episcopus horum omnium habeat potestatem, quandoquidem et episcopo romano hoc est consuetum. Similis est etiam Antiochia, et in aliis provinciis sua privilegia ac suæ dignitates et auctoritates serventur*. Que l'on conserve les anciennes coutumes en vigueur en Egypte, en Libye et dans la Pentapole, d'après lesquelles l'évêque d'Alexandrie a l'entière autorité sur ces trois contrées, puisque l'usage de l'évêque de Rome l'a toujours reconnu ainsi. Antioche est dans le même cas; que dans les autres provinces les Eglises gardent leurs privilèges, leurs dignités et leurs pouvoirs.

Enfin le concile de Chalcédoine (act. XVI), après avoir simplement reconnu que l'Eglise romaine a toujours eu la primauté, *quod Ecclesia romana semper habuit primatum*, ordonne que, pour l'Egypte et les autres Eglises, le canon de Nicée ait son plein effet.

Ce règlement du premier concile œcuménique avait donc pour but d'accorder aux évêques d'Antioche et d'Alexandrie,

---

(1) *Ælia Capitolina*, nom donné à Jérusalem par Adrien (Ælius Adrianus) après qu'il l'eut rebâtie en élevant un temple à Jupiter Capitolin.

ainsi qu'aux métropolitains institués par saint Pierre, ou par les apôtres, ou par les patriarches, ou autres ayant mission pour cela, une vraie participation à l'autorité de saint Pierre. Par cette disposition ils devenaient ses représentants, chacun selon son rang, auprès des Eglises inférieures de ces diverses régions et servaient d'intermédiaires entre Pierre et les Eglises et entre les Eglises et Pierre.

Saint Léon l'affirme et l'explique admirablement dans ces termes : « Tous les apôtres étaient égaux, mais à l'un d'eux a été donné d'avoir la prééminence sur les autres, et il appelle cela la *Forme* de Pierre (*Forma est id quod dat esse rei*). De la participation à cette forme, résulte la distinction entre les évêques : *Cum omnium par esset electio, uni tamen datum est ut cæteris præemineret. De quâ formâ episcoporum quoque est orta distinctio, et magnâ ordinatione provisum est, ne omnes sibi omnia vindicarent, sed essent in singulis provinciis singuli* (les métropolitains évidemment), *quorum inter fratres haberetur prima sententia; et rursus quidem in majoribus urbibus constituti* (les patriarches tout particulièrement) *sollicitudinem susciperent ampliorem per quos ad unam Petri sedem universalis Ecclesiæ cura conflueret, et nihil usquàm à suo capite dissideret.* Bien que l'élection de tous fût égale, néanmoins il a été donné à l'un d'eux d'avoir la prééminence sur les autres. De la participation à cette forme résulte la distinction entre les évêques; et c'est par une disposition d'une grande sagesse qu'il a été réglé que tous ne revendiquassent point pour eux-mêmes l'autorité absolue, mais que chacun, dans chacune des provinces, jugeât en premier ressort parmi ses frères ; et que, dans les grandes cités, les chefs établis eussent une plus grande autorité dans l'administration, afin que par eux convergeât vers le siège unique de Pierre la direction de l'Eglise universelle, et que rien ne fût jamais séparé de la tête [1].

Il y a lieu de remarquer ces mots : *magnâ ordinatione provisum est :* c'est donc une institution positive, fruit de la prudence à gouverner, « *provisum est,* » et d'une grande importance. Un concile d'Antioche, tenu en 341, déclare que c'est une loi qui a été en vigueur dès l'origine : « *qui ab initio obtinuit canon.* »

Ainsi Rome servait de centre spécial à l'Occident; par la Méditerranée, Antioche réunissait l'Asie à Rome, et Alexandrie reliait à son tour à Rome l'Egypte et la Libye. Ainsi s'exerçait *positivement* sur toute l'Eglise le *principat* de Pierre; ainsi rien nulle part n'y était séparé de son chef.

Ces deux patriarcats d'Antioche et d'Alexandrie rendaient présente l'autorité de Pierre dans les vastes régions où ils étaient érigés; et en vertu de leur autorité déléguée, leurs titulaires pouvaient à cette époque établir des métropolitains, auxquels à leur tour ils confiaient une partie de leur charge; et ceux-ci pouvaient constituer de nouveaux évêchés dans les contrées nouvelles converties, tout cela évidemment par l'autorité de saint Pierre. Aussi les élections et les consécrations ne se faisaient alors régulièrement que par les métropolitains; ou du moins il fallait que le nouvel évêque obtînt le plus tôt possible, du métropolitain, ou du patriarche, ou de Rome, ses lettres de communion.

En Occident, c'était par délégation, ordinairement personnelle, quelquefois plus ou moins longtemps attachée à un siège, que le pontife de Rome donnait participation de son principat. A Thessalonique et à Carthage spécialement, ce fut en vertu

---

[1] S. Leo, epist. xiv, *ad Anast.*, n° 1.

d'une institution positive et d'une manière permanente ; de même à Lyon et à Bourges pour les Gaules, et à Cantorbéry pour l'Angleterre. Quand un siège avait été honoré successivement de ces légations pendant un temps considérable, assez fréquemment il en résultait pour l'évêque le titre de primat, qui reste encore, au moins *ad honorem*, attaché à ces sièges. Il y a donc analogie, mais pas du tout identité, entre les patriarcats et les primaties. Le patriarcat était une participation plus stable, plus universelle, généralement plus complète, du principat de saint Pierre. Après les deux patriarcats d'Alexandrie et d'Antioche, arrive celui de Jérusalem.

D'abord ce ne fut que plus tard, et seulement *ad honorem*, que fut conféré à l'évêque de Jérusalem le titre de patriarche. L'évêque de Jérusalem, successeur d'un apôtre, n'avait, dans l'antiquité, aucune *juridiction* supérieure au milieu de ses frères ; il relevait d'un métropolitain, et saint Jacques n'avait laissé dans son siège que l'honneur de l'épiscopat, afin qu'il fût bien constaté que toute primauté vient d'une autre origine et est un rayonnement du principat de saint Pierre [1]. Et la preuve en est que l'évêque de Jérusalem assista comme simple suffragant à un concile provincial, tenu sous le pape saint Victor, à l'occasion de la controverse pascale, sous la présidence de son métropolitain, l'archevêque de Césarée, qui, à ce titre, dépositaire de l'autorité de Pierre, siégeait au-dessus de l'évêque de la Ville sainte, du successeur de saint Jacques.

Donc nulle juridiction en dehors de la simple juridiction épiscopale.

D'autre part, alors que le souverain Pontife, par lui-même ou par ses légats, préside un concile, l'évêque de Jérusalem,

---

[1] Dom Gréa, *De l'Eglise et de sa divine constitution*, liv. II, ch. v, § 1.

dès l'antiquité, prend place immédiatement après les patriarches d'Antioche et d'Alexandrie. C'est ce qui se vit à Nicée ; et ce concile proclame dans son septième canon que telle est la coutume et la tradition antique : *Quoniam obtinuit consuetudo et antiqua traditio, ut qui est in Æliâ episcopus honoretur, habeat honoris consequentiam, metropoli propriâ dignitate servatâ.* Puisque l'usage et l'antique tradition veulent que l'évêque de Jérusalem ait un honneur spécial, qu'il jouisse des effets de cet honneur, à la condition que la métropole gardera tous les droits de sa dignité. Donc il a primauté d'honneur, mais après celui d'Alexandrie et celui d'Antioche.

Le patriarcat de Constantinople, dans le principe, avait le quatrième rang, mais, après de longs efforts, il finit par obtenir légitimement d'Innocent III et du concile de Latran la préséance même sur celui d'Alexandrie, qui l'avait eue jusque-là.

Toute cette doctrine que nous venons d'exposer dans ce chapitre est confirmée par l'existence, à Rome, de cinq basiliques patriarcales qui se classent à part et occupent un rang supérieur, parmi toutes les autres basiliques de la Ville éternelle. « C'est la prérogative singulière du chef de l'Eglise universelle, dit Onuphre Panvini, que d'avoir, outre son siège pontifical, quatre autres églises, où il a coutume d'officier comme s'il était le cardinal-évêque de chacune d'elles. Il y exerce la pleine juridiction pontificale aux fêtes titulaires de ces églises, comme dans des cathédrales qui lui sont propres. » Mais pourquoi ces cinq cathédrales ? Pour constater la souveraineté du Pontife romain sur tous les évêchés du monde, représentés par les grands patriarcats, dont nous avons parlé. Saint-Laurent hors les murs symbolise l'Eglise du patriarcat de Jérusalem ; Sainte-Marie Majeure représente l'Eglise d'Antioche ; Saint-Paul, celle d'Alexandrie ; Saint-Pierre au Vatican, celle de Constantinople ; enfin Saint-Jean de Latran, clef de voûte de cet édifice ecclésiastique, première basilique chrétienne de fondation impériale, reine des cathédrales romaines, métropole du premier des évêchés, est le siège du patriarcat d'Occident et de l'univers tout entier.

Peu à peu furent créés les patriarcats secondaires, soit dépendant directement de Rome, comme celui de Venise et des Indes, soit dépendant des grands patriarcats primitifs de l'Orient. L'étendue des contrées soumises à la juridiction des sièges principaux ne permettait pas aux évêques qui les occupaient de suivre d'assez près les affaires de toutes les Eglises qui leur étaient confiées ; ils eurent donc, eux aussi, afin de faciliter le gouvernement, pour les régions plus reculées, ou pour des nationalités spéciales, des délégués qui les représentaient, et qui en leur nom réglaient toutes les affaires. Et, précisément comme ils étaient institués *ad universalitatem causarum*, ils prirent le nom de καθολικοί, qui leur est resté. Ils furent même assimilés aux patriarches, et le titre leur en fut attribué, soit peu à peu par le peuple [1], soit par ceux qui les déléguèrent, soit même par les souverains Pontifes, comme pour saint Grégoire l'Illuminateur. Il en est donc du gouvernement ecclésiastique comme du gouvernement civil.

Le roi, suivant les nécessités de l'administration, se fait représenter dans les provinces par des hommes revêtus de différents titres, et avec une autorité plus ou moins grande ; et

---

[1] Quand nous disons que le peuple a attribué quelquefois à un catholicos le titre de patriarche, nous ne voulons pas dire évidemment que le peuple l'ait créé ou institué, mais seulement qu'il traduisit par le mot de patriarche le titre qui représentait le pouvoir de cet évêque délégué par autorité supérieure *ad universalitatem causarum* pour l'universalité des affaires ecclésiastiques.

souvent, dans les colonies éloignées, le représentant du gouvernement monarchique porte le titre de vice-roi, avec des attributions très étendues, nécessitées par la distance des lieux. Il en est de même dans l'Eglise, et les patriarches pourraient être comparés à des vice-rois ecclésiastiques.

On le voit, le titre patriarcal, dans le fond, est une communication spéciale de l'autorité de saint Pierre, et il le fut surtout dans l'origine. Ce n'est que peu à peu, alors que les relations avec Rome devinrent plus faciles et plus fréquentes, qu'il devint plus honorifique que juridictionnel.

Cependant, quelque grande qu'ait été l'autorité patriarcale, elle a toujours été essentiellement limitée à une partie du monde, puisque l'autorité universelle n'a été donnée qu'à Pierre et à ses successeurs. Bien vaine est donc la prétention du patriarche grec de Constantinople, quand il s'adjuge le titre d'œcuménique.

Dans les siècles suivants, Rome reconnut les titres honorifiques des patriarcats secondaires et les confirma. Elle conféra même directement la dignité et la juridiction patriarcales à des évêques, pseudo-patriarches jusque-là, au moment où, avec leur nation, ils rentraient dans le sein de l'unité catholique.

L'autorité d'un patriarche venant tout entière du souverain Pontife, celui-ci peut l'étendre, la restreindre, ou même la retirer totalement, selon qu'il le juge bon pour le bien général ou particulier de l'Eglise. D'où il suit que chaque fois qu'un patriarche n'est plus en communion avec l'Eglise romaine, son autorité est nulle; ce n'est plus qu'un intrus, un pseudo-patriarche. D'où il suit encore que tout patriarche doit être confirmé par le siège apostolique. De même que nul ne pouvait être apôtre durant la vie mortelle de Jésus-Christ, sans que Jésus-Christ le choisit, de même nul ne peut être patriarche, sans que le vicaire de Jésus-Christ l'admette au rang des patriarches et confirme son élection de son autorité suprême.

Dans le principe, à cause de l'éloignement et des distances, Rome avait réglé qu'un nouveau patriarche élu pût exercer validement et licitement son autorité, jusqu'à ce qu'il fût confirmé par le Saint-Siège. Aujourd'hui, où la vapeur et l'électricité ont rapproché toutes les distances, nul patriarche ne peut validement exercer aucun acte de juridiction qu'après avoir été préalablement confirmé dans sa charge par notre saint-père le Pape.

La reconnaissance des pouvoirs civils n'est qu'un accessoire, dont l'Eglise se passe volontiers, lorsqu'elle doit l'acheter au prix de son indépendance. Jésus-Christ et saint Pierre ne furent reconnus ni par Hérode, ni par Tibère, ni par Néron.

Résumons en quelques mots quel est le mode de hiérarchie institué par le Fils de Dieu.

Les douze apôtres avaient reçu la plénitude du sacerdoce; c'est-à-dire que tous avaient le caractère épiscopal, et en tant qu'évêques ils étaient égaux : Pierre n'était pas plus évêque que Jean ou Thomas. Pierre tenait de Jésus-Christ, pour lui et ses successeurs, l'universalité de l'autorité absolue et l'infaillibilité par rapport à la foi, aux mœurs et à la discipline générale. Les autres apôtres avaient pour eux-mêmes seulement l'universalité de l'autorité relative et l'infaillibilité, parce qu'ils étaient les fondements secondaires de l'Eglise, tandis que saint Pierre en était le fondement principal.

Leur mission était de faire entrer dans l'Eglise catholique, gouvernée par saint Pierre, tous les peuples du monde, au moyen de la prédication et du baptême : *Docete omnes gentes, baptizantes eos*, et d'établir des évêques avec une délégation limitée, partout où le besoin s'en ferait sentir. C'est pour cela qu'ils n'ont pas eu de sièges déterminés, ni de successeurs avec une universalité de juridiction sur toute la terre.

En somme, les patriarches ne sont que des évêques, à qui saint Pierre ou ses successeurs ont communiqué, en tout ou en partie, la juridiction suprême dans certaines contrées déterminées. Parfois enfin le titre de patriarche n'est qu'honorifique, sans juridiction spéciale.

Un des plus anciens patriarcats après ceux d'Alexandrie, d'Antioche et de Jérusalem, est sans contredit le patriarcat arménien.

Le fait de l'union du patriarcat arménien dans le principe avec l'Église romaine est d'une certitude qui brave tous les sophismes. Quand bien même l'histoire n'attesterait point ce fait, il est impossible qu'il n'ait pas eu lieu. Jésus-Christ a dit : Soyez un comme mon Père céleste et moi nous sommes un [1]. Or, si dès son origine elle n'eût point été unie à l'Eglise universelle ou catholique que gouvernait le pape saint Sylvestre, à l'époque de la conversion des Arméniens, l'Eglise arménienne n'eût été qu'une Eglise schismatique. Jésus-Christ a dit encore que quiconque n'obéirait pas à l'Eglise devrait être regardé comme un païen [2]. Si l'on prétendait donc que saint Grégoire l'Illuminateur n'ait pas obéi tout le temps de sa vie à l'Eglise catholique, qui seule existait alors, il faudrait affirmer par le fait même que ce grand saint doit être regardé comme un païen. Enfin, si saint Grégoire n'eût pas été en communion avec Rome, son autorité patriarcale eût été absolument nulle. Il suffit d'un peu de bon sens pour le comprendre.

---

[1] *Joann.*, XVII, 22.
[2] *Matth*, XVIII, 17.

En effet, saint Grégoire n'a pu recevoir de Jésus-Christ une autorité absolue et indépendante, car Jésus-Christ n'est pas venu lui dire en personne, comme il a dit à Pierre : Tu es Pierre, et sur cette pierre je bâtirai mon Eglise arménienne. Je te donne les clefs du ciel pour que tu y fasses entrer les Arméniens, sans qu'ils soient tenus d'obéir à mon vicaire. Tout ce que tu lieras en Arménie, malgré le Pape, mon lieutenant, sera lié au ciel, et tout ce que tu délieras, malgré le Pape, mon lieutenant, sera délié au ciel. Jésus-Christ non plus n'avait pas dit à Pierre : Sur toi, je bâtirai mon Eglise, excepté la portion de mon Eglise située en Arménie ; tu ouvriras le ciel à tous les peuples, les Arméniens exceptés ; tout ce que tu lieras sur la terre, en dehors de l'Arménie, sera lié au ciel ; pais tous les pasteurs, excepté ceux d'Arménie ; confirme tes frères, les Arméniens exceptés.

Saint Grégoire n'a pu recevoir son autorité patriarcale des saints Barthélemy et Thaddée, puisque la hiérarchie était détruite en Arménie depuis longtemps [1].

Ensuite, même en supposant que ces deux saints eussent conféré aux évêques d'Edesse [2], institués par eux, le titre patriarcal ou quelque dignité équivalente, ils ne l'eussent fait qu'en vertu de cette grande institution : *magnâ ordinatione provisum est*, dont parle saint Léon, loi en vigueur dès l'origine, dit le concile d'Antioche : « *Qui ab initio obtinuit canon;* » et alors, en vertu de cette loi, qui évidemment n'avait de valeur que du consentement de saint Pierre, ils donnaient, selon la nécessité des lieux, des représentants à saint Pierre lui-même, avec différents degrés d'autorité, comme pouvait

---

[1] Nous l'établirons plus loin.
[2] Dans l'hypothèse où l'Eglise édessienne remonte aux temps apostoliques.

faire même plus tard un patriarche d'Antioche ou d'Alexandrie en établissant des métropolitains. Par le seul fait qu'ils eussent établi des hiérarques métropolitains ou patriarches, ils ne le pouvaient faire que par l'autorité de Pierre.

Saint Grégoire n'a pas reçu l'autorité patriarcale de saint Léonce, évêque grec catholique de Césarée, qui lui avait conféré le caractère épiscopal. En effet, Léonce, tout en étant métropolitain, n'était point patriarche. Il ne pouvait donc élever saint Grégoire à une dignité au-dessus de la sienne.

Saint Grégoire n'a pu tenir son autorité patriarcale de l'Eglise arménienne, puisque c'est lui qui a rétabli cette Eglise après sa destruction, comme nous le dirons plus tard. Du reste, aucune Eglise particulière n'a le droit de se donner un chef indépendant, comme nous l'expliquerons ensuite.

Si donc saint Grégoire n'a reçu son autorité patriarcale ni de Jésus-Christ directement ou en personne, ni de saint Barthélemy ou de saint Thaddée, ni de l'évêque grec catholique de Césarée, ni de l'Eglise arménienne, il ne peut l'avoir reçue qu'à Rome, des mains de saint Sylvestre, successeur de saint Pierre, vicaire du Fils de Dieu, et dépositaire de la puissance universelle sur toutes les Eglises particulières du globe. Le nier, c'est nier que saint Grégoire fût un vrai patriarche.

Mais, grâce à Dieu, saint Grégoire l'Illuminateur était uni à la chaire apostolique; il était l'humble fils de l'Eglise romaine, la mère et la reine de toutes les Eglises. C'est pour cela qu'il accourut de si loin se jeter dans ses bras (1). Appelé par une grâce spéciale à la vocation d'apôtre d'Arménie, il vint, comme l'apôtre des Gentils, visiter Pierre dans la personne de saint Sylvestre et se remettre, lui et son troupeau, sous la

---

(1) Nous en donnerons la preuve historique au chapitre v.

houlette du pasteur des pasteurs; et c'est afin de le récompenser de sa soumission filiale que le chef de l'Eglise lui conféra la dignité patriarcale. Saint Grégoire, tant qu'il vécut, persévéra dans la communion de l'Eglise romaine, qui le compte parmi les plus grands saints de l'Eglise catholique et qui vénère, dans un temple catholique de Naples, le corps sacré de l'apôtre catholique de l'Arménie.

Nous avons exposé les principes sur lesquels reposent l'autorité pontificale et l'autorité patriarcale. Il s'ensuit, comme un corollaire d'une absolue nécessité, qu'une Eglise particulière ne peut se donner un chef spirituel ou patriarche indépendant.

Rien n'est plus répandu en Orient que les erreurs suivantes : Tous les apôtres étaient frères, sans que l'un fût supérieur à l'autre, et toutes les Eglises sont sœurs, même avec des chefs indépendants. Il y a douze nations adoratrices de la croix, ou douze Eglises qui ne font qu'une Eglise, parce que Jésus-Christ en est le seul chef.

Or, dire que Pierre n'était pas le chef des autres apôtres, ses frères dans l'épiscopat, est une hérésie qui fait mentir le Fils de Dieu lui-même, comme nous l'avons montré précédemment.

Ensuite, dire qu'il n'y a que douze nations adoratrices de la croix, c'est interpréter faussement le titre de l'épître catholique de saint Jacques, adressée non à douze nations chrétiennes composant l'Eglise, mais bien aux Juifs baptisés appartenant aux douze tribus d'Israël et dispersés en divers pays.

Dire enfin que toutes les Eglises sont sœurs, même avec des chefs indépendants, parce qu'elles ont Jésus-Christ pour chef invisible, c'est détruire l'Eglise de fond en comble.

Car des Eglises ainsi morcelées ne sont plus l'Eglise de Jésus-Christ; c'est la désolation, comme dit l'Evangile : *Omne regnum in se divisum desolabitur* [1]. Donc un chef indépendant, c'est l'abomination de la désolation debout dans le lieu saint [2].

En effet, dans toute société visible, il est essentiel qu'il y ait un chef visible. Que serait un royaume avec un roi invisible, qui n'aurait aucun rapport sensible avec ses sujets? Un chaos d'anarchie. Que serait une armée avec un général invisible, qui ne parlerait jamais avec ses soldats? Un désordre sans nom. Une société domestique, à la mort du père et de la mère, se brise, et les enfants se dispersent.

Jésus-Christ aurait pu rester, jusqu'à la fin des siècles, le chef visible de la société qu'il avait formée; mais une fois qu'il est monté au ciel, pour ne plus se montrer aux regards des hommes qu'au jour où le temps sera détruit pour faire place à l'éternité, il a dû se donner un ou plusieurs représentants visibles, pour ne pas détruire l'Eglise qu'il avait établie au prix de son sang, et dont il avait décrété la durée jusqu'à la fin des siècles. Si le Christ, au contraire, retiré dans les splendeurs inaccessibles de sa gloire pour n'intervenir jamais sensiblement dans la direction de son Eglise, ne se fût point donné de représentant visible, que serait devenue cette Eglise? Elle se serait momifiée, pétrifiée sous l'action de chefs sans mission divine; elle n'aurait plus constitué qu'un amalgame de cérémonies extérieures sans vie, et partant sans empire sur la conscience. Dans une telle Eglise, Dieu eût été honoré de bouche peut-être, mais le cœur du peuple eût été loin de lui,

---

(1) *Luc.*, XI, 17.
(2) *Matth.*, XXIV, 15.

et Dieu l'eût eue en horreur, selon l'expression de l'Ecriture ; ou bien cette Eglise, livrée au caprice d'un chacun, se serait disloquée, démembrée, divisée à l'infini, comme un cadavre qui se résout en poussière. L'autorité visible et divine est aussi nécessaire à l'Eglise que l'âme l'est au corps. Le protestantisme en est la démonstration permanente ; car le protestantisme, c'est l'Eglise cadavérisée, décomposée, putréfiée, pulvérisée, anéantie.

Le protestantisme prétend néanmoins relever du Christ, chef invisible ; mais en niant l'autorité visible, qui représente sur la terre le Christ invisible, il est arrivé, par une logique inexorable, à n'être que la négation de l'Eglise fondée par le Christ, à n'être qu'un chaos. En face de ce chaos, d'où, selon l'expression énergique de Job, est banni tout ordre, et qui est le séjour d'une horreur éternelle, on se rappelle involontairement ces vers de Racine, qui résument l'histoire du protestantisme :

>....Je n'ai plus trouvé qu'un horrible mélange
>D'os et de chairs meurtris et traînés dans la fange,
>Des lambeaux pleins de sang et des membres affreux
>Que des chiens dévorants se disputaient entre eux.

En conséquence, Jésus-Christ n'étant plus, depuis son ascension, le chef visible de son Eglise, il ne peut, comme chef invisible, en constituer l'unité. L'Eglise forme une société visible ; donc elle ne saurait être une qu'autant qu'elle a à sa tête un représentant visible de Jésus-Christ. Si Notre-Seigneur eût établi douze représentants visibles de son autorité avec un égal pouvoir, l'Eglise ne serait plus une, mais il y aurait alors douze Eglises, c'est-à-dire douze sociétés ayant à leur tête douze représentants visibles du Fils de Dieu, chef invisible. Il s'ensuit qu'affirmer l'unité de l'Eglise dans douze Eglises indépendantes, parce qu'elles ont un seul chef invisible, revient à dire que 1 égale 12 ; nouvelle et curieuse équation algébrique !

Venons-en au fait. Etant donné que les sociétés visibles se comptent par le nombre de leurs chefs visibles, Jésus-Christ a-t-il établi une Eglise ou douze Eglises? ou bien, ce qui est tout un, s'est-il donné un seul représentant de son autorité universelle, ou s'en est-il donné douze, entre lesquels il a partagé son autorité?

A cette question, cinq cents millions de chrétiens [1], sur toutes les plages du globe et dans toutes les langues du monde, répondent encore, comme au temps du concile de Nicée : Je crois l'Eglise une, ce qui signifie : je crois à l'existence d'un seul chef visible de l'Eglise.

Je pose une seconde question. Quelle est cette Eglise unique? et j'entends encore la majestueuse voix de tous les peuples baptisés, qui, semblable au bruit des grandes eaux, désigne cette Eglise par le nom qu'elle a reçu des apôtres : C'est l'Eglise catholique, je crois l'Eglise catholique ; et au milieu de ce concert de tous les peuples, je distingue deux voix, celle des Grecs et celle des Arméniens, qui proclament chacun en son idiome cette vérité, en disant : Πιστεύω εἰς τὴν καθολικὴν Ἐκκλησίαν : *Je crois l'Eglise catholique, l'Eglise universelle.*

Puisqu'il en est ainsi, les apôtres n'étaient pas égaux entre eux. L'un d'eux avait la suprématie sur les autres, et l'Evangile nous le désigne par son nom : c'est Pierre. Conséquemment, il n'y a qu'une seule Eglise véritable, l'Eglise catholique, dont le chef visible est aujourd'hui Sa Sainteté Léon XIII, le

---

[1] Nous ne parlons que des communions chrétiennes qui conservent le symbole et la hiérarchie, c'est-à-dire de tous les chrétiens, excepté ceux des protestants qui sont sans symbole et sans hiérarchie ; car, parmi ces derniers, les anglicans acceptent le symbole de Nicée et celui des apôtres. (Synode de Londres, 8ᵉ article, 1562, et liturgie anglicane.)

deux cent cinquante-neuvième successeur de saint Pierre, établi par le Christ Prince des apôtres et le représentant visible de son autorité universelle.

Quiconque prétend le contraire est un hérétique qui renverse la constitution divine et immuable de l'Eglise de Dieu; de plus, il semble dans une flagrante contradiction avec lui-même; car, d'une part, il affirme que l'Eglise est une et universelle, renfermant dans son sein tous les peuples du monde, et de l'autre, il la dit multiple, ne se composant chacune que d'une seule nationalité.

Au reste, cette voix de tous les peuples, qui publient l'unité et l'universalité de l'Eglise, n'est qu'un écho de l'Evangile et des prédications apostoliques.

Les apôtres n'ont fait qu'annoncer le royaume de Dieu, qui n'est autre que cette Eglise catholique fondée par le Christ sur le roc inébranlable de l'autorité du pontife romain, son vicaire sur la terre, et à leur voix tous les peuples de l'univers sont entrés dans cette Eglise, régie par le prince des apôtres. Saint Jean et saint Barthélemy disaient : Ce n'est pas à nous que Jésus a dit : Vous vous appellerez Pierre ou fondement principal, mais à Simon, fils de Jean. Saint Philippe disait : Ce n'est pas à moi que le Verbe incarné a adressé cette parole : Tu es Pierre, et sur cette pierre je bâtirai mon Eglise, mais seulement à Simon, fils de Jean. Saint Thomas disait aussi : Ce n'est pas à moi que le Fils de Dieu a dit : Je te donnerai les clefs du royaume des cieux, mais à Pierre seul. Saint Jacques, à son tour, répétait : Ce n'est pas à moi que le Sauveur a dit, dans un sens absolu [1] : Tout ce que tu lieras ou délieras sur la

---

(1) La chose a été dite à tous les apôtres réunis, il est vrai (*Matth.*, XVIII, 18), mais après qu'elle avait été dite personnellement à Pierre seul. (*Matth.*, XVI, 19.) Si donc elle est accordée aux autres, ce ne peut être indépendamment de Pierre et que par par-

terre sera lié ou délié dans les cieux. Saint André confessait qu'il n'avait pas reçu comme Pierre l'ordre de confirmer ses frères. Enfin, saint Jude déclarait qu'à Pierre seul le Christ avait dit : Pais mes agneaux, paix mes brebis.

Les apôtres n'ont donc jamais prétendu être les égaux de l'apôtre Pierre, autrement chaque apôtre se serait constitué le chef indépendant de l'Eglise fondée par lui; comme Pierre a établi son siège à Rome, il aurait établi le sien dans un lieu déterminé, et de là, il eût administré son troupeau, en ne relevant que de Jésus-Christ. Chaque Eglise eût été alors une Eglise indépendante, et au lieu d'une seule Eglise, il y en eût eu douze, l'Eglise de Pierre, l'Eglise de Jean, l'Eglise de Jacques, etc. Il eût fallu écrire dans le symbole : Je crois en douze et même en treize Eglises, puisque saint Paul est le treizième apôtre. Douze ou treize rois indépendants les uns des autres, bien qu'ils ne relèvent que de Dieu, le Roi des rois, ne sauraient commander à un même royaume; il faut nécessairement qu'ils aient douze ou treize royaumes sous leur autorité et que chacun de ces royaumes soit indépendant.

En conséquence, voilà douze ou treize Eglises au lieu d'une Eglise fondée par Jésus-Christ. Il faut donc avouer que Pierre était le chef des apôtres, ou renier l'Evangile et le symbole de Nicée, déclarant l'unité de l'Eglise de Dieu, et effacer cette parole : Je crois l'Eglise une. Au reste, si Jésus-Christ était encore sur la terre et administrait visiblement son Eglise, n'est-il pas de toute évidence que chaque évêque ou chaque patriarche devrait recevoir de lui sa mission et son autorité?

---

ticipation avec Pierre. « La suite ne renverse pas le commencement, dit Bossuet à ce propos.... » Cette première parole : « Tout ce que tu lieras, » dite à un seul, a déjà rangé sous sa puissance chacun de ceux à qui l'on dira : « Tout ce que vous lierez ... tout ce que vous remettrez. »

Maintenant que Jésus-Christ est au ciel et qu'il a jugé bon de se donner sur la terre un lieutenant dans la personne de saint Pierre et de ses successeurs, il reste évidemment, pour chaque évêque et chaque patriarche, l'obligation de demander à ce lieutenant du Christ la juridiction qui leur est nécessaire, comme ils la demanderaient au Christ lui-même, s'il était encore visible en ce monde. Quand un monarque part pour un voyage lointain, c'est au régent du royaume, qui tient la place du roi, de distribuer les charges du gouvernement, et quiconque voudrait s'adjuger, sans l'autorisation de ce lieutenant général, un emploi quelconque, serait traité en rebelle et jeté dans les fers. A plus forte raison, un patriarche qui n'est pas institué par le vicaire de Jésus-Christ n'est qu'un faux patriarche, sans nulle autorité ecclésiastique. Dieu ne le reconnaît point.

Jésus-Christ est le chef de l'Eglise : *Christus caput est Ecclesiæ* (1). Pierre, lui aussi, est le chef de l'Eglise : *Totius ecclesiæ caput* (2), c'est-à-dire qu'il ne fait qu'un avec Jésus-Christ dans l'administration de l'Eglise, comme un roi et un premier ministre ne font qu'un dans le gouvernement d'un Etat.

Les titres mystérieux dont Pierre a été revêtu nous font connaître son union avec le Christ, ainsi que s'exprime saint Léon le Grand : *Ut qualis ipsi cum Christo esset societas, per ipsa appellationum ejus mysteria nosceremus* (3). En un mot, Pierre est, dans la réalité du terme, le vicaire de Jésus-Christ; dans l'enseignement de la foi et dans l'autorité du gouvernement, ce que Pierre fait, Jésus-Christ le fait aussi moralement.

(1) *Eph.*, v, 23.
(2) *Conc. Flor.*
(3) Serm. III, n° 3.

CHAPITRE II. 53

A un rang inférieur, l'évêque et son vicaire général ne font qu'une personne. La même chose a lieu au sommet de la hiérarchie entre le Christ et son lieutenant. Tout évêque, il est vrai, a la plénitude du sacerdoce; mais Pierre a, de plus, la plénitude de l'autorité. A lui *summa rerum* (1), à lui *summa judicii totius* (2). Dépositaire unique et exclusif de toute l'autorité de Jésus-Christ, seul donc il peut en communiquer une partie et admettre un de ses frères dans l'épiscopat à la participation de sa sollicitude; et il le peut légitimement. Car si jamais il y a eu délégation *ad universalitatem causarum*, c'est bien celle de l'autorité de Jésus-Christ à saint Pierre; il peut donc subdéléguer à son gré une part de son autorité. Et il l'a fait en présidant les conciles par ses légats, et en gouvernant les Eglises par les patriarches et les métropolitains.

Après tout, l'institution des patriarches ou des métropolitains n'est qu'ecclésiastique. Ce n'est pas Jésus-Christ, mais Pierre, qui a érigé le siège patriarcal d'Antioche et celui d'Alexandrie. Si les apôtres ont établi des métropolitains, si les patriarches également l'ont fait, c'est en vertu de ce grand règlement: *magnâ ordinatione provisum est*, qui fut en vigueur dès l'origine, qui obtenait *ab initio canon*, non, par conséquent, sans l'autorité de Pierre. Et ces patriarches et ces métropolitains savaient qu'il leur fallait à ce titre des « Lettres de communion » avec Pierre.

Une assemblée de douze évêques ne saurait davantage donner un patriarche à une nation. Jésus-Christ n'a point dit à un synode quelconque : Tu es Pierre, et sur cette pierre je bâtirai

---

(1) Origène.
(2) S. Gélase.

mon Eglise. Je te donne les clefs du royaume des cieux; tout ce que tu lieras ou délieras sur terre sera lié ou délié au ciel : *à fortiori*, une assemblée laïque n'a rien à voir dans la transmission du pouvoir patriarcal. Le pape seul a ce droit, puisque seul il hérite dans l'Eglise de la puissance universelle confiée à Pierre par le Fils de Dieu.

L'élection, qui est d'usage dans certaines régions, ne confère aucun pouvoir à l'élu; elle ne fait que constater l'aptitude de tel ou tel à remplir une fonction ecclésiastique. Elle ne peut pas plus conférer l'autorité qu'elle ne peut conférer le caractère épiscopal ou sacerdotal. Quand une nation, un roi ou un synode épiscopal choisissent un patriarche, cette nation, ce roi ou ce synode ne lui confèrent aucune juridiction ni aucune autorité. Nous l'avons déjà dit, c'est Jésus-Christ seul, ou le vicaire qu'il s'est donné, qui a le droit de conférer la juridiction ecclésiastique à une personne dont l'élection a établi la capacité. D'où il suit que quiconque s'arroge la dignité patriarcale sans être institué canoniquement par le souverain pontife, représentant du Christ sur la terre, n'est pas réellement patriarche, fût-il élu par cent évêques et reconnu par cent monarques de la terre : car Jésus-Christ ne le reconnaît pas. Si quelque Eglise avait le malheur d'avoir un patriarche que Rome ne reconnaîtrait point, elle ressemblerait, qu'on nous permette cette comparaison, à un bureau télégraphique, dans lequel toutes les machines sont au complet et à leur place, mais dont le fil serait coupé. Cette Eglise peut avoir des temples, des prêtres, des évêques; mais, hélas! le fil de l'autorité y est brisé; elle ne peut donc communiquer la grâce divine. Elle n'est plus apostolique, n'ayant plus de mission. Prêtres et évêques, qui n'avaient reçu que par participation et dépendamment le pouvoir de lier et de délier, ne communiquant plus avec celui à qui ce pouvoir appartient en propre, l'ont perdu par le seul fait de leur séparation; ils n'ont plus aucun droit à l'exercice de leur ordre; ils ne peuvent donc sauver les âmes.

J'ai parlé plus haut de douze évêques; supposons maintenant tous les évêques du monde en dehors de Pierre; ils ne sauraient établir à eux tous un patriarche : car le patriarcat ou tout autre droit juridictionnel supérieur n'est pas contenu dans l'épiscopat, l'épiscopat étant égal et le même en chacun; et personne ne peut conférer un droit qui n'est pas contenu dans ses attributions. Cette nomination ne pourrait, dès lors, produire qu'un mandataire commun et un représentant de l'ensemble de ces évêques; mais ce ne serait point un représentant de Jésus-Christ, un dépositaire de son autorité.

Jésus-Christ seul peut se donner un représentant, et il se l'est donné dans la personne de Pierre et de ses successeurs, les pontifes romains; et l'on prétendrait avoir l'autorité de lui en choisir un autre? C'est pourtant le scandale que l'on donne au monde; on refuse l'obéissance au vicaire du Christ divinement institué, et l'on a l'audace d'en imposer un de son choix au Fils de Dieu! C'est le monde renversé, dans lequel, ô énormité! les évêques commandent et Jésus-Christ obéit.

Non, si Jésus-Christ ne se fût point donné de représentant universel, cent mille évêques ne sauraient lui en donner l'ombre d'un seul, pas plus que le suffrage de cent mille gouverneurs ou de cent mille pachas ne peut donner un ministre ou un grand vizir au monarque ou au sultan qui ne lui déléguerait point son autorité.

Mais le pape, objectera-t-on, est constitué dans sa haute dignité par l'élection des cardinaux. Erreur, quand le Christ a confié à Pierre son autorité indestructible pour régir son

Eglise jusqu'à la fin des siècles, il n'a pas voulu cependant que Pierre fût immortel ; c'est pour cette raison que dans la personne de Pierre, le Sauveur comprenait aussi tous ses successeurs ; pour ceux-ci, il suffit donc, comme condition, que leur élection soit légitime. Cette condition posée, ils reçoivent immédiatement du Christ la suprême autorité et la juridiction universelle, et cela en vertu de l'institution divine formulée dans ces paroles : « Tu es Pierre, et sur cette pierre je bâtirai mon Eglise. »

Toute élection est donc nulle sans la confirmation du Pontife romain.

Saint Paul appelé à l'apostolat par Jésus-Christ, désigné par le Saint-Esprit et ordonné par des évêques en communion avec Pierre [1], a senti le besoin de se faire approuver par Pierre, et pour le passé et pour l'avenir : « *ne in vacuum currerem aut cucurrissem* [2], » et l'un des successeurs de Pierre, saint Victor, n'a pas hésité à casser les règlements établis en Asie, suivant quelques écrivains, par l'apôtre saint Jean lui-même, au sujet de la question pascale [3]. Tant il est vrai que toujours il a fallu que l'on sentît en tout l'autorité permanente de Pierre pour donner la solidité à tout ce qui était établi.

Qu'on ne vienne pas dire que saint Grégoire, par exemple, ayant une fois reçu du pape saint Sylvestre la juridiction patriarcale, l'a transmise à ses successeurs. Tant que les successeurs de saint Grégoire ont été en communion avec Rome, Rome leur a conservé leur juridiction canonique.

Mais quand Nersès Achdaraguétsi, en 552, a rompu avec le Saint-Siège et est tombé dans le schisme et l'hérésie, il a perdu

---

[1] *Act.*, xiii, 2.
[2] *Gal.*, ii, 2.
[3] S. Victor, *Epist. I ad Theoph., episcop. Alexandr.* S. Irénée, *Epist. ad Vict.*

toute autorité et n'a pu la transmettre à ses successeurs. Au surplus, le souverain Pontife, en qui réside la plénitude de l'autorité ecclésiastique, n'y fait participer que ceux qui sont en communion avec lui. La juridiction patriarcale ne se transmet pas : elle se puise à Rome à la mort de chaque patriarche. Une Eglise particulière n'est qu'une province dans l'Eglise universelle, et une province ne peut se choisir un chef avec transmission de pouvoir.

Sans l'agrément du chef d'Etat, aucun nouveau gouverneur ne peut légitimement exercer ses fonctions : c'est un usurpateur. Et il ne saurait en être autrement. Pierre, vicaire de Jésus-Christ, est constitué avec Jésus-Christ en unité de personne morale. Il est l'ombre du Verbe sur la terre; c'est par lui que le Christ invisible se rend visible; c'est par sa bouche seule que le Dieu incarné parle à son Eglise, enseigne son Eglise, gouverne son Eglise, sanctifie son Eglise, établit les pasteurs de son Eglise; c'est avec sa main seule que Jésus-Christ, comme aux jours de sa vie mortelle, bénit, commande, absout et ouvre les portes de la bienheureuse éternité. C'est le Tout-Puissant qui a placé sur la tiare romaine la triple couronne qui la surmonte, parce qu'il a octroyé à son vicaire la plénitude de son autorité sacerdotale et la plénitude de son pouvoir doctrinal. Bon gré, mal gré, c'est de là que procède tout droit; c'est de là que vient par conséquent toute *mission*. Cette mission produit l'autorité en celui qui en est l'objet, et une fois produite, cette autorité persévère, non pas dans ses effets seulement, mais dans sa nature propre de relation permanente et de communication d'autorité, tant qu'il n'y a pas rupture et séparation entre les deux termes de la relation.

Or, si cette rupture peut venir de la part de celui qui, ayant communiqué de son autorité, retire son influence, elle peut provenir aussi de celui qui, ayant reçu, se soustrait à cette influence et se refuse à porter davantage la personnalité morale du premier. En ce cas, celui qui recevait reste avec sa seule personnalité, sans avoir plus aucune part à l'autorité qui de la source première rayonnait sur lui, absolument comme celui qui se soustrait à l'action de la lumière tombe aussitôt dans l'obscurité. Et bien fou serait celui qui, après avoir été longtemps illuminé des rayons du soleil, s'imaginerait s'être approprié cette lumière, et croirait pouvoir à son tour rayonner par lui-même.

Dans le premier mode de rupture entre les deux termes, il faudrait un acte positif de celui qui fait part de ses droits, pour notifier qu'il cesse d'en faire communication. Dans le second cas, il n'est pas même nécessaire qu'il le sache : toute autorité a cessé *ipso facto* dans celui qui avait reçu la *mission*. Il n'est plus qu'un individu sans titres et sans droits, perdu désormais dans la foule de ceux qui n'en ont jamais eu. Excommunié, il est dépouillé de toute juridiction, de toute autorité : il n'est plus patriarche. Il n'a donc plus le droit d'administrer les sacrements, ni de commander, ni d'enseigner; il ne conserve dans sa rébellion que le caractère indélébile du sacrement de l'ordre, comme Judas le conserve dans les feux de l'enfer [1].

Il est donc de toute évidence qu'une Eglise particulière ne peut se donner un chef spirituel ou patriarche indépendant, et qu'elle-même ne saurait se réclamer d'une indépendance quel-

---

[1] Les actes qui procèdent du caractère sont toujours valides, quoique illicites : ainsi, l'ordination faite par un évêque séparé de l'Eglise est une véritable ordination, bien qu'elle soit sacrilège, parce que la validité de l'ordination vient du caractère épiscopal, tandis que la licéité vient de la juridiction.

conque. Prétendre le contraire, c'est affirmer qu'une branche séparée du tronc et jetée sur le sol peut encore avoir une vie indépendante de celle de l'arbre auquel elle était unie et produire des fleurs et des fruits. Se glorifier enfin de l'indépendance de son Eglise, c'est se glorifier de ce qui fait sa honte, puisque c'est avouer par le fait même que cette Eglise n'est pas la légitime épouse du Christ et qu'elle est schismatique.

CHAPITRE III

APERÇU GÉNÉRAL SUR L'ARMÉNIE

Avant d'entrer dans le cœur de notre sujet, il est à propos d'indiquer les divisions de l'Arménie et ses frontières, de jeter un coup d'œil sur l'état politique de cette contrée, et de donner les autres éclaircissements qui faciliteront l'intelligence de l'histoire de son patriarcat.

La division proprement nationale de l'Arménie consiste en quinze provinces :

1° La H^{te}-Arménie.	6° Douroupéran.	11° Phaïdagaran.
2° Daikh.	7° Ararat.	12° Aghdsnik'h.
3° Koukark'h.	8° Vasbouragan.	13° Mogkh.
4° Oudi.	9° Siounïk'h.	14° Gordjaïkh.
5° 4e-Arménie.	10° Artsakh.	15° Persarménie.

Elle était ainsi divisée dans l'antiquité d'après les géographes du pays ; ces quinze provinces (nahank) se subdivisaient ensuite en plusieurs cantons (cavar). C'est à la suite de la domination romaine que l'on trouve dans les écrivains grecs et latins la division en Grande-Arménie et en Petite-Arménie. Le nom de Petite-Arménie était donné aux provinces situées entre la rive occidentale de l'Euphrate, le Pont, la Galatie et la Cilicie, sans doute à cause des nombreuses colonies arméniennes établies depuis longtemps dans ces contrées.

La Grande-Arménie était bornée au nord par la chaîne du Caucase, à l'est par la mer Caspienne, à l'ouest par l'Euphrate, et au sud par la Mésopotamie.

Voici, d'après Elisée Reclus [1], le nombre probable des Arméniens à notre époque.

Caucasie et Russie d'Europe	840,000
Arménie turque	760,000
Perse	150,000
Turquie d'Europe	250,000
Autres pays	60,000
Total	2,060,000

Cet auteur n'admet donc pas le chiffre de trois ou de quatre millions, que l'on donne communément à la population arménienne. Les plus grands centres où ils habitent sont, en dehors de l'Arménie, par exemple, Constantinople, où ils sont deux cent mille, et Tiflis, qui est une enclave de la Géorgie, où l'on compte trente-sept mille trois cent huit Arméniens.

Il y a eu parmi eux des Juifs exilés en Arménie par les conquérants assyriens, et les Pagratides, la race la plus fameuse de leurs rois, étaient Hébreux d'origine. La tribu des Mamigoniens, introduite dans cette contrée au IIIe siècle de notre ère, était venue de l'empire chinois.

Les Arméniens sont dispersés dans presque toutes les parties du monde. Déjà Hérodote les avait rencontrés à Babylone. Depuis longtemps ils ont émigré en Russie, en Pologne, en Bukowine, en Galicie. On les trouve dans toutes les grandes

---

[1] T. VI, p. 262.

villes commerçantes, de Londres à Singapour et Chang-haï.

A chaque nouvelle conquête de la Russie sur la Turquie, ont eu lieu de grandes émigrations arméniennes ; ainsi, de 1828 à 1830, plus de cent mille Arméniens ont quitté la Turquie et la Perse pour se rendre en Russie. Mais, instruits par l'expérience, ils ont trouvé rudes les tracasseries de l'administration moscovite ; aussi, à la suite du traité de San-Stefano, vingt et un mille huit cent quatre-vingt-dix Arméniens seulement, de 1878 à 1881, ont émigré en Russie [1].

L'Arménie est traversée par des chaînes de montagnes qui unissent le Caucase et le Taurus. La plus célèbre est le mont Ararat, sur le sommet duquel s'arrêta l'arche de Noé. Le nom d'Ararat, probablement d'origine arménienne, est synonyme de hauteur, et sa dénomination arménienne de Masis présente le même sens. Les Turcs donnent à l'Ararat le nom d'Agri-dagh ou mont escarpé, comme aussi celui d'Arghi-dagh, mont de l'arche, et les Kurdes l'appellent Edri-dagh, ou la montagne de feu, tandis que les Persans la connaissent sous le nom de Koh-i-Nouh, la montagne de Noé. Le Grand Ararat élève ses deux pointes à 5,160 mètres, et le Petit Ararat à 3,596. Parrot a escaladé le Grand Ararat en 1829, et Khadzko y passa cinq jours en 1850, pour y poursuivre ses travaux de triangulation du Caucase. En 1840, un ancien cratère, situé au-dessous du couvent de Saint-Jacques, se rouvrit soudain. La montagne se mit à mugir sourdement et à lancer d'énormes quantités de rochers et de pierres. Le couvent de Saint-Jacques disparut sous les débris, ainsi que le riche et populeux village d'Argouri, où, d'après les Arméniens, Noé aurait planté le premier sarment de vigne en sortant de l'arche.

---

(1) Elisée Reclus, t. IX, p. 338.

Arménie. — Turcomans des environs de Sébaste

L'Euphrate, le Tigre, l'Aras (Araxe) et le Kour (Cyrus) prennent leur source dans cette contrée ; on y trouve un grand lac, le lac de Van. Le climat de l'Arménie est très varié ; les montagnes sont couvertes de neiges éternelles, mais les vallées sont de la plus grande fertilité ; on a même voulu y placer le paradis terrestre.

Les Arméniens sont d'un caractère souple, poli, insinuant ; ils sont très adonnés au commerce. Ils ont une langue à part, l'une des plus anciennes du monde, qui appartient à la famille des langues aryennes ; enfin ils possèdent une littérature assez riche, dont Moïse de Khorène est la principale gloire.

Les Arméniens ne se nomment point Arméniens dans leur langue, ils s'appellent communément Haï ou descendants de Haïg, leur premier roi, qui aurait vécu deux mille cent sept ans avant Jésus-Christ. Ce monarque aurait été de la race de Thorgon, petit-fils de Japhet, d'où ils prennent aussi le nom de Thorkomatzi, c'est-à-dire fils de Thorgon [1].

La dénomination d'Arméniens, que leur donnent les étrangers, leur est venue du roi Aram, sixième successeur de Haïg, lequel s'illustra par ses conquêtes. On le voit, les Arméniens ont la gloire de remonter par leur origine à la plus haute antiquité.

Les rois d'Arménie furent d'abord indépendants. Vaincus par Sémiramis, ils durent se soumettre au joug de l'Assyrie : les rochers du lac de Van gardent encore le souvenir du passage triomphant de la reine de Babylone. Les descendants de Haïg tombèrent ensuite sous le joug de la Perse ; puis sous le règne de Vahé, le dernier de leurs rois Haïganiens, leur pays fut conquis par les Grecs de Macédoine et passa sous la domination

---

[1] Moïse de Khorène.

PATRIARCAT ARMÉNIEN.

des Séleucides. Toutefois l'Arménie récupéra momentanément son indépendance vers l'an 150 avant Jésus-Christ, au temps de la dynastie des Arsacides, et forma, l'an 38 avant l'ère chrétienne, deux royaumes distincts, le royaume de la Grande-Arménie et celui de la Petite-Arménie. Dans le premier royaume régnait la première branche des Arsacides ; dans la Petite-Arménie, Archam, fils d'Ardachès II, fut la souche de la seconde branche et porta la couronne. Quant à la Grande-Arménie, elle jouit d'un certain éclat sous les règnes d'Ardachès et de Tigrane Ier, l'allié de Mithridate. Tigrane opposa aux Romains une énergique résistance ; mais il fut forcé en 71 de reconnaître leur autorité.

A la suite des expéditions de Lucullus et de Pompée, les deux Arménies furent placées sous la suzeraineté de Rome. Abgar, fils d'Archam, succéda à son père dans la Petite-Arménie. Edesse était sa capitale. C'est ce prince qui aurait écrit à Jésus-Christ, pour l'inviter à se retirer dans ses Etats, et qui se serait converti à la prédication de saint Thaddée, l'un des soixante-douze disciples [1]. Il régna trente-huit ans environ. A la mort d'Abgar, son royaume fut partagé entre son fils Ananoun et son neveu Sanadroug. Ces deux princes abjurèrent la foi chrétienne, qu'ils avaient embrassée avec Abgar.

Mais Sanadroug, dévoré d'ambition, marcha sur Edesse, la livra au pillage, détruisit la postérité d'Abgar et transporta dans la ville de Nisibe le siège de son royaume, qui, suivant Moïse Galkantouni, s'étendait de la Mésopotamie jusqu'au mont Ararat. Ce monarque apostat se livra à toutes les perversités

---

[1] Nous dirons plus loin ce qu'il faut penser de ce fait, et en conséquence de l'apostasie d'Ananoun et de Sanadroug.

de son cœur dépravé, se souilla du sang des saints Thaddée et Barthélemy, et périt misérablement à la chasse, après un règne de trente ans.

Yervante lui succéda sur le trône en 68 ; mais il ne fut reconnu roi que vers l'an 75, à la mort de Tiridate Ier, qui tenait le sceptre de la Grande-Arménie [1]. D'après Eugène Boré, ce prince aurait régné sur toute l'Arménie. Après Yervante, vint Ardachès III, qui occupa le trône de l'année 88 à l'an 120. Plusieurs princes se succédèrent en Arménie, jusqu'au règne de Tiridate II, au temps de Constantin le Grand. Ce furent Artavasde IV, Diran Ier, son frère, Tigrane VI, son autre frère, Vagharch, fils de Tigrane VI, et Chosroès Ier ou Khosrov, fils de Vagharch, surnommé le Grand. Chosroès bâtit la ville de Tauris et eut une lutte terrible à soutenir contre Ardachir Sasson, qui avait usurpé la couronne de Perse. Chosroès gagna plusieurs batailles sur son ennemi ; c'est alors qu'Ardachir, désespérant de vaincre le roi d'Arménie, le fit assassiner par Anak, père de saint Grégoire l'Illuminateur. A la suite de ce meurtre, l'Arménie resta pendant vingt-sept ans sous la domination d'Ardachir, jusqu'à ce que Tiridate II recouvrât le trône de son père avec l'appui des Romains. Ce monarque se convertit à la foi catholique, par le ministère de saint Grégoire l'Illuminateur, et aida puissamment l'apôtre de l'Arménie à régénérer son peuple dans les eaux sacrées du baptême. Après la mort de Tiridate, Sanadroug, préfet de la province de Phaïdaragan, se révolta. Mais l'empereur Constance intervint à la prière de saint Varthanès, patriarche de l'Arménie, et rendit le sceptre à Chosroès II, fils de Tiridate.

---

[1] C'est à cette époque que la Petite-Arménie fut réduite en province romaine ; l'autorité du roi Yervante ne dut guère être que nominale, comme celle d'Hérode en Judée du temps de Jésus-Christ.

Diran II, son successeur, fut un prince impie, qui, pour ne pas perdre la faveur de Julien l'Apostat, se déclara pour le culte des idoles.

Archag ou Arsace, successeur de Diran, vit éclater contre lui la colère de Valens. Saint Nersès apaisa l'empereur et le réconcilia avec lui. Plus tard, Archag fut retenu prisonnier par le roi des Perses, et Théodose le Grand donna la couronne à Bab, son fils. Celui-ci se mit en rébellion et Théodose le fit étrangler et remplacer par son fils Varaztad, qui bientôt refusa à son tour de reconnaître la suzeraineté de Constantinople. Exilé, il eut pour successeurs ses deux fils, Archag et Vagharchag, qui furent en même temps préposés au gouvernement de l'Arménie.

La mort de Vagharchag et la faiblesse d'Archag permirent au roi de Perse de s'emparer de plusieurs provinces, et ce monarque, en 387, fit avec l'empereur Théodose un traité qui partageait le royaume d'Arménie entre les Romains et les Persans. Une ombre de royauté resta encore aux Arméniens jusqu'en 428, époque où le dernier des Arsacides, Ardachès IV, fut détrôné par Vahram V, roi de Perse. Ce furent les intrigues des seigneurs arméniens qui amenèrent, malgré l'avis de leur patriarche saint Isaac, ce funeste événement. Ils accusèrent leur roi de prendre parti pour les Romains contre les Perses, et Vahram, irrité, arracha la couronne à Ardachès, le jeta dans les fers, et nomma pour gouverner l'Arménie, relevant de son sceptre, le marzban Vehmirachabouh. Dès lors, l'Arménie perdit toute autonomie et fut divisée en deux parties, l'une dépendant de Constantinople, et l'autre de la cour de Perse. Cet état de choses persévéra jusqu'à l'invasion mahométane, au VIIe siècle : les Arabes se jetèrent sur l'Arménie et finirent par la conquérir entièrement.

ménie. — Ancien monument seldjoucide, aujourd'hui école catholique à Sivas

Une tentative de restauration s'opéra en 748. Achod, qui fonda la dynastie des Pagratides, en fut l'auteur. Par sa hardiesse, il arriva au rang suprême et fixa sa résidence dans l'antique cité d'Ani. Grâce à ce vaillant prince, l'Arménie eût pu être sauvée; mais la jalousie amena la discorde et la ruine. Au lieu d'aider les Pagratides, les seigneurs arméniens ne se préoccupèrent que de leurs intérêts personnels; et lorsqu'en 1042 Kakig II monta sur le trône, ils le livrèrent par trahison à Constantin Monomaque, qui le força d'échanger sa ville royale d'Ani pour les villes de Galombeghad et de Bizau, situées, à ce que l'on suppose, dans le voisinage de Césarée. Ce prince fut assasiné par les Grecs, dans la forteresse de Cybistra, en 1079 : avec lui finit la dynastie des Pagratides.

A peine Kakig eut-il expiré, qu'un de ses officiers et de ses parents, Roupèn, entreprit de relever son sceptre. L'Arménie, ravagée par les Turcs Seldjoucides, n'était plus tenable. Roupèn se jette dans les gorges du Taurus, rallie les fidèles, s'empare de la forteresse de Partzerpert, et plante à son sommet la bannière royale, sans toutefois ceindre la couronne.

Le coup était hardi, mais les circonstances favorables et le plan bien conçu.

La configuration montagneuse du sol et le caractère indépendant des habitants de la Cilicie rendaient presque illusoire l'autorité des Grecs sur cette partie de leur empire. De plus, les contrées voisines, la Mésopotamie, la Comagène septentrionale et la Cappadoce avaient appartenu autrefois à l'Arménie et lui conservaient d'ardentes sympathies. Enfin, l'approche des Seldjoucides et l'effroi qu'ils inspiraient avaient déterminé depuis quelque temps une nombreuse émigration d'Arméniens vers le Taurus. Sénékérim, de l'antique famille satrapale des Ardzrouni, avait échangé avec Basile II, en 1201, son royaume de Vasbouragan contre la ville et la province de Sébaste en Cappadoce ; Abdelgharib, prince de la même maison, s'était fait investir en 1042, par Constantin Monomaque, du gouvernement de la ville de Tarse et de la Cilicie. Kakig II avait obtenu de Monomaque, comme nous venons de le dire, un territoire aux environs de Césarée. Un autre Kakig livra, en 1064, son royaume de Kars à Constantin Ducas, qui lui accorda en retour la ville de Dzamentave, dans le Taurus, non loin de Mélitène. Ochin, qui possédait la forteresse de Maïriatz-Dchourk, dans la contrée d'Artsakh, passa en Cilicie en 1072, et conquit le château fort de Lampron. Ochin est la tige des princes Hétoumiens, qui s'assirent sur le trône en 1226.

Revenons à Roupèn; il s'était établi solidement dans ses montagnes, et Constantin, son fils, enleva le château fort de Vagha, y fixa sa résidence et en fit le berceau de la puissance des Roupéniens. Un moment sans doute, tout sembla perdu. Jean Comnène reprit la Cilicie et emmena captif Léon Ier, fils de Constantin, avec sa femme et son fils Théodore (Thoros) ; mais Théodore (Thoros) réussit à s'échapper de la prison, où son père était mort, et ressaisit l'héritage paternel.

Lorsqu'en 1097, les Croisés, occupés au siège d'Antioche, souffraient cruellement de la famine, Ochin, seigneur de Lampron, et son frère, Pazouni, commandant de Tarse, ainsi que Constantin, fils de Roupèn, accoururent à leur secours. Constantin reçut le titre de baron, porté par ses successeurs jusqu'à Léon II, qui, en 1198, prit celui de roi.

Les rapports entre les Arméniens et les Latins commencèrent dès les premiers temps des croisades et devinrent dans la suite de plus en plus multipliés et intimes. A peine ceux-ci furent-ils parvenus sur les confins de la Cilicie, que les chrétiens du Taurus saluèrent avec enthousiasme l'arrivée de ces frères d'Occident, qui venaient relever la croix abattue et humiliée, et, dès lors, ils ne cessèrent de combattre avec eux sur tous les champs de bataille. Sous le règne du huitième prince de la dynastie de Roupèn, Léon II, et sous celui de ses successeurs, les Latins étaient établis dans toute la Cilicie. On y voyait affluer les marchands de l'Europe méridionale ; le clergé latin y possédait des monastères et les trois ordres de Saint-Jean de Jérusalem, du Temple et Teutonique, des maisons et des commanderies. Des seigneurs français remplissaient de grandes charges à la cour des Roupéniens et tenaient en fief, de la libéralité de ces princes, des domaines considérables [1]. Des alliances matrimoniales furent contractées entre les princes de Cilicie et les princes des grandes familles françaises d'outre-mer ; ces princes empruntèrent aux Latins leur noblesse militaire et leur constitution féodale, et ils organisèrent leur cour et les services judiciaires ou administratifs à la façon des Francs. Ils furent si étroitement unis aux chrétiens d'Occident, que le pape Célestin III envoya au baron Léon II le titre de roi d'Arménie (1198). Il fut couronné roi, dit la chronique de Sempad, sous la suzeraineté de l'Eglise romaine et de l'empire d'Occident. Léon II était généreux, habile, vaillant, redouté de ses ennemis et non moins zélé pour les intérêts de l'Eglise catholique. Il avait épousé Sibylle, sœur du roi de Chypre. Sa fille Isabelle fut mariée à Philippe, fils de Bohémond, prince d'Antioche. Philippe, en 1223, succéda à Léon II. La faction schismatique voulut lui imposer ses idées. Il refusa et fut détrôné. Il mourut cette même année, dans la forteresse de Parszerpert, où les grands l'avaient enfermé.

Les Hétoumiens, issus d'Ochin et alliés aux Roupéniens, suc-

---

(1) DULAURIER, *Journal asiatique*, t. XVII, 1861, p. 379.

cédèrent à ces derniers et suivirent leur politique. L'un d'eux fut remarquable par sa piété et finit par abdiquer la couronne pour se faire franciscain. Tous ces princes furent bien intentionnés et auraient sauvé l'Arménie sans les divisions intestines du royaume et sans l'esprit schismatique qui les entretenait. Sur ces entrefaites, on appela les Lusignan de Chypre à tenir les rênes du gouvernement. Ils se dévouèrent, dit le R. P. de Damas, dans son ouvrage sur l'Arménie ; mais leur sort fut lamentable.

Constantin III, fils du comte de Tyr et neveu du roi de Chypre, régna un an et mourut assassiné par les princes arméniens. Guy, son frère, après deux ans de royauté, périt de la même manière. Constantin IV se maintint avec peine. Enfin, Léon VI ne monta sur le trône que pour en être violemment précipité, se voir traîner en captivité et mourir en exil.

Les mahométans se tenaient aux aguets, prêts à fondre sur la Cilicie comme sur une proie. En vain l'Occident essaya-t-il de leur faire opposition ; en vain Hugues IV, roi de Chypre, et Déodat de Gozon, grand maître de Rhodes, accoururent-ils en armes ; en vain le pape Clément VI enjoignit-il à son légat François, archevêque de Crète, et à l'amiral de la flotte croisée, de faire voile vers la Cilicie, rien ne put conjurer le péril. Le vaisseau qui emmena en Egypte le roi captif emporta avec lui les dernières espérances de l'Arménie. A dater de ces jours néfastes, cette contrée fut rayée de la liste des monarchies. Il y eut encore des Arméniens, mais l'Arménie n'exista plus.

Voilà comment ce beau royaume, divisé contre lui-même, ne fut jamais assez fort pour dominer ses puissants rivaux, et dut enfin subir la ruine [1].

---

(1) R. P. DE DAMAS, *Coup d'œil sur l'Arménie*, p. 48.

CHAPITRE IV

ÉTABLISSEMENT DU CATHOLICISME EN ARMÉNIE

Notre but, dans cet ouvrage, n'est point de discuter les premières origines du christianisme en Arménie. Cette question, du reste, est très obscure. Tout ce qu'on peut affirmer de certain pour cette époque reculée, c'est que saint Barthélemy parcourut la Grande-Arménie et l'évangélisa. Nul doute qu'à la voix de l'apôtre du Sauveur et qu'à la vue de ses miracles, ne se convertît un grand nombre des habitants de cette contrée.

Barthélemy avait entendu de ses propres oreilles le Fils de Dieu élever saint Pierre à la dignité de Prince des apôtres, le constituer son vicaire sur la terre et l'établir chef de toute son Eglise, quand il lui adressait ces solennelles paroles : « Pierre, tu es pierre, et sur cette pierre je bâtirai mon Eglise, et les portes de l'enfer ne prévaudront jamais contre elle. Je te donnerai les clefs du royaume des cieux, et ce que tu lieras ou délieras sur la terre sera lié ou délié dans les cieux.... J'ai prié pour toi afin que ta foi ne défaille point.... Confirme tes frères.... Pais mes agneaux (les simples fidèles), pais mes brebis (les pasteurs de l'Eglise, à tous les degrés de la hiérarchie). » En fondant l'Eglise d'Arménie, saint Barthélemy fit ce que faisaient tous les autres apôtres dans tous les pays qu'ils évangélisaient; il en soumit les habitants à Jésus-Christ, chef invisible de tous les chrétiens depuis son ascension, et à saint Pierre, vicaire de Jésus-Christ et chef visible de cette même Eglise, à quelque nation qu'en appartiennent les membres.

D'après la tradition orientale, dit dom Calmet, saint Thaddée, l'un des soixante-douze disciples de Notre-Seigneur, fut le compagnon de saint Barthélemy dans ses prédications en Arménie, et tous deux, selon les auteurs arméniens, auraient été martyrisés par l'ordre de l'impie Sanadroug, neveu d'Abgar. Le chroniqueur Moïse Galkantouni place dans la plaine d'Ardaz ou d'Ardez, ou encore Ardazagué, située au pied du versant oriental de l'Ararat, le lieu du martyre de saint Thaddée. Il paraîtrait que saint Barthélemy aurait aussi versé son sang pour Jésus-Christ au même endroit. Ce serait conforme à la tradition de l'Eglise occidentale, rapportant que cet apôtre fut écorché vif, crucifié et décapité à Albanopolis. Eugène Boré pense que ce nom peut s'interpréter par une ville de l'Albanie arménienne ou pays des Aghovans [1].

Au rapport du martyrologe romain (25 août), saint Barthélemy a été martyrisé par le roi Astyage. Ce prince n'a dû être qu'un lieutenant de Sanadroug et l'instrument de sa cruauté. Enfin, on raconte que Polymius, frère d'Astyage, se montra docile aux instructions de saint Barthélemy et qu'il fut fait évêque du nouveau troupeau de Jésus-Christ.

Cependant, cette chrétienté ne survécut pas longtemps à saint Barthélemy ; car, dit Lequien dans son *Oriens christianus*, la vraie religion ne tarda pas à s'éteindre en Arménie après la

---

[1] L'Albanie arménienne n'a de commun que le nom avec l'Albanie de la Turquie d'Europe, où se trouve la tribu des Mirdhites, qui a la gloire d'être restée catholique au milieu des autres tribus engagées dans le schisme photien. Cette contrée forme aujourd'hui le Chirvan et le Daghestan.

Arménie. — Fontaine des Quarante Martyrs, à Sivas

prédication de saint Barthélemy et de saint Thaddée, et ce ne fut qu'au commencement du IVe siècle qu'elle fut rétablie, sous le règne du roi arsacide Tiridate [1].

Vers l'an 75 de Jésus-Christ, la Petite-Arménie avait été réduite en province romaine. Les habitants de cette contrée, en se faisant chrétiens lors de la prédication évangélique, qu'ils fussent Romains, ou Grecs, ou Arméniens, ne formèrent point d'Eglises avec un rite en rapport avec leur nationalité originaire : car, à cette époque, la délimitation des diocèses en Orient était territoriale, et chaque diocèse avait son évêque relevant du patriarcat d'Antioche : ainsi, saint Athénogène et saint Blaise, évêques de Sébaste, n'étaient point Arméniens : leur nom l'indique assez. En conséquence, la foi chrétienne subit alors, dans la Petite-Arménie, les péripéties par lesquelles elle passa dans les autres provinces de l'empire romain ; elle eut ses martyrs chez les Grecs, chez les Romains et les Arméniens. Qu'il nous suffise de nommer saint Eustrate et les quarante soldats qui moururent pour Jésus-Christ à Sébaste ; saint Polyeucte, qui versa son sang pour l'Evangile à Mélitène, et les cinq prêtres Vosguian, qui donnèrent leur vie pour Dieu, et dont l'Eglise arménienne célèbre la fête chaque année. L'histoire de l'Eglise primitive de la Petite-Arménie ne regarde donc pas l'histoire de l'Eglise arménienne.

Reste à savoir si l'Eglise d'Edesse se rattache, par son origine, à cette dernière Eglise : Assémani le nie positivement ; le grand Tacite dit, dans ses *Annales*, que la dynastie des Abgar, rois d'Edesse, était une dynastie arabe [2]. Les auteurs arméniens affirment, au contraire, que cette dynastie était arsacide,

---

[1] T. I, p. 1355.
[2] Liv. XII, ch III.

et par conséquent arménienne; qu'Abgar, qui régnait au temps de Jésus-Christ, apprenant les mauvais traitements que les Juifs faisaient subir au Sauveur, l'invita à se retirer dans ses Etats; que Notre-Seigneur lui répondit que sa mission ne lui permettait pas de se rendre à ses désirs, mais qu'un de ses disciples viendrait plus tard lui annoncer la voie du salut; que l'apôtre saint Thomas remplit la promesse de son divin Maître et envoya à Edesse, après l'Ascension, saint Thaddée, l'un des soixante-douze disciples; et que celui-ci convertit Abgar et son peuple, et fonda ainsi l'Eglise édessienne.

Quoi qu'il en soit de ce récit, cette Eglise relevait du patriarcat d'Antioche. En effet, l'histoire nous apprend que vers l'an 200, l'évêque d'Edesse Palout, ci-dessous-mentionné, s'était transporté à Antioche pour y recevoir l'ordination de Sérapion, son patriarche.

Mais qu'y a-t-il de vrai dans la légende d'Abgar en correspondance avec Jésus-Christ et converti par saint Thaddée? Ceux qui voudront approfondir cette question peuvent consulter l'ouvrage de M. Tixeront, prêtre de Saint-Sulpice, professeur au grand séminaire de Lyon, sur l'origine de l'Eglise d'Edesse et sur la légende d'Abgar [1].

Voici la conclusion de cet auteur. La légende d'Abgar est apocryphe; ce n'est point saint Thaddée, mais Addaï, qui est le fondateur de l'Eglise d'Edesse; son épiscopat se place vers le milieu du IIe siècle; il est incertain s'il a été vraiment martyrisé; Aggaï lui a succédé. Après lui, l'évêque Palout occupa le siège d'Edesse vers l'an 200. Abichelama est le quatrième évêque de cette Eglise; Barsamya, le cinquième, vers 250 ou 260; Tiridate, le sixième; Chaloula, le septième, et Qôna, le

---

[1] Paris, Maisonneuve, quai Voltaire, 25, 1888.

huitième, en 313. Voilà ce qu'on sait de plus positif sur les premiers évêques d'Edesse. Le premier roi chrétien qui ait régné dans cette ville est Abgar IX et non Abgar V Oukama, contemporain du Sauveur. Il monta sur le trône en 179 de l'ère chrétienne, se convertit vers l'an 202, et mourut en 214. Son fils Sévéros ou Mannos Abgar persécuta cruellement la nouvelle religion et fit périr Aggaï, successeur d'Addaï dans l'épiscopat.

Des monnaies d'Edesse, antérieures au iiie siècle, viennent à l'appui de cette opinion : elles portent des emblèmes du culte païen, le croissant et une étoile [1].

On l'a vu plus haut, l'Eglise fondée en Arménie par les saints Barthélemy et Thaddée n'a guère survécu à la prédication apostolique, et quand elle renaquit de ses cendres au ive siècle, on ne rencontrait dans la Grande-Arménie aucun vestige de christianisme et moins encore de hiérarchie sacerdotale.

La chose est évidente, puisqu'à cette époque, lorsque la hiérarchie fut rétablie en Arménie, elle ne se rattacha point aux successeurs des évêques établis par saint Barthélemy et saint Thaddée, mais elle se reconstitua sur de nouvelles bases, comme nous le dirons dans la suite. C'est donc un fait incontestable qu'à cette date aucun évêque n'avait conservé en ce pays l'héritage des saints Barthélemy et Thaddée; la chaîne hiérarchique de l'Eglise arménienne était alors brisée.

Cependant, sous le règne du grand Constantin, au ive siècle de l'ère chrétienne, Dieu se souvint de ses miséricordes et envoya aux Arméniens un nouvel apôtre. Il le prit dans la famille d'Anak, prince païen, qui avait assassiné Chosroès, roi d'Arménie, de la dynastie des Arsacides. Voici dans quelle circonstance eut lieu cette élection providentielle.

---

[1] Rubens DUVAL, *Journal asiatique*, nov.-déc. 1888.

Anak, après avoir frappé son maître, s'enfuit avec ses complices; mais, poursuivi par les grands du royaume, il se précipita du haut du pont d'Ardachad dans le fleuve de l'Araxe, où il périt. Sa mort n'assouvit point la fureur qu'avait excitée son crime. On se jeta sur ses enfants, qui furent égorgés sans pitié. L'un d'entre eux échappa cependant au massacre de ses frères; c'était l'enfant de bénédiction que le ciel destinait à rétablir en Arménie l'œuvre évangélique fondée par saint Barthélemy, et détruite sous les successeurs d'Abgar.

Il avait nom Grégoire, et les grandes choses qu'il fit pour l'honneur de Dieu et de son Eglise lui méritèrent le glorieux surnom d'Illuminateur. Sauvé de la mort par Sophie [1], sa nourrice, qui était chrétienne, il fut transporté secrètement par elle à Césarée de Cappadoce. Cette pieuse femme le fit baptiser dans cette ville et l'éleva dans les plus purs principes de la foi catholique et dans la pratique de toutes les vertus chrétiennes.

Parvenu à l'adolescence, Grégoire se maria à une jeune fille du nom de Marie, et en eut deux enfants, nommés Varthonès et Aristaguès. C'est à cette époque que le saint voulut réparer, autant qu'il dépendait de lui, le tort que son père avait causé à la famille royale par l'assassinat du roi Chosroès, et il entra, sans se faire connaître, au service de son fils et de son successeur Tiridate, afin de compenser, par sa fidélité, la trahison d'Anak. Un jour que ce prince offrait un sacrifice à l'idole principale des Arméniens, Anahid ou Anaïtis [2], Grégoire refusa courageusement de participer à cet acte d'idolâtrie et confessa avec hardiesse la foi catholique. Tiridate, irrité, le livra sur-le-champ aux plus terribles tortures, et, ayant découvert ensuite

---

(1) Ce nom indique que cette femme devait être Grecque de nation.
(2) Anaïtis, Vénus-Uranie, Mylitta, Bellone, Diane et Ma n'étaient qu'une seule et même divinité sous différents noms. (TEXIER, *Univers pittoresque*, t. XII, p. 600.)

son origine, il le fit jeter dans un puits et le condamna à y périr de faim. Ce puits était situé près de la ville d'Ardachad. Saint Grégoire y passa près de quatorze ans, nourri par le pain qu'une pieuse veuve lui apportait chaque jour en secret.

Sur ces entrefaites, Tiridate fit mourir les vierges saintes Gaïané et Ripsime [1] et leurs compagnes, qui s'étaient enfuies de Rome en Arménie, pour se soustraire à la fureur de Dioclétien.

Ce fut alors que la main de Dieu s'appesantit sur Tiridate, et, comme Nabuchodonosor, il fut changé en bête.

Pendant que ce tyran errait dans la campagne avec les instincts d'un pourceau, un ange apparut à Khosrovidoukht, sœur de Tiridate, et lui déclara que Grégoire vivait encore au fond du puits d'Ardachad, et qu'il obtiendrait par ses prières la délivrance de son frère.

Le saint, rendu à la liberté, demanda au ciel que Tiridate recouvrât la raison. Ses vœux furent aussitôt exaucés, et le monarque vint se jeter à ses pieds pour lui demander pardon de ses cruautés à son égard ; touché en même temps de la grâce divine, il le conjura de l'instruire des vérités chrétiennes. Saint Grégoire lui enseigna la religion catholique avec tout le zèle d'un apôtre et d'un confesseur de la foi.

Le roi, une fois baptisé, publia un édit afin d'engager tous ses sujets à suivre son exemple, et promit à Grégoire toute sa protection pour l'établissement de la foi catholique dans son royaume.

Déjà, depuis longtemps, Grégoire s'était, d'un mutuel accord, séparé de son épouse Marie, et celle-ci s'était retirée dans un monastère. Rien n'empêchait donc le saint de se consacrer tout

---

(1) *Martyrologe romain*, 29 septembre.

entier au service de Dieu et au rétablissement de la foi catholique en Arménie. Il se rendit alors à Césarée de Cappadoce ; là, il fut promu à l'épiscopat par saint Léonce, évêque grec catholique de cette ville ; puis il établit son siège épiscopal à Vagharchabad, capitale de l'Arménie, située au lieu où se trouve aujourd'hui le couvent d'Etchmiadzin.

Les prédications du nouvel évêque, accompagnées de grands miracles, furent couronnées d'un succès prodigieux, et bientôt il eut la douce consolation de voir les Arméniens briser leurs idoles pour adorer Jésus-Christ, le Dieu incarné. Le peuple, en masse, fut régénéré dans les eaux du baptême, et rentra dans le sein de l'Eglise catholique, qu'il avait quitté depuis deux siècles environ [1].

---

[1] Agathange, Moïse de Khorène et les autres historiens de l'Arménie.

CHAPITRE V

VOYAGE DE SAINT GRÉGOIRE A ROME, OU IL EST ÉTABLI PATRIARCHE PAR LE PAPE SAINT SYLVESTRE

Saint Paul, trois ans après sa conversion, était venu à Jérusalem pour y voir Pierre, le prince des apôtres [1], avec lequel il demeura quinze jours. Saint Grégoire, au milieu de ses grands travaux, voulut imiter l'apôtre des Gentils, et, comme lui, visiter saint Pierre dans la personne de son successeur, saint Sylvestre, qui occupait alors le siège apostolique. Son but, dans cette solennelle démarche, était d'affirmer son union avec l'Eglise universelle. Il entreprit donc le voyage de Rome, si long et si pénible à cette époque, et franchit l'énorme distance qui séparait Vagharchabad de la capitale du monde chrétien. Le roi Tiridate accompagnait le saint évêque, soit pour présenter au vicaire de Jésus-Christ ses hommages de fils dévoué, soit pour faire alliance avec le grand Constantin, assis alors sur le trône des Césars.

Grégoire et Tiridate furent reçus à Rome par saint Sylvestre et par Constantin le Grand, avec tous les honneurs imaginables et les plus vives démonstrations de l'amitié la plus cordiale.

---

[1] *Gal.*, i, 18.

Saint Grégoire, en présence du pape et de l'empereur, fit sa profession de foi catholique, tant en son nom propre qu'au nom du roi et de ses sujets, reconnut la primauté du souverain Pontife sur toutes les Eglises du monde, et supplia Sa Sainteté de recevoir dans sa communion son Eglise et sa nation.

Le saint pape bénit Grégoire et Tiridate avec toute la joie d'un père qui voit revenir à lui ses enfants. Il fit plus : pour donner à ses nouveaux sujets en Jésus-Christ une marque sensible de sa tendresse, et pour mettre leur évêque plus en état de leur être utile, il l'établit premier patriarche des Arméniens et étendit sa juridiction sur l'Albanie et la Géorgie. Le nouveau patriarche revint de Rome en Arménie, revêtu de sa haute dignité, et pendant plus de trente années, il gouverna avec zèle et sagesse la portion de l'Eglise catholique que lui avait confiée le successeur de saint Pierre.

On sait qu'un profond antagonisme règne entre les Grecs et les Arméniens. Les premiers ont souvent reproché aux seconds qu'en se séparant de leur communion, la hiérarchie arménienne avait croulé par la base. Les Arméniens répondent à bon droit que leur hiérarchie ne repose pas sur un fondement grec, mais que leur premier patriarche, saint Grégoire, avait reçu à Rome, du pape saint Sylvestre, la plénitude de ses pouvoirs. Outre les autorités historiques, qui confirment une tradition qui n'a jamais été contestée jusqu'à nos jours, ils ont cité à leurs adversaires une pièce insérée dans l'histoire d'Agathange, secrétaire du roi Tiridate. C'est un pacte d'union entre l'Eglise romaine et l'Eglise arménienne, signé par saint Sylvestre et saint Grégoire avec de l'encre mêlée au précieux sang. Dans ce pacte, il est dit que cette union entre les deux Eglises doit persévérer jusqu'à la fin du monde, et les plus terribles anathèmes y sont lancés contre quiconque oserait jamais la rompre. Cette pièce, telle qu'on la lit aujourd'hui dans l'ouvrage d'Agathange, édité pour les Arméniens non unis, et telle qu'elle est citée dans d'autres ouvrages imprimés par eux, est regardée comme apocryphe par quelques critiques modernes. Quoi qu'il en soit pour le moment, elle est certainement falsifiée dans plusieurs passages ; ainsi, par exemple, à l'endroit où elle accorde à saint Grégoire une autorité sur tout l'Orient, égale à celle de saint Sylvestre sur tout l'Occident. Si ce document [1] est une interpolation faite par les Arméniens schismatiques, il montre du moins que ceux-ci, jusqu'à ces derniers temps, ont toujours senti l'inévitable nécessité de remonter à Jésus-Christ par le saint-siège, sous peine de voir l'autorité hiérarchique frappée chez eux d'impuissance et de nullité. Cependant, les Arméniens, au contact délétère des marchands de libelles, qui infestent leur pays, ont perdu beaucoup de leur antique respect pour la tradition ; et, sous cette funeste influence, ils ont commencé à renier leur histoire quant au fait éclatant du voyage de saint Grégoire l'Illuminateur à la ville éternelle, où il reçut des mains de saint Sylvestre l'autorité patriarcale.

Brisant avec leurs traditions séculaires, ils laissent de côté les témoignages irréfragables de l'histoire et de leur liturgie pour inventer des fables.

Dans une histoire de saint Grégoire, imprimée à Jérusalem en 1867 et rééditée en 1884 dans leur monastère de Saint-Jacques, ils racontent, sans s'inquiéter d'en donner aucune preuve, que Tiridate avec les grands de sa cour proposèrent au saint d'être leur patriarche ; que le saint refusa par humilité ; qu'un ange apparut alors à Tiridate pour lui désigner Grégoire

---

[1] Nous en établirons plus loin l'authenticité quant au fond, malgré un certain Chahnazarian, qui a été dans ces derniers temps le principal propagateur de l'idée contraire.

comme chef spirituel de l'Arménie ; que Grégoire résista encore aux sollicitations réitérées du monarque ; que l'ange, ensuite, s'adressa directement à l'apôtre des Arméniens, lui commanda, de la part de Dieu, d'accepter le titre de patriarche, et obtint de lui son consentement. Ils font alors une nouvelle entorse à l'histoire ; ils métamorphosent en patriarche saint Léonce, simple archevêque ou métropolitain de Césarée ; ils amènent devant lui, à Césarée, Tiridate, accompagné de Grégoire, qui a reçu l'ordre de le suivre avec toute la cour et la grande armée arménienne ; des mains du patriarche imaginé pour la circonstance, ils font recevoir au saint la consécration suprême, avec l'autorité spirituelle sur toute l'Arménie.

On voulait se passer du Pape, et on a altéré le récit de l'historien Agathange au sujet de la consécration épiscopale de saint Grégoire à Césarée. Il nous suffira de citer les propres paroles d'Agathange pour montrer l'erreur dans laquelle est tombé l'auteur anonyme de cet ouvrage.

Voici le texte du premier historien de l'Arménie :

« Hâtons-nous, dit Tiridate aux grands de son royaume, d'élire pour notre pasteur Grégoire, afin qu'il nous illumine par le baptême, et qu'il nous renouvelle par les sacrements vivifiants de Dieu, notre Créateur. Mais Grégoire ne voulait pas consentir à recevoir l'honneur du sacerdoce suprême (l'épiscopat). « Je ne puis, disait-il, porter le faix d'une telle dignité à cause de sa divine grandeur : car c'est une gloire ineffable donnée par le Christ, d'être le guide des hommes et leur intercesseur auprès de Dieu. Cherchez donc et trouvez quelqu'un qui soit digne d'un pareil honneur. » Alors Dieu envoya au roi un ange, qui lui dit dans une admirable vision : « Vous devez sans retard conférer le sacerdoce à Grégoire, afin qu'il vous illumine. » L'ange de Dieu apparut également à Grégoire : « Ne résistez point, lui dit-il, car tel est l'ordre du Christ. » Le saint obéit sur-le-champ et répondit : « Que la volonté de Dieu soit faite. » Tiridate (demeurant à Vagharchabad) envoya Grégoire à Césarée avec seize princes arméniens ; celui-ci y fut reçu avec de grands honneurs par le métropolitain, saint Léonce. Ensuite, on convoqua un concile d'évêques pour ordonner le saint par l'imposition des mains et lui conférer la plénitude du sacerdoce du Christ, en l'élevant à la dignité épiscopale. Alors lui plaçant sur la tête le saint Evangile, Léonce et les autres évêques du concile lui imposèrent ensemble les mains. Ayant donc reçu les clefs du royaume de Dieu et la puissance de lier et de délier, selon la parole de l'Evangile, le très saint Grégoire fut accompagné, à son départ, par les évêques, avec de grands honneurs [1]. »

La simple lecture de ce passage d'Agathange montre qu'il ne s'agit que d'une ordination épiscopale, et qu'il n'y est nullement question de l'autorité patriarcale. Si l'on s'appuie sur ce texte pour prouver que saint Grégoire a été fait patriarche à Césarée, que fait-on de celui où le même auteur parle de son élévation au patriarcat par saint Sylvestre ?

Nous commençons par dire qu'il nous importe peu, au fond, que le voyage de saint Grégoire avec Tiridate à Rome soit révoqué en doute par certains critiques modernes. Ce qui nous importe avant tout, c'est que l'apôtre de l'Arménie ait été en communion avec l'Eglise catholique, apostolique et romaine : car il s'ensuit nécessairement qu'ayant été uni à cette Eglise, il a reçu d'elle seule toute son autorité ecclésiastique. Rien n'est brutal comme un fait : or, c'est un fait hors de conteste, que l'Eglise catholique reconnaît Grégoire l'Illuminateur comme

---

[1] § 135, 141.

saint : « 30 septembre, saint Grégoire, évêque de la Grande-Arménie, lequel, après avoir beaucoup souffert sous l'empereur Dioclétien, mourut en paix [1]. »

C'est encore un fait indéniable que l'Eglise arménienne, aujourd'hui comme dans les anciens temps, célèbre non seulement à Etchmiadzin, à Sis et à Aghtamar, mais encore dans le plus petit de ses temples, la fête de saint Sylvestre, que son bras est conservé à Sis avec un respect égal à celui dont la main de saint Grégoire est entourée, et que ce saint est tellement populaire en Arménie, qu'un bon nombre d'Arméniens reçoivent au baptême le nom de ce grand Pape. Si saint Grégoire n'eût pas été en communion avec le pape saint Sylvestre, comme chrétien, comme évêque et comme patriarche, au même titre que les autres chrétiens, évêques et patriarches soumis à son autorité, jamais l'Eglise romaine ne l'eût inscrit au catalogue de ses saints. Si, d'un autre côté, l'Eglise arménienne n'eût pas été en communion, du moins pendant un certain temps, avec l'Eglise romaine, jamais elle n'eût fêté le pape saint Sylvestre, et jamais elle n'eût donné son nom aux enfants qu'elle baptise.

Cette union de saint Sylvestre et de saint Grégoire n'était point une union fondée uniquement sur l'estime réciproque et sur l'amitié, mais une union reposant sur l'obéissance de celui-ci à l'autorité de celui-là.

Nous en avons la preuve évidente dans Moïse de Khorène [2] : « Saint Grégoire, invité au concile de Nicée, refusa de s'y rendre, craignant d'y recevoir de trop grands honneurs à cause de son grand renom de confesseur de la foi.... Alors

---

(1) *Martyrologe romain.*
(2) *Histoire d'Arménie*, liv. II, ch. LXXXIX et XC.

il envoya à sa place Aristaguès (son fils déjà consacré évêque), avec sa profession de foi.... Celui-ci, revenu avec les vingt chapitres canoniques du concile, rencontra son père dans la ville de Vagharchabad. Saint Grégoire, au comble de l'allégresse, ajouta quelques courts articles à ceux du concile, pour mieux veiller à la garde de son troupeau. » Or, il est dit au sixième canon de ce concile : L'Eglise romaine a toujours possédé la primauté. Que les anciennes coutumes soient donc maintenues, etc. Donc saint Grégoire reconnaissait le Pape comme le chef de qui il tenait toute son autorité, ainsi qu'il le déclare expressément dans ces paroles remarquables : Jésus a établi Simon, fils de Jona, la pierre angulaire servant de soutien à toutes les Eglises [1]. Maintenant, qu'il ait reçu cette autorité directement ou indirectement, en se rendant à Rome en personne ou d'une autre façon, peu importe en soi. Ce qu'il y a d'établi irréfragablement, c'est que l'apôtre de l'Arménie reconnaissait la primauté du souverain Pontife romain, et qu'en la reconnaissant, il reconnaissait sa propre autorité patriarcale comme une dérivation de celle du vicaire de Jésus-Christ. Cependant, de nos jours s'est répandue une opinion qui met en doute, ou même rejette absolument, au nom de la science, le voyage de saint Grégoire à Rome.

Un écrivain du nom de Chahnazarian a publié un opuscule en ce sens et a rallié beaucoup de monde à son idée. Pour étayer cette opinion, l'authenticité des anciens auteurs arméniens a été rejetée, et alors la conclusion a été tirée que saint Grégoire n'avait jamais porté ses pas jusqu'à Rome pour se prosterner aux pieds du vicaire de Jésus-Christ.

---

[1] AGATHANGE, *Homélie de saint Grégoire*, p. 339.

Examinons maintenant si une telle opinion peut tenir devant une saine critique.

D'abord, dans aucun historien de l'antiquité ne se rencontre cette proposition : saint Grégoire n'est pas allé à Rome. Il est donc impossible de nier absolument le voyage de l'apôtre de l'Arménie à la capitale du monde chrétien. D'où il suit que ceux qui nient ce fait historique pèchent évidemment contre la logique, fût-il même prouvé que les auteurs où il est consigné ne sont point authentiques.

Mais nous allons voir s'il est juste d'attaquer et de méconnaître l'authenticité d'Agathange, premier historien de l'Arménie. C'est lui surtout qui est en jeu, et c'est en battant en brèche son autorité qu'on a voulu reléguer parmi les légendes les origines miraculeuses de l'établissement du christianisme en Arménie, et nier les rapports personnels de saint Grégoire avec saint Sylvestre.

Agathange étant renversé de la base séculaire, où il se dressait comme le premier témoin des événements qu'il rapporte, toute la tradition sur les origines de l'Eglise en Arménie croule avec lui, puisque les historiens qui l'ont suivi n'ont été que les échos de sa parole. M. Victor Langlois, qui a publié la collection des historiens anciens et modernes de l'Arménie, patronne dans ses notes l'opinion de la falsification totale du texte d'Agathange. Les *peut-être*, les *il semble*, les *il paraît*, n'y manquent pas. Nous ne nous donnerons pas la peine de le réfuter en détail : car on ne répond qu'aux hommes sérieux, et Langlois ne l'est pas toujours; en veut-on la preuve? Nous citons. « La religion chrétienne, en pénétrant en Arménie, acheva de porter le coup fatal à l'ancienne littérature nationale. L'apôtre saint Grégoire l'Illuminateur anéantit, à ce que racontent ses biographes, jusqu'aux moindres vestiges de cette littérature profane et païenne, en ordonnant de livrer aux flammes tous les livres qui avaient échappé à la torche incendiaire des envahisseurs venus de la Perse (1). »

Langlois ajoute en note : Voyez Moïse de Khorène, historien d'Arménie, l. III, ch. xxxvi et liv. Or, nous lisons aux chapitres indiqués qu'il s'agit d'un certain Méroujan, apostat, envoyé par le roi de Perse Sapor, pour soumettre l'Arménie et l'amener à professer le culte du mazdéisme : « Méroujan, dit Moïse de Khorène, aussitôt arrivé en Arménie, s'empara de la plupart des femmes de satrapes et les fit renfermer dans différentes forteresses, espérant faire ainsi revenir leurs maris auprès de sa personne.

» Méroujan s'efforçait également de ruiner tout l'édifice du christianisme : il jetait dans les fers les évêques et les prêtres, sous prétexte de tributs, et il les faisait conduire en Perse. Il brûlait tous les livres qu'il trouvait ; il ordonnait d'abandonner l'étude des lettres grecques, et permettait seulement l'usage de la langue persane, défendait absolument qu'on parlât ou qu'on traduisît le grec, sous prétexte d'empêcher toute relation et tout lien d'amitié entre les Arméniens et les Grecs ; mais en réalité, c'était pour empêcher l'enseignement du christianisme. A cette époque, les caractères arméniens n'existaient pas encore, et les livres d'église étaient écrits en caractères grecs. »

Nulle part dans l'histoire il n'est parlé de livres brûlés par l'ordre de saint Grégoire l'Illuminateur. Moïse de Khorène, cité par Langlois, dit, au contraire, que ce sont des livres chrétiens qui furent livrés à la torche incendiaire des Perses. Il ne s'agit donc nullement de l'ancienne littérature nationale. Du reste, l'événement s'est passé à l'époque du patriarche Nersès le

(1) T. I, discours préliminaire.

Grand, sous le roi Bab, longtemps après saint Grégoire. On comprend alors que dans cette question nous fassions peu de cas de l'opinion d'un homme qui agit avec autant de légèreté. Du reste, pour lui, tout ce qui tient au surnaturel n'est qu'une légende, et l'établissement miraculeux du christianisme en Arménie, ainsi que le voyage de saint Grégoire à Rome, ne devaient pas trouver grâce devant lui : des critiques sans principes ne sauraient juger sainement les événements de l'histoire.

Les Bollandistes, il est vrai, ne parlent point de l'élévation de saint Grégoire au patriarcat, et portent un jugement sévère sur Agathange. Néanmoins, au numéro 76 de la vie de saint Grégoire [1], ils s'expriment en ces termes : *At non facile pro certo falsis habenda quæ facta dicuntur in Armenia* : Il ne faut pas regarder facilement comme certainement faux les événements que l'on dit s'être passés en Arménie à cette époque. Ces graves et savants hagiographes, qui n'ont eu pour se renseigner qu'une version grecque d'Agathange, Métaphraste et un auteur anonyme du moyen âge, mais dont nous partageons les sentiments au sujet des exagérations ou des interpolations introduites dans le texte primitif d'Agathange, auraient, ce nous semble, modifié leur jugement, s'ils avaient eu entre les mains les documents tirés des sources arméniennes. Comme nous avons puisé à ces sources pendant un séjour de cinq années que nous avons fait en Arménie, il nous a été donné de voir les choses de plus près et d'être mieux renseigné sur la question.

Qu'il nous soit donc permis d'établir en thèse que l'ouvrage d'Agathange sur saint Grégoire l'Illuminateur mérite toute confiance et qu'il offre dans son ensemble toutes les garanties de la véracité historique. Secrétaire du roi Tiridate, il était le témoin

---

[1] *Acta sanctorum*, t. VIII, septembre.

oculaire ou contemporain des faits qu'il rapporte. Ces faits, malgré leur antiquité de quinze siècles, sont aussi vivants aujourd'hui dans la mémoire de tous les Arméniens que s'ils étaient d'hier. Or, une pareille tradition ne peut avoir pour origine, comme le prétend Victor Langlois, une légende fabriquée environ un siècle et demi après les événements racontés par Agathange. Qui l'eût admise alors, quand sa fausseté était évidente? Un faussaire n'eût pu en imposer à tout un peuple vivant si rapproché du temps où l'Arménie fut convertie.

D'ailleurs Tiridate était païen et persécuteur de l'Eglise ; tout le peuple était païen comme son roi. Il est évident *à priori* que Tiridate et tout son peuple, en quelques années, n'ont pu être amenés à la foi chrétienne par un étranger dont la patrie était l'ennemie jurée des Arméniens, par le fils de l'assassin de Chosroès, père de Tiridate, si ce n'est par une longue série d'événements miraculeux. Si l'on nie les prodiges cités par Agathange, il faut en supposer d'autres pour expliquer la conversion de l'Arménie opérée si rapidement dans de telles circonstances. Un miracle était nécessaire pour terrasser saint Paul et en faire d'un persécuteur un apôtre de Jésus-Christ. Tiridate, l'égorgeur des vierges romaines Gaïané et Ripsime, et tout son peuple, adorateur des idoles, n'ont pu être à leur tour terrassés qu'à force de miracles. Au surplus, le miracle apparaît au berceau de chaque Eglise particulière. C'est une loi de l'histoire.

Cependant nous accordons qu'il y a quelques interpolations dans le texte d'Agathange ; mais il est facile de les reconnaître. Par exemple, au paragraphe 163 il est dit: Il (Constantin) renversa par la puissance de la Croix du Christ, et il extermina les rois impies et scélérats Dioclétien, Marcien, Maximien, Lucien (Licinius) et Maxence. En effet Constantin extermina l'impiété de Dioclétien et de Maximien en rapportant leurs édits de persécution et en détruisant le paganisme. Quant à Licinius et Maxence, l'histoire dit comment il en triompha. Les Arméniens, quand ils rejetèrent le concile de Chalcédoine, trouvèrent tout naturel, sans s'inquiéter de l'anachronisme, d'ajouter au nom de ces tyrans celui de Marcien, sous les auspices duquel s'était réuni un concile qu'ils abhorraient.

J'en dis autant du texte de la lettre d'alliance entre saint Sylvestre et saint Grégoire. Voici la partie de cette lettre qui regarde l'établissement du patriarcat arménien et l'union de l'Eglise arménienne avec l'Eglise romaine : « Par la volonté divine et par la médiation de la Mère de Dieu, des saints apôtres et de tous les saints, nous, les deux monarques Constantin et Tiridate, et les deux pontifes Sylvestre et Grégoire, avec la nation des Romains et celle des Arméniens, nous avons formé entre nous les liens d'une concorde et d'une union fraternelle. En présence du glorieux étendard de la Croix du Christ, nous avons fait ce pacte d'amitié et ce traité d'alliance éternelle, et en signe de la stabilité et de l'indéfectibilité de cette alliance, c'est avec le sang redoutable et précieux de Jésus-Christ que nous avons rédigé le contrat qui unit par une mutuelle fraternité l'Occident et l'Orient, en sorte que nous nous devons dans une parfaite concorde une fidélité et une affection réciproques, analogues à celles qui nous lient au Christ Dieu, devenu notre frère. Nous nous défendrons mutuellement jusqu'à la mort, que nous endurerons volontiers les uns pour les autres. Nous serons réciproquement les amis de nos amis et les ennemis de nos ennemis; que personne, dans l'une des deux nations, n'ose tirer le glaive contre l'autre. Si quelqu'un venait à violer ce pacte, que son épée se retourne contre lui et lui transperce le cœur, et que son arc soit brisé.

» Ce traité conclu entre les deux nations demeurera stable

jusqu'à la consommation des siècles. Que celui qui s'y soustrait soit séparé de la foi chrétienne, qu'il encoure la malédiction de Caïn, de Judas, de Caïphe et des autres prêtres déicides, et que les anges et les hommes disent : Amen....

» Nous, Sylvestre, souverain Pontife de Rome et de l'univers.... nous avons voulu par un mouvement de notre bienveillance accroître la dignité de notre coévêque Grégoire, le généreux confesseur de Jésus-Christ.

» Au nom donc de la très sainte Trinité, nous le bénissons, en lui imposant sur la tête la droite de l'apôtre saint Pierre et le sacré linceul de Jésus-Christ, et nous l'établissons, lui et ses successeurs, patriarche de tous les Arméniens.... et nous voulons qu'il ait le pouvoir d'instituer des évêques sur lesdits Arméniens partout où ils se trouveront dispersés.... et nous le nommons notre vicaire dans l'Asie Mineure.... C'est pourquoi, par notre ordonnance, est communiqué au Pontife des Arméniens le pouvoir de lier et de délier au ciel et sur la terre, selon les canons apostoliques. Que ceux qu'il bénit soient aussi bénis par Jésus-Christ Notre-Seigneur, par les saints apôtres et par nous, et que ceux qu'il excommunie restent sous le poids de l'excommunication jusqu'à résipiscence. »

Des fautes de copistes, des altérations à certains passages, des expressions introduites plus tard, ne prouvent nullement que ce document historique ait été fabriqué sous le nom d'Agathange vers le XII° ou le XIII° siècle, comme l'insinue V. Langlois. Pour qu'un semblable document soit tenu pour apocryphe, il faudrait établir que les anciens manuscrits ne le renferment pas, que le style en diffère entièrement de celui d'Agathange, qu'il manque dans beaucoup des versions faites en latin, en grec, en arabe, en syriaque, en chaldéen et en géorgien, et que dans la suite des âges quelques doutes au moins se sont élevés sur son authenticité. Or, cette pièce jouit de quinze siècles d'une autorité incontestée. Ce ne sont pas les arguties de certains critiques modernes qui épiloguent sur certaines expressions introduites dans le texte qui peuvent la faire rejeter. L'ouvrage d'Agathange est un ouvrage d'une souveraine importance. C'est le premier historien chrétien qui ait paru au grand jour à la sortie de l'Eglise des catacombes : il raconte des faits d'une notoriété publique et qui n'ont pu être inventés après coup ; car sans eux et sans leurs côtés miraculeux, la conversion presque instantanée de l'Arménie serait un problème insoluble et une énigme incompréhensible. Lazare de Pharbe, grave auteur du ve siècle, séparé d'Agathange d'une centaine d'années seulement, fait de cet historien le plus magnifique éloge.

« Ce fut le bienheureux Agathange, dit-il dans son exorde, qui, le premier, entreprit d'écrire l'histoire d'Arménie, en racontant avec vérité.... la conversion de l'Arménie, plongée dans les ténèbres de l'idolâtrie, à la véritable connaissance de Dieu, par le moyen du saint martyr Grégoire.... J'ai parcouru, ajoute-t-il, plusieurs livres des historiens anciens de l'Arménie, et en les relisant en entier, j'ai trouvé chez eux, touchant les vicissitudes de notre pays, des récits qui diffèrent sensiblement de l'exacte et précise exposition du premier ouvrage composé par le bienheureux Agathange, personnage très instruit, doué d'une science immense, véridique dans l'art oratoire, et élégant dans la narration historique.... » Suit un résumé de l'histoire d'Agathange, que l'auteur termine par ces mots : « Tout cela, comme aussi d'autres choses encore plus dignes d'attention, nous a été raconté par le bienheureux serviteur de Dieu, Agathange, dans son ouvrage authentique et véridique. »

Moïse de Khorène, l'Hérodote arménien, contemporain de Lazare, cite l'autorité d'Agathange en maint endroit de son histoire, et l'appelle l'habile secrétaire de Tiridate (¹). Jean Catholicos nomme Agathange excellent et habile historien (²).

Le récit d'Agathange est confirmé par Zénob de Glag, qui a écrit la vie de saint Grégoire, dont il était le confident et le secrétaire.

L'histoire d'Agathange, dans toutes ses parties, y compris la lettre d'alliance, est donc d'une incontestable authenticité.

Quelques variantes dans les manuscrits, quelques fautes de copistes, qui ont transcrit des chiffres avec exagération, quelques interpolations hérétiques faciles à reconnaître, ne sauraient, aux yeux d'un homme de bon sens, détruire, quant au fond du moins, l'autorité d'un tel document. Si, pour ces raisons, il fallait mettre l'œuvre d'Agathange au rang des apocryphes, toutes les annales du monde devraient être rejetées.

Ceci posé, l'élévation de saint Grégoire à la dignité de patriarche par le pape saint Sylvestre est un fait historique qui repose sur des fondements on ne peut plus solides.

Ce grand saint, en conséquence de sa consécration épiscopale faite par le métropolitain de Césarée, saint Léonce, relevait du patriarcat d'Antioche. Saint Pierre l'avait ainsi établi, et les canons du concile de Nicée, reçus par saint Grégoire avec allégresse, confirmaient cette institution. La juridiction ecclésiastique de l'Asie, comme nous l'avons montré plus haut, appartenait au grand patriarcat d'Antioche, et, à cette époque, au patriarche saint Eustathe, représentant du pape saint Sylvestre; celle d'Alexandrie, au patriarche Alexandre; celle de Jérusalem, au patriarche Macaire; Constantinople n'avait alors qu'un évêque, du nom d'Alexandre (³). Disons-le en passant,

---

(1) Ch. LXVII.
(2) *Histoire d'Arménie*, ch. VIII.
(3) Moïse de Khorène, liv. II, ch. LXXXIX.

l'Hérodote arménien indique en cet endroit la suprématie du Pape sur tous les patriarches, en nommant avant ceux-ci et les trois cent dix-huit évêques du concile de Nicée, Vitus et Vincent, prêtres de Rome, légats de saint Sylvestre.

Il est donc évident que le métropolitain de Césarée, saint Léonce, en sacrant saint Grégoire évêque, l'avait soumis à l'autorité du patriarche d'Antioche. Aussi Agathange ne lui donne-t-il alors que le titre d'évêque ou d'archevêque de l'Arménie. Les anciens canons de l'Eglise, confirmés au concile de Nicée, imposaient cette obligation au métropolitain de Césarée : car, dit le sixième canon, si un évêque est ordonné sans le consentement du métropolitain, le grand concile a défini que celui qui est ainsi ordonné ne doit pas être évêque. Il s'agit ici, sans aucun doute, de la juridiction et non du caractère indélébile de l'épiscopat. En conséquence, saint Grégoire tenait sa juridiction du métropolitain de Césarée, et par lui du patriarche d'Antioche, et par ce dernier du souverain Pontife.

Cet état de choses persisterait encore aujourd'hui sans une intervention spéciale du chef de l'Eglise : car lui seul peut modifier la hiérarchie et les décisions disciplinaires des conciles généraux; puisqu'à lui seul il a été dit d'une manière absolue : Tout ce que tu lieras ou délieras sur la terre sera lié ou délié au ciel. Nous avons établi, du reste, précédemment, qu'une nation ne peut se donner un patriarche indépendant.

Que les Arméniens choisissent alors : s'ils prétendent que, dès l'origine, leur patriarcat est indépendant, ce n'est qu'un pseudo-patriarcat; s'ils le disent institué par saint Léonce, ils n'ont jamais eu, en réalité, de patriarches, mais de simples archevêques, relevant de l'Eglise grecque. S'ils affirment que saint Grégoire était un vrai patriarche, il leur faut avouer que l'institution de leur patriarche est l'œuvre du pape saint Sylvestre.

Cette dernière hypothèse est une vérité historique, que l'ignorance ou le fanatisme seul peut révoquer en doute, comme nous allons le prouver par le témoignage de l'histoire.

1. Agathange, secrétaire de Tiridate, raconte aux paragraphes 165, 166, 167, 168, le voyage de ce prince, accompagné de saint Grégoire, jusqu'à Rome, et il mentionne expressément son élévation au patriarcat de l'Arménie, dans le pacte d'alliance passé entre saint Sylvestre et l'apôtre de l'Arménie.

Au paragraphe 165, il ne donne à ce dernier, lors de son départ pour Rome, que le nom d'archevêque, qu'il tenait du métropolitain de Césarée, et après son retour en Arménie, en 169, il le nomme catholicos, patriarche, du titre qu'il venait de recevoir à Rome.

2. Zénob de Glag, disciple de saint Grégoire l'Illuminateur, parle trois fois du voyage de son maître avec Tiridate jusqu'à Rome, à la page 340 et à la page 341 de la collection des auteurs arméniens [1]. A la page 351, il est dit : « Vers ce temps-là, on apprit à la cour du roi la nouvelle que l'empereur Constantin avait cru au Christ Dieu, qu'il avait fait cesser la persécution contre les Eglises, et qu'il signalait son règne par des actes de bravoure éclatants. Ayant formé le projet de se rendre à la cour de l'empereur pour conclure avec lui un traité de paix, Tiridate et saint Grégoire partirent.... »

3. Un auteur anonyme du ve siècle s'exprime ainsi :

Quand le roi Arsace sut que le roi des Perses Sapor (Chabouh) et l'empereur des Grecs s'étaient ligués contre lui, il alla en personne, avec son armée, à la recherche du grand patriarche

[1] T. I.

Nersès, qui se trouvait à Achdichad, dans le canton de Daron. Le roi se jeta aux pieds de saint Nersès, lui demanda le pardon de ses fautes et lui promit de se conduire désormais selon sa volonté. Les évêques et les princes du pays supplièrent aussi le patriarche de ne point abandonner le pays qui lui était confié. Le saint consentit à faire la paix, et tous décidèrent que saint Nersès, accompagné des satrapes, irait trouver l'empereur des Romains Valens, afin de renouveler l'alliance que les grands rois, saint Constantin et saint Tiridate, et notre Illuminateur saint Grégoire, avaient conclue entre eux [1].

4. Moïse de Khorène indique indirectement ce même voyage, quand il mentionne celui de Tiridate à Rome [2]; il conte, d'ailleurs, que saint Grégoire l'accompagnait. Au reste, ceux qui nient le voyage de Grégoire nient également celui de Tiridate.

Agathange nous donne le motif qui engagea le roi d'Arménie à se rendre à Rome : car le pacte d'alliance entre saint Sylvestre et saint Grégoire, outre sa partie ecclésiastique, renferme une partie politique, d'après laquelle Constantin et Tiridate contractèrent une alliance offensive et défensive; c'est ainsi que l'Arménie, comme le constate l'histoire de cette époque, demeura longtemps unie à l'empire romain.

Moïse de Khorène reconnaissait l'authenticité de cette pièce, puisqu'il donne la copie de la lettre écrite par saint Varthanès, successeur de saint Grégoire, à l'empereur Constance, dans laquelle ce patriarche implore le secours des Romains contre les Perses au nom de ce pacte d'alliance : « Varthanès, chef des évêques, les évêques qui sont avec lui, est-il dit dans cette lettre, et tous les satrapes de la Grande-Arménie, à Constance,

---

[1] *Généalogie de saint Grégoire et vie de saint Nersès*, p. 30.
[2] L. II, ch. LXXXIV.

notre seigneur, empereur (César), souverain, salut! Souviens-toi de la lettre d'alliance de ton père Constantin avec notre roi Tiridate, et n'abandonne pas ton pays au pouvoir des Perses ; aide-nous, par tes armes, à placer sur le trône Chosroès, fils de Tiridate [1].

5. Elisée Vartabed, célèbre auteur du ve siècle, cite la lettre du patriarche Joseph à Théodose le Jeune, dans laquelle il fait mention du voyage de Tiridate à Rome, où il reçut, dit-il, la foi par l'intermédiaire du saint archevêque de Rome. Il y a, dans ces mots, une allusion évidente à ce qui se passa entre saint Sylvestre, saint Grégoire et le roi Tiridate.

6. Jean Catholicos, dans son histoire d'Arménie [2], raconte que Grégoire, avec le roi Tiridate et beaucoup de monde, alla trouver le divin empereur Constantin.

7. Le patriarche Grégoire le Jeune ou Degha, qui vivait au IIe siècle, dans sa lettre aux docteurs orientaux, s'exprime en ces termes : « Notre Illuminateur n'a-t-il pas, avec humilité de cœur et sans hésitation d'esprit, accepté d'aller à Césarée et ensuite à Rome, pour y être ordonné par saint Sylvestre? Et tous les siens ne sont-ils pas demeurés dans la même union? »

Ici, par le mot ordination, il entend évidemment une ordination et un pouvoir supérieurs à l'ordination et au pouvoir qu'il avait reçus à Césarée, c'est-à-dire l'élévation au patriarcat.

8. On lit dans les discours des questions de Vanagan Vartabed, que saint Grégoire se rendit à Rome, et que là, cet homme apostolique et illuminateur fut établi patriarche.

9. Voici les paroles de l'historien Guiragos sur le même sujet : « Saint Sylvestre a donné à saint Grégoire un siège patriar-

---

[1] *Histoire d'Arménie*, liv. III, ch. v.
[2] Ch. VIII.

cal, comme à un représentant de Pierre (c'est-à-dire du saint-siège). »

Il dit ailleurs : « Saint Grégoire, en compagnie du grand roi Tiridate, se transporta à Rome, pour y vénérer les saintes reliques des saints Pierre et Paul, pour y voir le grand empereur Constantin et le pontife saint Sylvestre, et pour y faire des traités d'alliance.

10. Dans la liturgie arménienne, dans le livre du Charagan, on adresse la prière suivante pour le patriarche : « Sauvez le fils de votre serviteur, que vous avez honoré de la part du siège de Rome où fut mis le roc de la Foi, le fondement de l'Eglise. » Ce qui signifie : Sauvez le successeur de votre serviteur saint Grégoire, lequel (saint Grégoire) vous avez honoré du pouvoir patriarcal accordé par le siège de Rome.

Dadévatzi, qui vivait au xiii⁰ siècle et qui était un adversaire acharné de l'Eglise romaine, avoue cependant que les paroles du Charagan citées plus haut signifient que Grégoire l'Illuminateur a été honoré du patriarcat par le siège de Rome [1]. Il dit bien ailleurs [2] que l'Illuminateur est allé à Rome, non point pour l'ordination, mais uniquement par amitié et pour l'union. Cependant, se donnant à lui-même un démenti, il ajoute dans la même page que Grégoire, étant allé à Rome, y fut fait patriarche.

11. L'historien Etienne Assoghig [3], Nersès Chenorhali, dans son histoire de Jésus-Christ en vers [4], Vartan Vartabed, et le Martyrologe arménien, au 18 novembre, page 248, ainsi que le livre intitulé *Djarentirk* (choix de discours), sans compter

---

[1] T. IX, ch. xlvii, p. 639.
[2] T. IX, ch. ix, p. 548.
[3] T. II, ch. i.
[4] V. 360-370.

d'autres auteurs, parlent du voyage de saint Grégoire à Rome, comme les historiens que nous venons de citer.

12. L'historien grec Nicéphore Calliste, qui mourut vers l'an 1350, mentionne aussi le voyage de saint Grégoire à Rome, dans la compagnie du roi Tiridate [1].

13. Voici encore un autre témoignage : Le siège de Rome est fondé sur le rocher de saint Pierre. C'est à Pierre que le Seigneur remit les clefs du royaume des cieux, avec une puissance supérieure ; il l'éleva au-dessus des apôtres en lui disant : Ce que tu lieras sur la terre sera lié dans le ciel. D'après la décision du saint Pontife de Rome, saint Sylvestre...., saint Grégoire l'Illuminateur fut institué catholicos d'Arménie et placé sur le siège de saint Thaddée [2].

14. Enfin, Dulaurier, dans la *Bibliothèque des Croisades*, dit que l'entrevue des deux monarques et des deux pontifes est un fait incontestable, puisqu'il est affirmé par deux écrivains contemporains, Zénob de Glag et Agathange, secrétaire de Tiridate, ainsi que par Elisée, historien du v° siècle.

De même, ajoute cet écrivain, l'existence des traités qui furent conclus entre ces personnages ne saurait être révoquée en doute, puisque Elisée nous apprend que lors de l'ambassade envoyée par les Arméniens à Théodose le Jeune, on apporta à l'audience que les députés obtinrent de l'empereur les registres où étaient inscrits ces traités.... Le voyage de saint Grégoire à Rome est la preuve péremptoire de la primitive union de l'Eglise arménienne avec l'Eglise occidentale, et des bons rapports qui les rattachaient alors l'une à l'autre [3].

En présence de tous ces témoignages, le doute n'est pas pos-

---

[1] Liv. VIII, ch. xxxv.
[2] Appendice à la chronique de Sempad.
[3] T. I des *Documents arméniens*, p. 418.

sible. Saint Grégoire l'Illuminateur est allé à Rome vers l'an 311 de l'ère chrétienne, et le pape saint Sylvestre l'a élevé alors à la dignité patriarcale. Si quelqu'un osait rejeter encore cette origine du patriarcat arménien, sa dénégation serait couverte par la grande voix des quinze siècles qui attestent cet événement.

CHAPITRE VI

LES PREMIERS PATRIARCHES CATHOLIQUES D'ARMÉNIE

Nous avons établi que saint Grégoire l'Illuminateur était le vrai pasteur et le légitime patriarche de l'Arménie, parce qu'il tenait son autorité de saint Sylvestre, successeur de saint Pierre et vicaire de Jésus-Christ. Nous avons été ensuite forcé de faire une assez longue digression, afin de dissiper tous les préjugés modernes contre le voyage de saint Grégoire à Rome. Maintenant que le lecteur est renseigné sur cette question, nous allons rentrer dans le cœur de notre sujet et raconter les diverses phases par lesquelles a passé le patriarcat arménien depuis son origine jusqu'à nos jours.

Une notice sur chaque patriarche légitime ajoutera à l'histoire de l'Eglise catholique bien des détails nouveaux d'un grand intérêt.

S. GRÉGOIRE L'ILLUMINATEUR, 1ᵉʳ PATRIARCHE CATHOLIQUE [1]
(311-337).

Saint Grégoire, Parthe de nation, naquit en 257 de l'ère

---

[1] Nous avons pris pour base de notre chronologie, jusqu'à l'ère arménienne, la date fixée par le P. Nicolas Nilles, S. J., pour la naissance de saint Grégoire, son élévation au patriarcat et sa mort, dans le savant ouvrage qu'il a composé sur les calendriers orientaux.

Asie Mineure. — Tombeaux de la montagne d'Amasia

chrétienne; il fut élevé au patriarcat vers l'an 311, et il mourut vers l'an 337, âgé de quatre-vingts ans [1].

Sitôt que le roi Tiridate fut venu solliciter sa guérison, saint Grégoire fit bâtir trois chapelles pour y déposer les corps des vierges Gaïané et Ripsime, et de leurs trente-sept compagnes; il éleva au milieu de la ville de Vagharchabad une grande croix, où l'on venait adorer le vrai Dieu, et il l'entoura d'une haute muraille.

Il détruisit ensuite les temples des idoles avec l'aide du roi Tiridate, répandit partout la doctrine évangélique, et distribua aux pauvres les trésors trouvés dans les temples des faux dieux.

Une fois sacré évêque à Césarée, il se rendit à Sébaste avec les reliques de saint Jean-Baptiste et celles de saint Athénogène, évêque et martyr de cette dernière ville; c'était un présent de saint Léonce; il se transporta ensuite avec son pieux trésor dans la province de Daron, et édifia près de l'Euphrate une chapelle, où il déposa les corps des deux saints. Le monastère de Sourp Garabed, qu'il y fonda, s'appelle encore du même nom, quoiqu'il porte aussi celui de couvent de Glag ou des Neuf-Sources. Il renversa de fond en comble des temples construits sur le sommet d'une montagne voisine et y érigea une chapelle, où il commença à baptiser une foule immense de catéchumènes, et ordonna des prêtres pour l'aider dans le ministère apostolique. Ensuite il parcourut toutes les provinces de l'Arménie, visitant les bourgs et les villages; il élevait partout des temples au vrai Dieu, administrait le baptême et ordonnait des prêtres.

Ce fut une marche triomphale accompagnée de prodiges.

Tiridate, son épouse Achkhène, sa sœur Khosrovidoukht,

---

[1] Calend. Nicol. Nilles, t. II, p. 749.

et les grands du royaume, vinrent le trouver sur la rive de l'Euphrate, et là, il les baptisa tous au nom du Père, et du Fils, et du Saint-Esprit. La cérémonie du baptême eut lieu au sud-ouest de l'Ararat, vers les sources de l'Euphrate méridional, dans le voisinage du mont Nébad, le Néphrates des anciens.

A son retour à Vagharchabad, il bâtit une église à l'endroit où, naguère, il avait planté une grande croix : cette église porte le nom d'Etchmiadzin, c'est-à-dire « Descente du Fils unique, » à cause d'une vision que le saint avait eue, et dans laquelle le plan lui en avait été tracé.

Il s'occupa à cette époque de l'éducation des enfants ; il envoya des cénobites habiter les grottes et les montagnes, et consacra bon nombre d'évêques.

L'Eglise catholique était florissante en Arménie au plus haut degré. Saint Grégoire, laissant auprès du roi l'évêque Albinus, homme rempli de l'esprit de Dieu, se retirait alors souvent au désert dans la grotte de Mané, et y vaquait à la prière et aux plus rudes exercices de la pénitence. De temps en temps il venait visiter son troupeau et le confirmer dans la foi. C'est à cette époque, qu'à la prière de Tiridate, il ordonna évêque son fils Aristaguès, qui lui succéda plus tard. Puis il se rendit à Rome et y fut élevé à la dignité patriarcale ; revenu en Arménie, il ne cessa d'édifier son peuple par ses prédications et l'exemple de ses grandes vertus, et il eut la consolation, d'après Moïse Galkantouni, de baptiser Vatchagan II, onzième roi aghovan ou albanais [1]. Ce prince le pria de donner un chef

---

[1] Si l'on s'en rapporte au même chroniqueur, l'Albanie arménienne aurait déjà été évangélisée au 1er siècle de l'ère chrétienne, par un disciple de saint Thaddée, du nom d'Elisée ; celui-ci, ordonné prêtre par saint Jacques, aurait encore prêché dans les pays de Thor et de Lepks, voisins de Géorgie. Si le fait est vrai, cette contrée serait retombée ensuite dans l'infidélité, où elle serait demeurée jusqu'au temps de saint Grégoire.

spirituel à son royaume ; et ce fut Grégoire, petit-fils de l'apôtre de l'Arménie, qui fut chargé d'administrer cette nouvelle contrée. C'est ainsi que, pendant un certain temps, l'Eglise des Aghovans releva du siège patriarcal arménien.

En 325, il députa son fils Aristaguès au concile de Nicée [1], tint ensuite un synode à Vagharchabad, pour en promulguer les décrets, et continua sa vie apostolique jusqu'à sa mort. Tel est le résumé de la vie de saint Grégoire d'après Agathange. Cependant Moïse de Khorène dit que lorsque son fils Aristaguès fut de retour du Concile de Nicée, saint Grégoire ne se laissa plus voir à personne [2]. On pourrait peut-être concilier ces deux auteurs en disant que pendant les treize dernières années de sa vie, saint Grégoire ne fit plus que de rares apparitions au milieu de son troupeau.

Ce grand apôtre de l'Arménie mourut dans un lieu solitaire, et son corps fut trouvé par des bergers, qui l'enterrèrent sans le connaître. Plus tard, sur l'ordre du saint, un ermite appelé Karnig, auquel il apparut, l'ensevelit dans le village de Thortan [3].

L'empereur Zénon fit enlever de force, par ses soldats, le corps entier de saint Grégoire, et ordonna de le transporter à Constantinople ; il ne laissa aux Arméniens que la main droite et un autre fragment [4]. De Constantinople, les reliques de

---

[1] Bar Hebræus va plus loin : il dit que le Parthe Grégoire, à l'instar des saints apôtres, pratiqua la vertu et opéra des miracles en Arménie, en convertit le peuple du paganisme au christianisme, et assista en personne au concile de Nicée. (*Chronique ecclésiastique*, sect. IV, p. 70.)

Le Syrien Georges, écrivain du vi^e siècle, affirme aussi que saint Grégoire était avec saint Léonce de Césarée, qui l'avait ordonné évêque, l'un des Pères de ce grand concile. (*Pauli Antonii Lagardii analecta syriaca*, p. 123.)

[2] Liv. II, ch. xci.
[3] Moïse de Khorène, liv. II, ch. xci.
[4] Anonyme du ve siècle, *Généalogie de saint Grégoire et vie de saint Nersès*, p. 1.

l'apôtre de l'Arménie furent transférées à Naples, où elles se voient encore aujourd'hui [1].

S. ARISTAGUÈS, 2° patriarche catholique
(337-344).

Il était fils de saint Grégoire; dès l'enfance, il avait suivi un moine nommé Nicomaque [2].

Elevé dans le service de Dieu, il était entré dans l'ordre des moines solitaires, qui habitaient sur les montagnes, et il s'adonnait à toutes sortes de macérations. Mandé à la cour de Tiridate, il fut sacré évêque par saint Grégoire, et travailla avec un zèle extraordinaire à la diffusion de l'Evangile. Il accompagna son père à Rome à l'époque où celui-ci fut fait patriarche [3]. Lorsque saint Grégoire alla recevoir au ciel la couronne que lui avaient méritée ses glorieux travaux, Aristaguès monta sur le trône patriarcal de la Grande-Arménie, qu'il occupa sept ans [4].

Il était bien véritablement le glaive spirituel dont parle l'apôtre des Gentils, et il était considéré comme l'ennemi des injustes et des pervers. Aussi ne craignit-il pas de réprimander à cause de ses désordres Archélaüs, alors préfet de la province appelée Quatrième-Arménie; mais celui-ci, au lieu de s'amender, attendit un jour favorable pour se venger du saint, et l'ayant rencontré en voyage dans le canton de Dzob, il le tua d'un coup d'épée et s'enfuit sur le Taurus, en Cilicie. Les disciples du bienheureux Aristaguès, ayant pris son corps, le

---

(1) Cf. Baronius, *Annot. ad martyrol.*, 11 junii et 30 sept.
(2) Zénob de Glag, p. 343.
(3) Agathange, 169. — Fauste de Byzance, ch. x. — Moïse de Khorène, liv. II, ch. xc.
(4) Agathange, 159, 160, 161.

portèrent au canton d'Eguéghiats et le déposèrent dans le village de Thil [1].

S. VARTHANÈS, 3° PATRIARCHE CATHOLIQUE
(344-359).

Saint Varthanès, frère aîné de saint Aristaguès, lui succéda dans le patriarcat de la Grande-Arménie [2]. Il avait été marié dans sa jeunesse. A l'époque de la mort du roi Tiridate, Varthanès se trouvait à l'église de Saint-Jean, dans le canton de Daron.

Des fils de prêtres païens, au nombre d'environ deux mille, formèrent le complot de tuer le patriarche. Ils étaient excités par les satrapes, et même encouragés dans leur dessein par l'épouse du roi Chosroès II, que le saint reprenait sans cesse au sujet de sa conduite déréglée. Déjà ils se préparaient à assiéger l'église, pendant que le saint célébrait la messe, quand ils se trouvèrent tout à coup enchaînés par des mains invisibles. Varthanès, s'approchant d'eux, leur demanda : Qui êtes-vous, d'où venez-vous et qui cherchez-vous? Les malheureux assassins, épouvantés, confessèrent leur crime. Le saint se mit alors à leur enseigner la foi et à les fortifier dans la croyance en Jésus-Christ. Après quoi il les délivra par ses prières des liens invisibles qui les retenaient captifs. Une fois libres, ils se prosternèrent devant saint Varthanès, en lui demandant de faire pénitence. Quand ils furent suffisamment instruits, ils reçurent le baptême, et Varthanès les quitta fermes dans la nouvelle religion qu'ils venaient d'embrasser [3].

---

(1) Moïse de Khorène, liv. II, ch. xci.
(2) Anonyme du v° siècle, § 1. — Moïse de Khorène, liv. II, ch. xci.
(3) Moïse de Khorène, liv. III, ch. 1ᵉʳ. — Fauste de Byzance, liv. III, ch. III.

Nous venons de raconter que les satrapes de l'Arménie avaient comploté la mort de leur saint patriarche. C'était l'anarchie à laquelle ils étaient livrés qui les avait poussés à ce crime; mais plus tard, menacés par les Perses, ils se rapprochèrent de leur patriarche. Celui-ci, oubliant avec grandeur d'âme la trame ourdie par eux et par la reine, écrivit à l'empereur Constance pour lui demander de confirmer sur le trône d'Arménie Chosroès, fils de Tiridate, au nom de l'alliance contractée entre Constantin et Tiridate [1].

Lors de l'invasion de Sanesan, roi des Massagètes, le roi d'Arménie, Chosroès, se retira avec saint Varthanès dans le château de Tarioun. Le saint, par ses jeûnes et ses prières, obtint une victoire signalée sur l'ennemi, qui ravageait l'Arménie. Il obtint de même du ciel, par de ferventes prières accompagnées de larmes, une seconde victoire sur le traître Tadapé, qui s'était révolté et qui avait massacré par surprise quarante mille Arméniens.

Dans une guerre entre les Perses et les Arméniens, il y eut un combat, où, de part et d'autre, le carnage fut immense. Varthanès ordonna de célébrer chaque année une messe dans laquelle, immédiatement après la commémoraison des saints, on ferait mention de ceux qui étaient tombés dans le combat ou qui succomberaient dans la suite pour la délivrance du pays [2].

Varthanès mérita, par ses héroïques vertus, le surnom de Grand; il mourut en paix, après quinze années de patriarcat. Son corps fut déposé dans le village de Thortan [3].

---

[1] Moïse de Khorène, liv. III, ch. iv et v.
[2] Fauste de-Byzance, liv. III, ch. vii, viii et xi.
[3] Anonyme du ve siècle, § 1. — Moïse de Khorène, liv. III, ch. xi.

S. IOUSIG, 4ᵉ PATRIARCHE CATHOLIQUE

(359-365).

Il était le fils de saint Varthanès et fut élevé à la cour du roi Diran, qui lui donna sa fille en mariage. Rendu à la liberté par la mort de son épouse et effrayé par une vision, où il apprit que ses enfants devaient vivre dans la débauche, il s'adonna aux austérités de la pénitence et passa ses jours dans la prière et les larmes. Mais un ange vint le consoler, en lui prédisant que son petit-fils serait la gloire de l'Eglise [1].

D'après Fauste de Byzance, Iousig fut envoyé en grande pompe à Césarée, pour y être sacré patriarche [2].

L'auteur anonyme du vᵉ siècle [3] assure que tel était l'usage des Arméniens jusqu'au concile de Chalcédoine ; parce que, dit-il, l'apôtre saint Thaddée, après avoir converti les habitants de Césarée, y avait établi un évêque du nom de Théophile, comme chef spirituel. Fauste de Byzance [4] raconte qu'après la mort de saint Nersès, le roi Bab ordonna à l'évêque Iousig [5] d'occuper le siège patriarcal, sans l'envoyer recevoir l'imposition des mains à Césarée. Le patriarche de cette ville, irrité, envoya une lettre pleine de réprimandes à l'Eglise arménienne, annula l'autorité du nouveau patriarche, lui interdit de sacrer des évêques, et ne lui laissa que le seul pouvoir de bénir la table du roi. Alors, ajoute-t-il, on vit accourir à Césarée, de toutes les provinces de l'Arménie, des prêtres pour y obtenir la dignité épiscopale.

---

[1] Fauste de Byzance, liv. III, ch. v.
[2] Liv. III, ch. xii.
[3] § 4.
[4] Liv. V, ch. xxix.
[5] Cet évêque Iousig est différent du saint patriarche dont nous donnons la notice.

Jean Catholicos, dans son histoire [1], rapporte que le roi Arsace fit rassembler un synode à Vagharchabad, dans lequel on conféra à Nersès le Grand le titre de patriarche, et on statua que ses successeurs seraient désormais ordonnés par les évêques du pays et non plus par celui de Césarée.

L'usage de faire sacrer le patriarche d'Arménie à Césarée a donc été en vigueur pendant un certain temps; mais l'anecdote de l'évêque Iousig est une des fables mêlées au récit de Fauste de Byzance.

D'abord, il n'y a jamais eu de patriarche à Césarée; ensuite, ce Iousig n'est pas indiqué dans la liste des patriarches arméniens. Puis, la juridiction des successeurs de saint Grégoire ne leur venait point du métropolitain de Césarée, puisque saint Aristaguès fut sacré évêque et établi patriarche par son père sans l'intervention de ce métropolitain, et nous ne lisons pas non plus que l'évêque saint Varthanès se soit rendu dans la capitale de la Cappadoce; enfin, si l'approbation de l'archevêque de Césarée eût été nécessaire, le synode tenu sous le roi Arsace n'eût pu décider le contraire. Somme toute, ce n'était donc qu'une simple coutume établie, soit en l'honneur de saint Thaddée, soit en mémoire de saint Grégoire l'Illuminateur, sacré archevêque à Césarée. C'est pourquoi nous voyons saint Iousig, Pharnerséh, Chahag et saint Nersès, si l'on s'en rapporte à Fauste de Byzance, désignés pour le patriarcat, faire le voyage de Césarée, afin d'y recevoir le caractère épiscopal. C'est donc improprement qu'il est dit de ces patriarches qu'ils y recevaient leur titre patriarcal. Car leur juridiction venait directement de Rome, étant données l'élection canonique et la communion avec le saint-siège. Revenons à saint Iousig.

---

(1) Ch. ix, p. 40.

Malgré sa jeunesse, il menait une vie angélique. Il mettait un grand zèle à faire paître le troupeau du Christ. Il ne s'occupa jamais des choses d'ici-bas; une seule affaire le préoccupait, sauver son âme ainsi que celle des autres. Etranger à toute considération humaine, il ne savait redouter ni favoriser qui que ce fût.

La crainte du Seigneur était tellement grande en lui, qu'il ne tenait compte ni de l'amitié des grands, ni du courroux du roi, quand il s'agissait de reprendre leurs vices [1]. Il fut la victime de son courage apostolique.

Moïse de Khorène [2] raconte ainsi son martyre : « Etant arrivé au canton de Dzob, Diran voulut ériger dans son église royale l'effigie de l'empereur Julien et celles des démons [3]. Saint Iousig, arrachant cette image des mains du roi, la jeta par terre, la foula aux pieds et la brisa en criant à l'impiété. Diran resta sourd à la voix de sa conscience, parce qu'il redoutait la colère de Julien, et pensa que la profanation de l'effigie impériale entraînerait sa mort. Ces réflexions ajoutant encore à l'ardeur de sa haine contre Iousig, à cause des reproches que celui-ci lui faisait sans cesse sur sa coupable conduite, il le fit battre longtemps à coups de fouet, jusqu'à ce qu'il rendît l'esprit.... Le corps de saint Iousig fut transporté près de celui de son père, au village de Thortan. »

Saint Iousig avait passé six ans dans l'épiscopat et sur le siège patriarcal.

---

(1) Fauste de Byzance, liv. III, ch. XII.
(2) Liv. III, ch. XIV.
(3) Ch. XIII.

PHARÈN ou PHARNERSÉH, 5ᵉ PATRIARCHE CATHOLIQUE
(365-369).

Il ne restait, à cette époque, personne de la famille de saint Grégoire qui fût digne d'être élevé sur le siège patriarcal. Par leurs désordres les deux fils d'Iousig s'en étaient rendus indignes, et son petit-fils Nersès était encore trop jeune pour être le chef spirituel de l'Arménie. On choisit alors un certain Pharnerséh, d'Achdichad, du canton de Daron [1]. Fauste de Byzance le nomme Pharèn [2]. Il en fait le portrait suivant : « Pharèn n'avait pas le courage de châtier ou de réprimander quelqu'un pour ses erreurs ou son impiété. Il ne surveillait que la pureté de sa propre vie, se soumettant en tout à la volonté du roi Diran, avec lequel il agissait de concert, malgré ses répugnances. Enfin, il s'endormit avec ses pères et fut enseveli dans le village appartenant à l'Eglise de saint Jean-Baptiste, au district de Daron; là on lui érigea un magnifique mausolée. Pharèn avait occupé la chaire patriarcale quatre ans [3]. Après sa mort, il y eut une vacance d'une année [4].

S. NERSÈS Iᵉʳ LE GRAND, 6ᵉ PATRIARCHE CATHOLIQUE
(370-404).

Son père était Athénogène, fils de saint Iousig, et sa mère se nommait Pampichèn, sœur du roi Diran. Il fit ses études à Césarée et alla se marier à Byzance. Il perdit sa femme San-

---

[1] Moïse de Khorène, liv. III, ch. xvi.
[2] Liv. III, ch. xvi.
[3] Moïse de Khorène, liv. III, ch. xvi.
[4] Anonyme du vᵉ siècle, § 1.

toukht, au bout de trois ans, après en avoir eu un fils du nom de Sahagou Isaac.

A l'avènement du roi Arsace, il avait été élevé à la dignité de chambellan. Il craignait Dieu, prenait soin des pauvres, défendait les opprimés et nourrissait les veuves et les orphelins. Il était encore fort jeune quand on voulut l'élever au patriarcat; mais ses vertus éclatantes et sa valeur lui avaient concilié l'estime générale. Sa beauté, sa haute taille et son air aimable et majestueux inspiraient le respect à ceux qui l'approchaient. Dans la grande assemblée tenue pour l'élection d'un patriarche, tous les suffrages se portent sur Nersès, descendant de saint Grégoire, et digne de son aïeul par ses vertus; et, avec un concert unanime de louanges, on lui décerne le sceptre patriarcal. Lui seul sera notre pasteur, s'écrie-t-on de tous côtés; nul autre ne s'assoira sur le trône épiscopal : Dieu le veut! Etranger à ce grand mouvement et à tant d'honneurs, il veut s'y soustraire, il résiste de toutes ses forces, il s'accuse de crimes imaginaires pour éloigner de lui la haute dignité qu'on veut lui imposer. On insiste. Vous êtes des impies, reprend alors Nersès, des assassins, des criminels endurcis. Non, je ne puis être votre pasteur. Aujourd'hui, vous m'aimez, et demain vous me haïrez : car je serai pour vous un ennemi et je deviendrai une massue pour écraser vos crimes. Malgré cette virulente apostrophe, l'assemblée continue à le réclamer pour patriarche; il essaie d'échapper. Le roi s'indigne, l'arrête, et, lui arrachant l'épée royale qu'il portait comme une marque distinctive de sa dignité, il ordonne de le revêtir sur-le-champ des habits pontificaux. Néanmoins, Nersès tient ferme et ne cède aux vœux du peuple et du monarque, que lorsqu'un ange vient de la part de Dieu lui commander de monter sur le trône patriarcal.

Sous son prédécesseur, la discipline ecclésiastique s'était fortement relâchée. Les évêques et les religieux habitaient avec leurs familles dans les villes et les villages. Nersès leur bâtit des évêchés et des couvents, où il les obligea de se retirer. Par ses soins, les églises renversées se relevèrent de leurs ruines. Il fit construire des hôtelleries pour les voyageurs dans les lieux peu fréquentés, des hôpitaux pour les pauvres et les malades, et un lazaret pour les infortunés lépreux chassés de leurs propres maisons; il l'établit dans le canton d'Antzévatzi, avec un pèlerinage en l'honneur de la Vierge apportée en Arménie par l'apôtre saint Barthélemy. Il convertit une foule de païens, qui venaient habiter l'Arménie; et de nouveaux temples, dédiés au vrai Dieu, s'élevèrent sur les débris des édifices idolâtres. Dans le synode qu'il réunit à Achdichad, il abolit les coutumes idolâtriques, qui s'observaient encore dans les funérailles, et il défendit le mariage entre parents jusqu'au cinquième degré.

Lorsque le roi Arsace fit assassiner Knel, son cousin, saint Nersès l'apostropha en ces termes : « Roi injuste, tu as massacré ton cousin Knel; tu as renouvelé le crime de Caïn, et tu seras accablé sous les mêmes malédictions que lui; de ton vivant, tu perdras ton royaume, et comme Saül, tu seras ton propre bourreau. » Dès lors, il cessa tout rapport avec le prince coupable, et l'événement vérifia sa prédiction.

Lorsque l'empereur arien Valens s'unit avec Sapor, roi des Perses, contre l'Arménie, Arsace vint se jeter aux pieds de Nersès, lui demanda pardon de ses crimes et le conjura d'aller à Constantinople pour renouveler l'alliance conclue entre Tiridate, saint Grégoire et Constantin. Le saint patriarche oublia les torts du roi et partit aussitôt; il atteignit le but de son voyage; mais, arrivé dans cette ville, il ne tarda pas à être exilé par l'empereur arien à cause de son zèle pour la foi catholique, et il demeura relégué dans une île déserte jusqu'au règne de Théodose.

En 381, il assista au concile œcuménique de Constantinople, qui condamna l'hérésie de Macédonius, adversaire de la divinité du Saint-Esprit, et il retourna comblé d'honneurs en Arménie. Il fut reçu en triomphe par Arsace et les grands du pays. Bientôt après, le roi construisit la ville d'Archagavan, et en fit un repaire de brigands. Saint Nersès adressa au monarque de sévères réprimandes, qui ne furent pas écoutées. Pour protester, Nersès se retira à Edesse (Orpha). Arsace mit alors un intrus du nom de Chounag à la place de saint Nersès, et voulut le faire sacrer par les évêques, qu'il convoqua à cet effet. Tous refusèrent, excepté trois lâches, qui imposèrent les mains au premier pseudo-patriarche de l'Arménie.

La colère de Dieu ne tarda pas à éclater sur Arsace. A l'instigation de la reine Pharandsem, sa femme, il déclara la guerre à Sapor, roi des Perses; mais il fut délaissé par les Romains et abandonné par les grands de sa nation, dont il s'était aliéné l'esprit par sa tyrannie. Ce fut alors que le roi de Perse l'invita, sur les assurances les plus solennelles, à venir le trouver pour traiter de la paix. Arsace, accompagné du prince Vasag, se rendit auprès de Sapor. Celui-ci, malgré ses serments, le fit arrêter au milieu d'un festin, lui creva les yeux et l'enferma dans une prison, où il se suicida de désespoir. Vasag n'échappa point à la fureur de Sapor, qui le fit écorcher vif. L'Arménie fut aussitôt envahie par une armée persane, qui mit à feu et à sang plusieurs villes considérables. Irrité au dernier point de ce que la plupart des seigneurs d'Arménie s'étaient dérobés à ses atteintes en cherchant un asile chez les Romains, Sapor tourna toute sa rage contre leurs femmes et leurs enfants, qui étaient tombés entre ses mains. On rassembla toutes ces innocentes victimes et on les amena, avec la foule des captifs, en présence de ce cruel despote. Il semblait qu'il voulût exterminer la nation arménienne tout entière. Par ses ordres, on sépare les hommes, et aussitôt on les livre à ses éléphants, qui les écrasent sous leurs pieds; les femmes et les enfants sont empalés; des milliers de malheureux expirent ainsi dans d'horribles tourments; les femmes des nobles et des dynastes fugitifs furent seules épargnées, mais, par un raffinement de cruauté, pour éprouver des traitements et des supplices plus odieux que la mort. Traînées dans un hippodrome, elles y furent exposées nues, aux regards de toute l'armée persane, et Sapor lui-même se donna le lâche plaisir de courir à cheval sur le corps de ces malheureuses, qu'il livra ensuite aux insultes et à la brutalité de ses soldats. On leur laissa la vie après tant d'outrages, et on les confina dans divers châteaux forts, pour qu'elles y fussent des otages de leurs maris.

Ce qui irritait le plus Sapor contre les Arméniens, c'était leur attachement au christianisme. Pour la souveraineté du pays, il l'avait abandonnée à deux seigneurs traîtres et apostats. L'un d'eux, appelé Méroujan, était devenu son beau-frère, avec la promesse d'obtenir encore le titre de roi, s'il achevait de réduire les autres dynastes arméniens, et s'il parvenait à détruire le christianisme en Arménie, en faisant fleurir à sa place la loi des Mazdezants, c'est-à-dire des serviteurs d'Ormuzd. Excité ainsi par deux passions également puissantes, l'ambition et la haine contre le christianisme, qu'il avait jadis professé, l'apostat Méroujan parcourut l'Arménie, brûlant et renversant les églises, les oratoires, les hospices et tous les édifices élevés et consacrés par le christianisme. Sous divers prétextes, il s'emparait des prêtres et des évêques, et aussitôt il les faisait partir pour la Perse, comptant que l'éloignement des pasteurs faciliterait d'autant son entreprise. Son zèle destructif ne se borna pas là : pour séparer à jamais les Arméniens des Romains, et pour porter des coups plus décisifs à la religion chrétienne, il fit brûler tous les livres écrits en langue et en lettres grecques, et il défendit, sous les peines les plus sévères, d'employer d'autres caractères graphiques que ceux qui étaient en usage chez les Perses.

Des mesures aussi tyranniques ne s'exécutaient pas sans de sanglantes persécutions; aussi l'Arménie souffrit-elle des calamités inouïes. Les princesses qui étaient retenues prisonnières furent exposées à de nouveaux outrages. Pour les deux apostats, leur fanatisme ne fut pas arrêté par la parenté qui les unissait à ces femmes infortunées. Ils voulurent les contraindre de renoncer à la religion chrétienne pour adorer le feu, à la manière des Perses. N'y réussissant point, ils commandèrent de les dépouiller et de les suspendre ainsi, attachées par les pieds, à des gibets placés sur de hautes tours, pour que tout le pays fût frappé d'épouvante à la vue de ces terribles supplices. Ainsi périrent misérablement une foule d'honorables princesses, parmi lesquelles la propre sœur d'un des apostats, qui avait ordonné sa mort. Par un raffinement de barbarie, elle fut livrée aux bourreaux dans la ville même où elle résidait ordinairement; c'était la capitale de sa souveraineté, la ville de Sémiramis. Malgré tant de cruauté, les deux apostats séduisirent peu de monde; l'un d'eux vit même son propre fils, par horreur de son apostasie, prendre les armes, lui déclarer la guerre et le mettre à mort.

La reine Pharandsem, assiégée dans la forteresse où elle s'était retirée, eut l'adresse de gagner les chefs des assiégeants et d'envoyer son fils Bab sur les terres des Romains, d'où il revint bientôt avec une faible escorte, que grossirent les seigneurs fugitifs, et qui mit en déroute l'apostat Méroujan. Sapor, rentré en Arménie, poursuivit le jeune roi, qui se retira dans les montagnes. Sa mère Pharandsem, forcée de se rendre à Sapor, fut abandonnée à tous les outrages de la soldatesque, et ensuite empalée. Après le départ de Sapor, Bab descendit des montagnes. Son général Mouchegh, fils de Vasag, réussit non seulement à chasser les Perses de l'Arménie, mais à les attaquer chez eux. Il gagna, entre autres, sur Sapor en personne, une bataille terrible, où il y eut, parmi les prisonniers, la femme même du monarque persan, un grand nombre d'autres princesses, et beaucoup d'officiers et de généraux. Mouchegh, pour venger la mort de son père, fit écorcher vifs ces derniers, et envoya à son souverain leurs peaux garnies de paille; quant à la reine et autres captives, il les traita avec les plus grands égards, défendit qu'on se permît envers elles la moindre insulte; puis il leur donna la liberté et les renvoya avec honneur auprès de Sapor, qui ne fut pas moins touché de sa générosité qu'effrayé de sa valeur [1].

Nous l'avons vu, Arsace était mort par le suicide, et son fils Bab lui avait succédé. Saint Nersès revint alors au milieu de son troupeau et réunit à Vagharchabad un synode pour y confirmer le roi et les princes dans la foi catholique.

Ce fut pendant la guerre que Bab soutint contre les Perses que ce grand patriarche, au combat de Dziran, implora Dieu sur le mont Nébad en faveur de ses compatriotes, et renouvela le miracle de Moïse priant sur la montagne pour le triomphe des Israélites. Les Arméniens avaient l'avantage ou le désavantage, suivant que leur saint patriarche élevait ou abaissait les mains dans sa prière [2].

---

[1] *Histoire du Bas-Empire*, add. de SAINT-MARTIN.
[2] Jean Catholicos rapporte le même fait dans son *Histoire de l'Arménie*, ch. IX.

Le roi Bab n'avait point persévéré dans ses bons sentiments; il se livrait à la débauche. Saint Nersès, voyant ses remontrances paternelles inutiles, lui interdit l'entrée de l'église, et ce fut la cause de la mort de ce grand patriarche. Le roi lui fit boire un breuvage empoisonné; le saint prédit alors les malheurs que les Arméniens et les Grecs s'attiraient par leur révolte contre Dieu et son Eglise, et mourut en priant dans l'église du village de Khakh, dans le canton d'Eguéghiats. Deux solitaires virent les anges transporter son âme au séjour des bienheureux. Il avait occupé le siège de saint Grégoire trente-quatre ans, et sa mort causa un deuil universel dans l'Arménie [1].

CHAHAG DE MANAZGUERD, 7ᵉ PATRIARCHE CATHOLIQUE
(404-408).

Il était de la famille d'Albianus et d'une haute vertu.
Il occupa le siège patriarcal durant quatre ans [2].
Il eut pour successeur Zavène.

ZAVÈNE, 8ᵉ PATRIARCHE CATHOLIQUE
(408-411).

Zavène était du village de Manavazguerd. Malheureusement il ne porta pas sur le siège patriarcal les vertus de ses prédécesseurs. Homme mondain, il établit pour les prêtres de son temps la coutume de porter l'habit militaire. Il était recherché dans ses vêtements et ne songeait qu'aux plaisirs de la table.

---

(1) Résumé de la vie de saint Nersès par l'auteur anonyme du vᵉ siècle. — *Histoire du Bas-Empire*, addit. de SAINT-MARTIN.
(2) Moïse de Khorène, liv. III, ch. XXXIX.

Au bout de trois ans, il alla rendre compte à Dieu de sa triste administration (1).

ASBOURAGUÈS, 9ᵉ PATRIARCHE CATHOLIQUE
(411-416).

Asbouraguès était de la race de l'évêque Albianus. C'était un homme juste, marchant en la présence de Dieu et pénétré de l'esprit chrétien. Il passa toute sa vie dans le jeûne et la prière; néanmoins il n'osa jamais reprendre qui que ce fût, et ne changea rien à l'ordre établi par Zavène touchant les vêtements du clergé. Son patriarcat dura cinq ans (2).

S. ISAAC Iᵉʳ DIT LE GRAND, 10ᵉ PATRIARCHE CATHOLIQUE
(416-467).

Saint Isaac succéda à Asbouraguès. Fils de Nersès le Grand, il était le dernier de la race de saint Grégoire l'Illuminateur, et avait hérité de toutes les vertus de ses ancêtres. Il savait unir la vie contemplative à la vie active. Il avait réuni soixante disciples, qui, portant le cilice et une ceinture de fer et marchant nu-pieds, le suivaient partout (3). Il tint un synode à Vagharchabad pour réformer les abus qui s'étaient glissés dans le clergé. Mais l'événement le plus remarquable de son patriarcat fut la composition de l'alphabet arménien, qui remplaça les lettres syriaques et grecques, jusqu'alors en usage en Arménie.

Le moine saint Mesrop, avec le concours de saint Isaac, en

---

(1) Fauste de Byzance, liv. VI, ch. II.
(2) Fauste de Byzance, liv. VI, ch. IV et XV.
(3) Moïse de Khorène, liv. III, ch. XLIX.

dota sa patrie. Mesrop était distingué par ses connaissances dans les langues grecque, persane et syrienne, ainsi que par la perspicacité de son esprit. Le patriarche Nersès en avait fait son secrétaire. Après la mort de Nersès, il remplit les mêmes fonctions auprès du roi Varaztad. Plus tard il embrassa l'état ecclésiastique et se confina dans une retraite pour se livrer avec plus de tranquillité à l'étude des lettres. Quand Isaac fut monté sur le trône patriarcal, il le pressa de venir auprès de lui, et il le fit son coadjuteur. Le premier et le plus ardent de ses soins fut de poursuivre les idolâtres qui restaient encore en Arménie, mesure qu'il regardait comme non moins utile à la religion qu'à l'Etat; parce que ces dissidents, ennemis des rois chrétiens, étaient toujours prêts à soutenir les Persans ou à exciter des révolutions intestines.

Mesrop, considérant de plus que la communauté de l'alphabet en usage en Arménie et en Perse était un grand obstacle à l'adoption universelle de la religion chrétienne, par la facilité qu'on avait de se procurer des livres proscrits, tandis que nos livres saints, écrits dans des langues et des lettres étrangères, n'étaient à la portée de personne, résolut, de concert avec le patriarche Isaac, de composer un alphabet qui fût particulier aux Arméniens, et de faire faire une traduction complète de l'Ecriture en leur langue. Cet alphabet, composé de trente-six lettres, auxquelles, depuis, on en ajouta deux, fut tiré de plusieurs signes de l'ancienne écriture du pays, joints à d'autres inventés exprès. Il fut mis en usage et adopté dans toute l'Arménie par l'ordre du roi Bahram Sapor. On envoya ensuite un grand nombre de jeunes gens, et parmi eux, le célèbre historien d'Arménie, Moïse de Khorène, étudier la langue grecque dans les écoles d'Antioche, d'Edesse, d'Alexandrie, de Constantinople et d'Athènes. Ils en rapportèrent, au bout de plusieurs années, une collection de livres grecs, traduits ou en langue originale; et l'Eglise d'Arménie posséda une version complète de la Bible. Mesrop alla en Ibérie ou Géorgie, et, de concert avec le roi Arzil et l'évêque Moïse, il y établit l'usage d'un alphabet de trente-huit lettres, semblable à celui d'Arménie. Il en fit autant en Albanie, quelques années après, de concert avec le roi Arsvalé et l'évêque Jérémie. Cet alphabet est perdu maintenant; mais celui d'Ibérie est encore en usage chez les Géorgiens pour les livres d'église. C'est aux savants travaux de ces deux saints personnages qu'on doit la conservation de la langue et de la littérature arméniennes, qui, sans cela, auraient fini par se confondre avec celles des Persans ou des Syriens [1]. Par ordre du patriarche Nersès, des écoles furent ouvertes dans toutes les provinces et dans tous les villages pour y étudier les nouveaux caractères. Le saint patriarche se livra avec ardeur à la traduction des livres syriaques, dont on se servait alors à la place des livres grecs, brûlés par Méroujan. Il coopéra à la traduction de l'Ancien et du Nouveau Testament, faite par saint Mesrop, avec l'aide de ses disciples, Jean d'Eguéghiats et Joseph de Baghin [2]. Déjà une première traduction des Ecritures avait paru lors de l'invention des caractères arméniens; mais après le concile d'Ephèse, saint Isaac reçut des copies authentiques de la Bible, et sur elles fut refaite la traduction des Livres saints. C'est de cette nouvelle traduction qu'il s'agit ici, et c'est elle qui fut adoptée par le concile d'Achdichad, en 434 [3]. Ce fut sous le pontificat de saint Isaac que se réunit, en 431, sous la présidence des légats du pape

---

(1) SAINT-MARTIN, *Mémoires sur l'Arménie*.

(2) GORIOUN, *Biographie de saint Mesrop*. Lazare DE PHARBE, *Histoire d'Arménie*, § 2. Moïse de Khorène, liv. III, ch. LIII.

(3) Moïse de Khorène, liv. III, ch. LXI.

saint Célestin, le concile œcuménique d'Ephèse, où Nestorius fut anathématisé et la maternité de la Vierge proclamée. Saint Isaac n'y assista point; mais prévenu par les Pères du concile que Théodore de Mopsueste (Missis), maître de Nestorius, cherchait à infester l'Arménie des erreurs qu'ils venaient de condamner, Isaac chassa avec empressement hors du pays cet hérétique opiniâtre et ses adhérents, pour conserver intacte la doctrine de l'Eglise catholique [1]. Saint Isaac convoqua un synode à Achdichad, y reçut les lettres et les canons de ce saint concile contenus en six chapitres, et les fit traduire en arménien [2].

L'Arménie, qui depuis quelques années avait été partagée entre les Perses et les Romains, eut beaucoup à souffrir de la guerre que ces deux peuples se firent à cette époque. Elle servait souvent de passage et de champ de bataille aux deux armées ennemies. De plus, la portion de l'Arménie qui dépendait des Perses se souleva et chassa les troupes persanes pour recouvrer son indépendance. Le patriarche Isaac, accablé d'années (il avait alors plus de quatre-vingt-dix ans), ne trouvant plus de sûreté dans un pays aussi agité, quitta l'Arménie persane pour se retirer sur le territoire romain. Il y fut suivi par son petit-fils Vartan, prince des Mamigoniens, cette famille impériale de Chine, par Mesrop et par un très grand nombre de ses disciples. Isaac ne fut pas reçu dans l'Arménie occidentale avec tous les égards dus à sa haute dignité. Il écrivit, pour s'en plaindre, au maître de la milice Anatolius, au patriarche de Constantinople Atticus, et enfin à l'empereur lui-même. Vartan et Mesrop furent chargés de porter ses lettres à la cour. Théo-

---

(1) Gorioun, *Vie de saint Mesrop*, p. 14.
(2) Moïse de Khorène, liv. III, ch. LXI.

dose et le patriarche leur firent le plus grand accueil, et répondirent à Isaac dans les termes les plus affectueux. Le titre de général fut conféré à Vartan, et les ordres les plus précis furent adressés à tous les chefs civils et ecclésiastiques de ces cantons, pour que les fugitifs arméniens fussent traités avec la considération qui leur était due. Acace, évêque de Mélitène, Gind, évêque de la Derxène, et Anatolius n'épargnèrent rien pour satisfaire l'empereur. Isaac et ses disciples mirent à profit leur séjour dans l'Arménie romaine pour y répandre la connaissance du nouvel alphabet que le patriarche avait donné aux Arméniens, et pour y combattre les ennemis de la foi, qui y étaient en grand nombre. Bahram ou Vram, roi de Perse, ayant conclu la paix avec les Romains, envoya également porter des paroles pacifiques aux seigneurs insurgés de l'Arménie. Ceux-ci communiquèrent ces propositions au patriarche Isaac et le pressèrent de revenir parmi eux, pour les seconder par ses lumières et par son influence. Il laissa deux de ses petits-fils, frères de Vartan, dans l'Arménie romaine, pour y achever la conversion des hérétiques, particulièrement des Borborites, secte de gnostiques la plus décriée, et il partit aussitôt pour le pays d'Ararat, où il se hâta de convoquer les princes, afin de conférer avec eux sur les affaires générales du royaume. On convint d'envoyer supplier le monarque persan de rétablir sur le trône d'Arménie un roi du sang des Arsacides. Les députés furent bien accueillis par Bahram; on leur garantit l'entier oubli du passé et le libre exercice de leur religion; on leur accorda la paix et on leur donna pour roi Ardachir, fils de Bahram-Sapor, un de leurs derniers rois [1]. Mais les mœurs

---

(1) Moïse de Khorène, liv. III, ch. LVII et LVIII. *Histoire du Bas-Empire*, liv. XXX, ch. LIV et LVI.

dissolues de ce jeune monarque révoltèrent les satrapes arméniens, et ceux-ci supplièrent saint Isaac d'obtenir sa déposition. Le saint, prévoyant que cet esprit de rébellion achèverait la ruine de l'Arménie, refusa d'entrer dans le complot. Les seigneurs arméniens, irrités contre Isaac, mirent à sa place un intrus du nom de Sourmag, dont ils se lassèrent bientôt, et au bout d'un an ils demandèrent à Vram un nouvel intrus, Syrien de nation, du nom de Perkicho. Celui-ci se maintint trois ans sur son siège usurpé; cependant la dépravation de ses mœurs et ses folles dépenses finirent par exaspérer les seigneurs arméniens [1]. Ils supplièrent de nouveau Vram de leur donner un autre pontife. Mais ils se divisèrent en deux partis : ceux qui habitaient la Perse restèrent schismatiques, tandis que ceux qui appartenaient à la partie de l'Arménie relevant des Grecs retournèrent à l'obéissance de saint Isaac. Vram, qui l'avait mandé auprès de lui, lui proposa, avant de le laisser partir, de ne point s'associer à la fausse communion de la foi des Grecs.

Alors Isaac le Grand, debout au milieu de la nombreuse assistance qui entourait le roi, prononça un discours qui jeta la stupeur dans l'assemblée, et combattit avec force les paroles blasphématoires proférées par Vram contre la communion catholique. Vram, stupéfait de son éloquence et de son courage, lui fit offrir une grande somme d'argent. Saint Isaac refusa le présent et retourna en Arménie. Il se fixa au canton de Pakrévante, au lieu même où saint Grégoire avait baptisé le roi Tiridate. Cependant le second parti arménien, placé sous la domination de la Perse, se soumit à un troisième intrus que leur octroya Vram. Il avait nom Samuel. Ce pseudo-patriarche adopta

---

[1] Au rapport de Jean Catholicos, Perkicho était un homme impudent et dilapidateur dont la maison était administrée par une concubine (ch. IX, p. 48).

les habitudes de rapacité de Perkicho, et même le surpassa dans ses excès. Il extorquait les revenus des évêques morts et ceux des vivants. Il ne permettait pas à Isaac le Grand de consacrer les successeurs des évêques décédés, et sous de futiles prétextes, faisant la guerre à ceux qui étaient en vie, il les chassait et s'appropriait leurs maisons. Cet intrus finit par mourir au bout de cinq ans, au milieu du mépris universel. Alors tous les satrapes allèrent trouver saint Isaac, lui confessèrent leur faute et se soumirent à son autorité.

C'est en 451, c'est-à-dire seize ans environ avant la mort de saint Isaac, que se tint le saint concile de Chalcédoine, qui a été la pierre d'achoppement des Arméniens. Il fut assemblé contre Eutychès, archimandrite d'un monastère situé près de Constantinople. Eutychès était sorti de sa retraite pour combattre l'hérésie de Nestorius, qui supposait deux personnes en Jésus-Christ. Mais il tomba lui-même dans une hérésie nouvelle, qu'il se mit à répandre en 448. Il enseignait qu'il n'y avait qu'une nature en Jésus-Christ, la nature divine, par laquelle avait été absorbée la nature humaine comme une goutte d'eau l'est par la mer. C'était la négation totale du mystère de l'Incarnation.

Le pape saint Léon le Grand, de concert avec l'empereur Marcien, convoqua le concile, qui se réunit à Chalcédoine. Les légats du souverain Pontife étaient Lucentius, évêque d'Ascoli, Pascasin, évêque de Lilybée, et les deux prêtres Basile et Boniface. Cinq cent vingt évêques étaient présents au concile, qui s'assembla dans l'église de Sainte-Euphémie, martyre.

Si l'on ne voit pas figurer le grand patriarche saint Isaac parmi les Pères de ce concile, c'est que les troubles qui affligèrent l'Arménie dans les dernières années de sa vie l'empêchèrent de s'y rendre. Cinq de ses évêques, néanmoins, au

Arménie. — Vue générale d'Erzeroum

rapport de Baldjian, y assistèrent et en souscrivirent les définitions dogmatiques. C'étaient Manassé, évêque de Théodosiopolis (Glarine ou Erzeroum); Papias, évêque d'Eriza; Proclus, évêque d'Argiza; Cyriaque, évêque d'Eguéghiats; enfin l'évêque de Vagharchaguerd.

Dans l'assemblée conciliaire on donna lecture de la lettre du souverain Pontife à saint Flavien, patriarche de Constantinople, qui, deux ans auparavant, avait péri à Ephèse, victime des violences des eutychéens. Cette lettre contenait la condamnation de l'eutychianisme. Les Pères du concile s'écrièrent alors que Pierre avait parlé par la bouche de Léon, anathématisèrent Eutychès, déposèrent Dioscore, son partisan, patriarche d'Alexandrie, et définirent la dualité des natures en Jésus-Christ dans l'unité de personne.

Nul doute qu'Isaac n'ait adhéré à ce concile comme il avait adhéré à celui d'Ephèse. Lui qui enseignait à son peuple, dans son homélie sur l'Eglise, que Pierre est le prince de l'ordre apostolique, a dû, au fond de l'Arménie ou de la Perse, où le retenait le malheur des temps, répéter le cri des Pères de Chalcédoine, qui saluèrent la condamnation d'Eutychès par le Pape en disant : Pierre a parlé par la bouche de Léon.

Le saint était au bout de sa longue carrière; il mourut dans le village de Plour, situé dans le canton de Pakrévante, après cinquante et un ans de pontificat. Avant de rendre son âme à Dieu, il bénit ceux qui l'entouraient en leur recommandant d'être fidèles à la doctrine de saint Grégoire l'Illuminateur. Ses restes précieux furent transportés avec pompe à Achdichad, au canton de Daron. Dieu honora son tombeau par de nombreux miracles [1].

---

(1) Moïse de Khorène, liv. III, derniers chapitres.

Six mois après mourut aussi le bienheureux Mesrop Machdots [1], qui était vicaire patriarcal à Vagharchabad.

S. JOSEPH Ier DE KHOGHOTSIM, 11e PATRIARCHE CATHOLIQUE (467-478).

On a déjà sans doute remarqué le fait déplorable de l'immixtion de la puissance séculière dans les affaires ecclésiastiques, et la lamentable soumission d'une partie des Arméniens aux intrus que le roi païen des Perses leur imposait. Cette funeste ingérence devait, plus tard, s'accentuer davantage et bouleverser la foi catholique en Arménie; mais n'anticipons pas sur les événements.

Après la mort de saint Isaac, Iezdedjerd II, successeur de Vram, fondit avec une armée sur l'Arménie, qui relevait de Constantinople, et il exigea que l'intrus Sourmag fût revêtu de nouveau de la dignité patriarcale. Les Arméniens n'osèrent pas résister de front aux volontés du monarque infidèle; ils prirent un biais et reconnurent, avec le titre de suppléant patriarcal, Joseph de Khoghotsim, prêtre de Vaïotz-dzor. Cet état de choses dura six années. Sourmag étant mort après ce laps de temps, Joseph fut sacré évêque et exerça sans conteste le pouvoir patriarcal [2].

Ce fut de son temps qu'éclata une terrible persécution contre l'Eglise catholique. L'empereur Théodose le Jeune, occupé ailleurs, ne put venir au secours des Arméniens, et ceux-ci furent livrés à toute la fureur d'Iezdedjerd. Il commença par confisquer les richesses des chrétiens. Un des premiers qui confessèrent

---

(1) L'inventeur des caractères arméniens.
(2) Moïse de Khorène, liv. III, ch. LXVII, et Jean Catholicos, historien d'Arménie, p. 49.

la foi catholique fut un jeune satrape du nom de Karékin. Iezdedjerd parlait un jour, en sa présence, contre la passion de Jésus-Christ; le jeune Karékin lui dit : « O roi valeureux, d'où as-tu appris ces détails sur le Seigneur? » Le roi lui répliqua : « On a lu devant moi les livres de votre secte. » Le jeune homme reprit alors : « O roi, pourquoi n'as-tu lu que jusqu'à cet endroit? Fais poursuivre ta lecture et tu apprendras sa résurrection, son apparition à beaucoup de personnes, son ascension au ciel, où il est assis à la droite du Père, la promesse d'une seconde apparition, en vue d'opérer pour tous une résurrection miraculeuse, et la rétribution définitive de son arrêt équitable. » Quand le roi entendit ces paroles, il se prit à rire aux éclats, et dit : « Tout cela est un mensonge. » Le champion du Christ répondit : « Si les souffrances corporelles te semblent croyables, crois encore davantage à sa seconde et redoutable apparition. »

A ces mots, le roi exaspéré livra l'héroïque jeune homme aux bourreaux. On lui lia les pieds et les mains, on lui fit endurer pendant deux ans de cruels supplices, et, après lui avoir enlevé sa dignité, on lui arracha la vie, et son âme s'envola au ciel.

Les vexations continuèrent sous toutes les formes; les impôts furent doublés; les églises et les monastères, qui avaient été jusqu'alors exempts de contributions, furent taxés comme les propriétés séculières; et les charges imposées aux Arméniens furent exorbitantes. Mais les catholiques demeurèrent fermes dans leur foi et lassèrent la patience du persécuteur, qui ne les croyait pas capables de souffrir si longtemps et avec tant de résignation pour leur religion.

Voyant que rien ne pouvait ébranler leur constance, Mihir-Nerséh, ministre du tyran, lança une proclamation aux habitants de la Grande-Arménie, dans laquelle il fit l'éloge du mazdéisme, insulta à Jésus-Christ, et invectiva contre les ministres de la religion chrétienne. Le patriarche saint Joseph convoqua, dans la ville de Vagharchabad, une assemblée où se trouvèrent dix-sept évêques, dix-huit princes, et un nombre considérable de prêtres et de laïques, et au nom de toute sa nation il répondit au manifeste idolâtrique par une réfutation des erreurs du magisme et par une éloquente apologie de la foi catholique. Il terminait par ces mots énergiques : « Le Christ est mort pour nous; nous, nous mourrons pour lui. »

Iezdedjerd fut irrité au dernier point par la réponse du clergé arménien, et il résolut de mettre tout en œuvre pour triompher de sa résistance. Il envoya de nouveaux ordres en Arménie. Il commanda à tous les princes de se rendre sans délai à sa cour, menaçant de mettre tout à feu et à sang dans leur pays, s'ils différaient un instant d'obéir à sa volonté. Ils se mirent tristement en route, avec les princes de l'Ibérie et de l'Albanie, qui avaient reçu les mêmes ordres. Mais en partant, ils jurèrent, entre les mains du patriarche, de résister aux menaces et aux séductions du roi, et de persister dans la foi chrétienne, quoi qu'il pût arriver. Iezdedjerd leur reprocha une désobéissance et une obstination qui allaient ramener la destruction de leur pays : « Séparés de vos femmes et de vos enfants, disait-il, vous serez déportés sur les frontières de l'Inde; je ferai égorger vos prêtres, brûler vos églises et les tombeaux de vos martyrs; j'écraserai l'Arménie sous les pieds de mes éléphants, j'enverrai dans le Koujasdan (l'ancienne Susiane), le reste de votre nation, si vous ne voulez point adorer le grand Dieu, créateur du soleil, si vous refusez de vénérer le soleil, le feu, l'eau et tous les éléments, et si vous continuez d'enterrer les morts. » Les seigneurs arméniens ne furent point effrayés de toutes ces menaces ; ils rappelèrent leur fidélité, invoquèrent les promesses et les garanties données par les rois, ses prédécesseurs, et renouvelées par lui-même, et protestèrent que rien ne pourrait les décider à renoncer à leur religion, même la perspective des plus cruelles tortures. Le roi réitéra plusieurs fois ses instances et ses menaces; tout fut inutile. Alors, après les avoir accablés d'insultes et d'outrages, il les fit charger de fers et les remit au bourreau, qui les conduisit en prison. Pendant que les princes s'attendaient aux derniers tourments, un eunuque, attaché au service de la cour et qui était secrètement chrétien, leur fit entendre qu'ils pourraient se préserver du sort affreux qui les menaçait, eux, leurs familles et leurs compatriotes, en feignant d'obéir au commandement du roi, et qu'en sauvant leurs personnes, il leur serait possible de sauver leur pays. Plusieurs d'entre eux prêtèrent l'oreille à cet avis. Mais quand ils le proposèrent à Vartan le Mamigonien, il le repoussa avec horreur, préférant les plus cruels supplices à un subterfuge aussi lâche et aussi infâme que l'apostasie elle-même. Ils revinrent plusieurs fois à la charge et employèrent les séductions de l'amitié. Ceux en qui il avait le plus de confiance s'efforcèrent de lui faire sentir combien il importait d'employer la ruse; que le salut de leur pays, celui même de la religion, l'exigeait, puisque, sans leur assistance, il était évident que l'Arménie ne pourrait résister aux ordres du roi de Perse. Enfin, tous les princes jurèrent sur l'Evangile de faire ensuite tout ce que Vartan réclamerait d'eux pour le salut des chrétiens de l'Arménie, de l'Ibérie et de l'Albanie, ne lui demandant pas autre chose que de les aider à les tirer du péril imminent où ils se trouvaient. Vartan ne put résister à tant d'instances, et il se résigna en pleurant à feindre l'apostasie pour sauver les siens.

Bientôt on sut en Arménie que le prince mamigonien et les

seigneurs avaient apostasié, et qu'ils revenaient avec une suite de sept cents mages pour achever la perversion du pays. Cette triste nouvelle frappa de stupeur tous les évêques qui ne s'étaient pas encore séparés. Néanmoins, ils ne perdirent pas courage, et ils résolurent, sans hésiter, de se dévouer au martyre plutôt que d'obéir aux ordres tyranniques du roi, et que d'imiter la lâche défection des grands, dont ils ignoraient les véritables desseins. Ils se répandirent dans le pays pour inspirer à tous les habitants leur généreuse résolution. Leurs exhortations ne furent pas vaines. Tous, hommes et femmes, nobles et paysans, prêtres et moines, répondirent à leur appel, et on se disposa à repousser par la force les étrangers et les apostats. Les mages ne tardèrent pas à arriver avec les princes; ils entrèrent dans la partie orientale du royaume, s'avancèrent jusque dans le centre de l'Arménie, et campèrent devant une plate-forme nommée Angel. Le prêtre Léonce, disciple de saint Mesrop, qui jouissait alors d'une grande considération parmi les siens, y vint pour encourager les habitants et soutenir leur zèle contre les attaques des Perses. Son arrivée fut le signal de l'insurrection; les mages, qui voulaient s'emparer de la principale église, furent chassés par le peuple et contraints de se réfugier dans le camp. Le soulèvement fut bientôt général : les prêtres et les femmes elles-mêmes coururent aux armes. Le patriarche Joseph se mit à la tête de cette multitude et prit ses mesures pour chasser les infidèles. La plupart des Arméniens qui se trouvaient dans le camp persan allèrent le rejoindre. Bientôt les étrangers idolâtres sont repoussés. Les nombreuses forteresses, dont les Persans avaient couvert le pays, sont détruites, et tout ce qui tombe sous la main des Arméniens est emmené en captivité, hommes, femmes et enfants. Les temples des mages sont renversés, et les ornements qui les décorent servent à embellir les églises du vrai Dieu. De cette manière, dit l'historien Elisée, à la place des idoles, on vit briller la croix du Christ Rédempteur, et tous les cœurs s'ouvrirent à l'espérance. Comme la puissance des Perses était trop formidable pour que les Arméniens pussent résister seuls à de nouvelles attaques, saint Joseph implora le secours de l'empereur Théodose le Jeune. Dans sa lettre, le patriarche lui disait, au rapport du même auteur, pour l'exciter à intervenir : « Les Perses veulent détruire la foi que nous avons reçue du saint qui est à Rome, foi qui a illuminé de son éclat nos ténébreuses régions septentrionales. » Mais la mort de ce prince anéantit toutes les espérances des Arméniens de ce côté. Réduits à leurs propres forces, ils en appelèrent à leur courage.

Sur ces entrefaites, Vartan expédia un message secret au patriarche pour l'instruire de ses vrais sentiments, et lui donner l'espérance qu'il ne tarderait pas à le rejoindre à son tour. Le chef des mages, effrayé de l'orage qui le menaçait, résolut avec les siens de renoncer à la force ouverte, et d'employer des moyens détournés. On apaisa le peuple, en affectant de ne pas vouloir le contraindre d'adopter la loi persane. Mais on dispersa des mages dans tout le pays, pour y semer leur doctrine et la propager par la corruption, les caresses et les présents. Ces artifices pervertirent un grand nombre d'Arméniens. Par ces manœuvres perfides, la religion éprouvait tous les jours de nouvelles pertes : les mages faisaient sans cesse des progrès; ils se répandaient et s'introduisaient partout. La grande église de la capitale avait été transformée en pyrée : on adorait le feu, au lieu même où naguère on adorait le Christ. Encore quelque temps et c'en était fait de la religion chrétienne en Arménie. A cette vue, Vartan prit le parti de se déclarer et d'attaquer ouvertement les Perses. Il rassembla tous les seigneurs. Le patriarche Joseph leur donna solennellement l'absolution de leurs péchés, et, en sa présence, ils se lièrent par les plus terribles serments, et jurèrent de vaincre ou de mourir pour la foi de leurs pères. Ils choisirent Vartan pour leur général. Celui-ci se jette aussitôt sur les Perses, les attaque avec impétuosité, les met en déroute, en tue un grand nombre, disperse ou fait prisonnier le reste et s'empare d'un immense butin. Sans tarder, il parcourt toute l'Arménie et détruit les pyrées et les autels consacrés à l'idolâtrie, et fait passer au fil de l'épée tous les déserteurs de la foi chrétienne.

Cependant l'apostat Vasag, prince Siounien, nommé Marzban par Iezdedjerd II, était revenu à la charge avec une armée formidable. Vartan prit alors la résolution de se dévouer au martyre avec tous les siens. Il convoqua dans la ville d'Artaxate, quelques jours avant l'Ascension, tous ceux des princes qui étaient demeurés fidèles à leurs serments. Un grand nombre répondirent à cet appel, et les troupes qu'ils amenèrent ne montaient pas à moins de soixante-six mille combattants. Le patriarche Joseph, l'évêque Isaac, le prêtre Léonce et quelques autres ecclésiastiques d'un rang inférieur, assistèrent à cette réunion pour exhorter les guerriers, qui se dévouaient au martyre, et leur distribuer les secours spirituels.

Après avoir mis en déroute un corps d'ennemis assez considérable, on alla camper en face de l'armée persane, le vendredi avant la Pentecôte, dans une grande plaine, au pied du mont Ararat. Un fleuve séparait les deux armées. Après avoir donné du repos à ses soldats, Vartan les fit, le lendemain, ranger en bataille, et il les harangua pour faire passer dans leur cœur le courage et l'espérance qui étaient dans le sien. Il leur peignit si vivement la gloire immortelle et les récompenses éternelles qui les attendaient, vainqueurs ou vaincus, morts ou triomphants, qu'il porta au comble l'impatience où ils étaient d'en venir aux mains. Tels que d'autres Machabées, ils appelaient à grands cris l'ennemi, et leurs chefs purent à peine les empêcher d'engager le combat avant l'instant marqué. Au lever du soleil, les prêtres parcoururent les rangs et administrèrent le baptême à tous ceux qui le demandaient. On célébra ensuite les saints mystères en rase campagne, en présence, pour ainsi dire, de l'Arménie tout entière, et bientôt on donna l'ordre de marcher aux ennemis. La bataille fut longue et opiniâtre. A la fin, des traîtres ou des hommes timides lâchèrent pied et répandirent le désordre dans l'armée chrétienne. Le brave général Vartan cueillit dans cette journée la palme du martyre; il périt au fort de la mêlée, après des prodiges de valeur, et sa mort ne fit qu'exciter les adorateurs du feu, qui firent main basse sur tous ceux qui leur résistaient. Les débris de l'armée arménienne se réfugièrent dans une forteresse, que le manque de vivres et les assauts réitérés des Persans les forcèrent bientôt d'abandonner. Sept cents hommes se frayèrent un passage au milieu des ennemis et opérèrent leur retraite; le reste fut massacré. L'apostat Vasag fut investi du gouvernement du pays; mais ses compatriotes rougirent de se soumettre à son autorité. Aussi les voyait-on déserter en foule les villes et les bourgades et se réfugier dans les retraites inaccessibles des montagnes. Vivre à la manière des bêtes sauvages au fond des antres leur paraissait préférable à une vie tranquille dans leurs demeures achetée au prix de l'apostasie. Ils se nourrissaient, sans murmurer, d'herbes et de racines; ils se consolaient par le chant des psaumes et par la lecture des livres saints. Toutes leurs espérances étaient en Dieu; la seule demande qu'ils lui faisaient, c'était de ne les rendre pas témoins de la ruine de la sainte Eglise (1).

L'apostat Vasag et ses partisans montraient dans cette guerre bien plus d'acharnement contre les Arméniens que les généraux et les soldats persans. Ceux-ci n'avaient pas eu de peine à reconnaître combien il était difficile, et même injuste, de vouloir contraindre un peuple tout entier à renoncer à sa religion et à ses usages nationaux. Ils reconnaissaient que les intrigues, la perfidie et l'ambition de Vasag étaient les seules causes d'une guerre aussi désastreuse pour la Perse que pour l'Arménie, puisque le roi était obligé de sacrifier beaucoup de soldats pour dompter des sujets braves et fidèles, que le désespoir seul avait réduits à la nécessité de prendre les armes. Le général en chef fut indigné des horreurs que commettait Vasag, et il écrivit à sa cour pour faire connaître la véritable situation des affaires.

Après quelques autres événements, le patriarche, les princes et les prêtres furent emmenés en Perse pour y être jugés devant un grand conseil de la nation. L'apostat Vasag, qui s'attendait aux plus magnifiques récompenses, y parut parmi les juges dans le costume le plus somptueux; il était brillant d'or et de pierreries, et une multitude de serviteurs le suivaient. Le roi présidait en personne cette assemblée. Les captifs furent amenés en sa présence, chargés de fers. Iezdedjerd leur reprocha vivement leur rébellion et les maux qu'elle avait attirés sur l'Arménie, et il les somma de produire les moyens qu'ils pourraient faire valoir pour se justifier. Alors un d'eux, qui descendait de la famille royale des Arsacides, prit la parole; il représenta au roi que quand il avait voulu, dans l'origine, les contraindre d'abandonner la religion de leurs pères, ordre plus

---

(1) Eug. Boré, p. 87.

cruel pour eux que la mort, aucun n'avait songé à se révolter ou à résister, les armes à la main, aux volontés du roi, mais qu'ils avaient préféré abandonner leurs femmes et leurs enfants pour fuir sur une terre étrangère. Il appela, en témoignage de la vérité de ses paroles, les plus illustres seigneurs de la Perse, qui étaient présents. Prenant ensuite la défense de la mémoire de Vartan, il attesta que jamais ce généreux guerrier n'avait eu d'autre dessein; qu'il voulait se retirer chez les Romains, pour y pratiquer librement sa religion; que Vasag seul l'avait empêché d'accomplir cette résolution; que c'était lui qui, par ses lettres et ses envoyés, avait arrêté et Vartan et les principaux seigneurs; que lui-même, qui parlait, avait déféré aux pressantes invitations de Vasag, en décidant Vartan à rester en Arménie; que Vasag lui avait écrit pour l'assurer qu'il serait soutenu par l'empereur; que c'était lui qui avait contracté alliance avec les Ibériens, les Albanais et les Huns, pour faire la guerre au roi; que les lettres adressées à l'empereur, aux grands de sa cour, au comte d'Orient, étaient écrites en son nom et revêtues de son sceau; que c'était lui qui avait ordonné le massacre des mages, et qu'après avoir entraîné les princes dans l'insurrection, il les avait indignement trahis. Tous les princes captifs confirmèrent, par leurs serments, les paroles de l'orateur. On produisit les preuves authentiques de la double trahison de Vasag. Le roi irrité l'interpella vivement. L'apostat ne sut que répondre. Tout le monde resta convaincu de sa perfidie. Alors on le dépouilla ignominieusement de ses ornements magnifiques, on le chargea de fers et on le chassa de la salle, d'où il fut conduit dans la même prison où l'on détenait ceux qu'il avait trahis. Privé de tous ses biens, condamné à une prison perpétuelle, où il fut laissé dans le plus complet abandon, attaqué enfin d'une maladie horrible, il mourut quelques années après dans les plus cruelles souffrances, bourrelé de remords et de désespoir.

La punition de Vasag n'apporta aucun changement au sort des princes arméniens et des prêtres captifs. On continua de les détenir, exposés à toutes sortes de mauvais traitements, pour les contraindre de renoncer à leur religion. Les rigueurs d'une prison cruelle, les privations, la faim, la soif, la misère, les tourments, ne purent triompher de leur constance. Après trois ans de souffrance, le patriarche Joseph, l'évêque Isaac, le prêtre Léonce et leurs compagnons consommèrent leur sacrifice, le 31 juillet, après avoir tellement excité l'admiration et la compassion de leurs bourreaux, que l'un des principaux mages chargés de les persécuter se convertit à la foi chrétienne et s'associa à leur martyre [1].

Ainsi mourut le patriarche Joseph, après avoir confessé l'unité de l'Eglise. Une foule de martyrs scellèrent aussi de leur sang leur attachement à la foi catholique, qu'ils avaient reçue de saint Grégoire l'Illuminateur [2].

MÉLIDÉ DE MANAZGUERD, 12ᵉ PATRIARCHE CATHOLIQUE

(478-483).

La sixième année de Bérose ou Firouz, fils et successeur de l'impie Iezdedjerd, les Arméniens purent retourner en paix dans leur patrie. L'évêque Mélidé, élu dans un concile tenu à Thevin, succéda à saint Joseph; ce fut lui qui transporta de Vagharchabad dans cette dernière ville le siège patriarcal [3].

Il avait aussi défendu la foi par ses écrits.

---

(1) *Histoire du Bas-Empire*, liv. XXXIII, nº 34, 65, addit. de SAINT-MARTIN.
(2) Elisée Vartabed et Lazare de Pharbe.
(3) Lazare de Pharbe, § 53. Tchamtchian, t. II, liv. III, ch. XIII.

MOISE DE MANAZGUERD, 13ᵉ PATRIARCHE CATHOLIQUE

(483-491).

L'histoire ne signale rien de spécial sur ce patriarche.

KIUD D'ARAHÈZ, 14ᵉ PATRIARCHE CATHOLIQUE

(491-501).

Kïud succéda à Moïse dans le pontificat de l'Arménie.
Il était de la province de Daïk, du village d'Arahèz.

C'était un homme très versé dans les lettres arméniennes, plus habile encore dans le grec, éloquent et ingénieux dans l'enseignement de la doctrine. Il instruisait tout le peuple avec une clarté lumineuse. Sa parole, semblable à une pluie féconde, produisait des fruits abondants dans l'âme de ses auditeurs.

Cependant, les veuves des martyrs qui avaient répandu leur sang pour la foi sous Iezdedjerd avaient élevé, malgré leurs souffrances, avec la plus grande sollicitude, leurs enfants dans la crainte du Seigneur. Ceux-ci, ayant sucé la piété sur les genoux de leurs mères, furent les dignes fils des martyrs, et leur conduite formait un contraste frappant avec celle des infâmes apostats qui avaient courbé le front devant Bélial, et qui étaient devenus l'objet du mépris des païens eux-mêmes. Ils aimaient mieux supporter les injures pour le Christ et mourir pour la foi chrétienne que de se laisser séduire par de vains honneurs suivis de la damnation éternelle. Ils se pressaient autour de leur saint patriarche Kïud, qui ne cessait de pleurer sur le malheur de ceux de ses enfants qui, par lâcheté, étaient devenus adorateurs du feu. Pour arrêter les progrès de l'idolâtrie, qui s'étendait de jour en jour en Arménie, et pour mettre un terme aux insultes et aux vexations auxquelles ils étaient en butte, Kïud et les fidèles implorèrent plus d'une fois le secours de Léon Ier, empereur de Constantinople, qui avait succédé à Marcien, et qui s'était déclaré le défenseur du concile de Chalcédoine. Celui-ci consentit à leur venir en aide; mais le temps s'écoula sans qu'il agît en leur faveur, et cet atermoiement fit échouer leurs projets de délivrance. Kïud, voyant l'endurcissement des apostats qui résistaient à toutes les industries de sa charité, se mit à les attaquer ouvertement et avec indignation, et à favoriser et honorer le parti des fidèles catholiques. Il s'en prenait surtout à un homme ignoble, du nom de Makhas Katicho, qui était le chef du parti des apostats. Celui-ci, ne pouvant supporter le blâme du patriarche, alla le calomnier auprès du roi Bérose. Le roi entra dans une grande colère et ordonna à Kïud d'avoir à se présenter à sa cour pour y répondre aux accusations de son dénonciateur. Kïud partit aussitôt pour Ctésiphon, où résidait le monarque, et, à son arrivée, Bérose lui fit remettre le détail des imputations portées contre lui. Le patriarche y répondit victorieusement et convainquit le roi de son innocence. Plein d'admiration pour lui, Bérose voulut gagner à l'idolâtrie un si valeureux champion de la foi chrétienne; mais Kïud, alors âgé de quatre-vingt-dix ans, repoussa avec mépris la proposition du roi et lui fit porter une réponse si hardie, que le messager n'osa la transmettre à son maître que lorsque celui-ci lui permit de parler sans crainte. Le monarque persan, pour se venger, le déposa du siège patriarcal, sans néanmoins le jeter en prison ni attenter à sa vie. Kïud fut inconsolable de ne pas verser son sang pour la foi. Voyant que le roi lui laissait la liberté, il continua ses fonctions patriarcales, ordonna des prêtres et consacra des évêques. Les miracles qu'il fit alors lui gagnèrent l'estime des païens eux-mêmes. Bientôt il put retourner en Arménie. Là, il vécut plus vénéré encore qu'auparavant; parvenu à une extrême vieillesse, il s'endormit dans le Seigneur et fut déposé dans le tombeau de ses pères, au village nommé Otmésou-Kiogh, dans le canton de Vanante, de la province d'Ararat [1].

CHRISTOPHE Ier ARDZROUNI, 15e PATRIARCHE CATHOLIQUE (501-506).

Le successeur de Kïud fut Christophe Ardzrouni. De son temps, l'évêque nestorien Barsouma [2] chercha à répandre ses erreurs dans la Perse et dans l'Arménie. Le premier soin de cet hérétique fut de répéter sans cesse au roi Bérose que tant que les Arméniens suivraient la foi catholique, il lui serait impossible de les subjuguer entièrement. Par ses intrigues et ses calomnies auprès du roi de Perse, il fit périr beaucoup de seigneurs arméniens. A la vue du péril que courait son Eglise, le patriarche Christophe déploya un grand zèle pour défendre la foi du concile d'Ephèse contre ce perfide hérétique, et il envoya des circulaires pour prémunir les catholiques contre les doctrines perverses du nestorianisme. Alors Barsouma dénonça le vigilant patriarche au roi des Perses, en l'accusant de travailler à soustraire l'Arménie à son sceptre pour la faire passer sous celui des Romains; puis il se rendit en Arménie, où il chercha à se faire bien venir avec des paroles hypocrites. Mais le prince arménien Nerchabouh Ardzrouni ne fut pas la dupe

---

(1) Lazare DE PHARBE, *Histoire d'Arménie*, ch. LIV et LVI incl.

(2) Thomas Barsouma, évêque de Nisibe (435-489), propagateur ardent de l'hérésie de Nestorius en Perse. Il fit pendre par le doigt annulaire Babou, métropolitain de Séleucie sur le Tigre, et le fit frapper jusqu'à mort, parce qu'il l'avait excommunié. 7,700 catholiques périrent victimes de son fanatisme.

de cet évêque hérétique, et il lui intima, avec menace, l'ordre d'avoir à quitter le territoire de l'Arménie.

Ce fut ainsi que, grâce à la vigilance du patriarche Christophe et au zèle éclairé de Nerchabouh, l'Arménie fut préservée du nestorianisme [1].

JEAN Ier MANTAGOUNI, 16e PATRIARCHE CATHOLIQUE
(506-513).

Jean Mantagouni, né à Dzakhnod, dans le canton des Archarounis, était l'un des disciples de saint Isaac et de saint Mesrop. Il fut élevé au patriarcat à l'âge de soixante-quinze ans.

Malgré l'expulsion de Barsouma, la foi catholique continuait à courir les plus grands dangers dans l'Arménie; le nombre des apostats grossissait chaque jour; la consternation était générale, et le nouveau patriarche voyait avec douleur que Vahan lui-même, le chef de l'illustre famille des Mamigoniens, avait eu la faiblesse de céder aux caresses du roi de Perse et d'abandonner la religion de ses pères.

Cependant une révolution éclata dans un pays limitrophe, l'Ibérie. Uzden, le roi de cette contrée, avait embrassé le culte de Zoroastre, et il était devenu si odieux à ses sujets, par les persécutions dont il les accablait, qu'ils se soulevèrent. Il fut tué par un de ses parents, qui s'était mis à la tête des insurgés et qui se fit déclarer roi. Sans perdre de temps, le nouveau souverain rassembla des forces et se procura un corps auxiliaire des Huns, pour se défendre contre les Perses, dont il avait à redouter la vengeance.

Le roi de Perse ordonna aux Arméniens de marcher contre

---

[1] Thomas Ardzrouni, auteur contemporain du patriarche Christophe.

l'Ibérie. Les troupes persanes et les Arméniens apostats campaient séparés des Arméniens restés chrétiens. Dans cet isolement, ceux-ci se demandèrent s'il ne vaudrait pas mieux se joindre aux Ibériens, appeler les Romains, et, de concert avec eux, affranchir l'Arménie du joug des infidèles. Ils consultèrent Vahan pour se décider. Depuis longtemps celui-ci pleurait en secret son apostasie. Il exprima donc aux princes, en termes très vifs, toute l'amertume des regrets que lui inspirait le crime qu'il avait commis en abandonnant sa religion; il leur fit voir qu'il ne désirait plus rien que de pouvoir rétablir son honneur et mériter la miséricorde divine, en se dévouant pour la foi et en se délivrant d'une vie qui lui était odieuse. Cependant, tout bien considéré, ajoutait-il, il ne pouvait engager ses amis à entreprendre de lutter contre les Perses, dont il appréciait mieux que personne la puissance. Les princes ne furent point dissuadés par ses représentations; ils protestèrent que ce n'était ni dans l'alliance des Romains, ni dans le secours des Ibériens et des Huns qu'ils plaçaient leur confiance, mais que toute leur espérance était dans la miséricorde de Dieu et dans l'intercession des glorieux martyrs qui avaient donné autrefois leur sang pour l'Arménie, et dont ils brûlaient d'égaler la gloire; et ils ajoutèrent : Nous préférons tous périr en un seul jour sur le champ de bataille, que d'être plus longtemps témoins des humiliations continuelles que l'Eglise essuie. Vahan et ses frères ne purent résister à un si ardent enthousiasme, et, sans calculer davantage, ils déclarèrent ouvertement et jurèrent, sur les Evangiles, de combattre jusqu'à la mort pour la religion chrétienne et l'indépendance de leur pays.

Un traître se trouvait parmi eux. Il s'empressa d'informer l'autre parti de ce qui venait de se passer. A cette nouvelle, le général persan et les princes apostats, saisis d'une terreur panique, s'enfuirent au milieu de la nuit. Les chrétiens en profitèrent pour régulariser le gouvernement du pays. Le Mamigonien Vahan fut nommé commandant général des troupes; Isaac, prince des Pagratides, ancienne famille issue d'un juif emmené à Babylone par Nabuchodonosor après la prise de Jérusalem, fut nommé gouverneur civil. Le général persan, honteux de sa fuite, revint avec de plus grandes forces, mais il fut battu, tué sur le champ de bataille, et son armée mise en pleine déroute par quatre cents Arméniens, qui s'étaient dévoués pour leur patrie en recevant la bénédiction du patriarche Jean Mantagouni.

Au printemps de l'année suivante, le roi de Perse envoya une nouvelle armée. Elle fut encore battue et mise en fuite; deux des généraux ennemis furent retrouvés parmi les morts. Les Arméniens avaient été encouragés par la présence de leur patriarche, qui se trouvait lui-même, malgré son grand âge, au milieu des combattants et ne cessait de les exhorter au martyre. Au plus fort de l'action, Jean Mantagouni tomba de cheval et fut laissé pour mort sur le champ de bataille; mais le Christ regarda avec pitié son troupeau fidèle et lui ramena vivant sont saint pasteur.

Quelque temps après, les Arméniens éprouvèrent un grand revers par la perfidie de quelques traîtres. Le gouverneur Isaac et un frère de Vahan furent tués dans une rencontre. Vahan lui-même se vit poursuivi de montagne en montagne par le général persan, qui employait tous les moyens de la force et de la ruse pour le prendre. Sur ces entrefaites, le roi de Perse rappela inopinément son armée d'Arménie pour l'opposer aux Huns. Pendant sa retraite, le général persan se fit amener un prisonnier arménien, Iazd, prince de Siounie, et le menaça de le faire mettre sur-le-champ à mort s'il ne consentait pas à embrasser la religion de Zoroastre. Ce prince ne balança pas un instant; il fit sans hésiter le sacrifice de sa vie et reçut la couronne du martyre. L'Arménie était encore une fois délivrée, et Vahan, de concert avec les princes et les patriarches, s'occupa des moyens de rétablir les affaires du pays pour résister aux Perses.

En effet, un an ne s'était pas écoulé qu'une nouvelle armée persane se mit en campagne. Par la perfidie des traîtres et des apostats, les Arméniens essuyèrent encore un revers. Vahan fut encore réduit à faire la guerre de partisan. Il la fit avec une vigilance, une activité, un courage et des succès incroyables. Un jour qu'il attaquait un corps de quatre mille Persans, sa petite troupe, après un premier choc qui fut terrible, eut peur et prit la fuite. Il ne lui resta que vingt-neuf hommes. Ces trente braves ne furent point effrayés de l'abandon des autres; ils s'avancèrent lances baissées contre les Perses, dans l'espérance de se faire jour à travers leurs bataillons. Ils y réussirent. Quatre Arméniens fidèles, avec un Grec nommé Hipparque, se jettent au milieu des Arméniens infidèles, attaquent le prince apostat qui les commande, le renversent au milieu des siens, et périssent eux-mêmes après avoir immolé une multitude d'ennemis. Vahan et ses autres compagnons se couvrent également de gloire et forcent, par leurs exploits, l'admiration du général ennemi et de son armée. Ils s'arrêtent après le combat, à peu de distance du champ de bataille, et ils s'y reposent en présence de l'ennemi qu'ils viennent d'humilier et dont ils défient la puissance. Le général persan, qui sentait qu'après des événements pareils toute l'Arménie allait se soulever, prit le parti de se retirer. Bientôt il reçut la nouvelle de la mort du roi Bérose, avec l'ordre de venir promptement en Perse, pour régler avec les grands du royaume la succession au trône.

Bérose avait misérablement péri dans une embuscade des Huns avec ses vingt-neuf fils et toute son armée.

La Perse, épuisée d'hommes et d'argent, se trouvait dans un état déplorable. Les grands se réunirent à Ctésiphon et proclamèrent roi Vagharch, frère de Bérose. On lui remontra que c'était la violence, l'injustice, la tyrannie et l'aveuglement du roi défunt qui avaient produit les malheurs de la Perse. Le nouveau monarque était d'un caractère très doux et pacifique. Un de ses premiers soins fut d'apaiser la guerre d'Arménie. Les généraux persans, qui y avaient commandé, lui parlèrent avec admiration du prince mamigonien Vahan et lui exposèrent les vraies causes de l'insurrection, la tyrannie et les persécutions de Bérose. Vagharch envoya un nouveau gouverneur, avec une lettre pour Vahan, où il l'invitait à rentrer dans l'obéissance et à traiter de la paix à des conditions raisonnables. Vahan convoqua un grand conseil des princes pour discuter les propositions du roi de Perse. Ils répondirent d'un commun accord qu'ils ne refusaient pas de traiter avec les Perses et de se soumettre à l'autorité du roi, mais qu'il fallait avant tout leur accorder trois conditions essentielles garanties par la signature et le sceau du monarque, sans lesquelles ils ne pouvaient entendre à aucun arrangement, et étaient résolus de combattre jusqu'à la mort. La première était de leur accorder le plein et entier exercice de la religion chrétienne, la destruction de tous les pyrées et temples du feu construits en Arménie, ainsi que l'engagement de ne plus tenter de faire parmi eux des prosélytes au culte persan, et de ne conférer aucun honneur ou dignité à des Arméniens pour fait d'apostasie. La seconde condition était que dorénavant on rendît la justice et que l'on distribuât les récompenses selon les règles de la plus stricte équité et selon le mérite réel de chacun. Enfin, en troisième lieu, que le roi consentît à s'occuper lui-même de l'administration des affaires de l'Arménie et à n'en plus donner la direction à des étrangers.

Ces conditions préliminaires furent trouvées justes par le gouverneur et son conseil. L'acte de pacification fut rédigé sur ces bases, et envoyé au roi pour la ratification définitive. Vagharch faillit, en ce moment, être renversé du trône par la révolte de son frère Zareh. Un corps d'Arméniens marcha à son secours et fit des merveilles. La révolte ayant été comprimée, Vahan lui-même, accompagné de ses amis, se rendit à la cour du roi, qui en eut une joie extrême, et lui dit en plein conseil que ses demandes étaient justes, et qu'il n'était que trop vrai que son frère Bérose avait été, par sa tyrannie, la seule cause de l'insurrection des Arméniens et des malheurs de la Perse. Une paix perpétuelle fut conclue, signée aussitôt et scellée par le roi, qui nomma Vahan commandant de l'Arménie.

Quand ce dernier revint avec ses amis à Thevin, capitale du pays, le clergé tout entier et le vénérable patriarche Jean Mantagouni allèrent à leur rencontre, portant processionnellement les reliques de saint Grégoire, l'apôtre de l'Arménie.

Lorsque le patriarche les vit, il les embrassa, et, en les bénissant, il leur dit : « Mon âme tressaille dans le Seigneur, qui a essuyé les sueurs des fils de son Eglise, après les combats qu'ils ont soutenus pour le nom du Christ. Qu'il vous fasse la grâce de vous orner de cette brillante parure dont se revêtent les apôtres et les prophètes au jour du Christ. L'œil n'a point vu, l'oreille n'a point entendu, et le cœur de l'homme n'a jamais compris les splendeurs de cette parure que Dieu a préparée à ceux qui l'aiment. »

Quelque temps après, la joie publique fut encore augmentée. Le roi, d'après le conseil de ses ministres, nomma le Machabée arménien, l'héroïque Vahan, gouverneur général de l'Arménie entière, avec la dignité de marzban. A cette nouvelle, le peuple tout entier, ne se possédant plus de joie, se porta dans la grande église de Thevin, qui retentit longtemps de ses bruyantes actions de grâces. Jean fit alors un sermon pour célébrer la délivrance de sa patrie. Dans ce discours, il invita les apostats à s'adresser à Pierre, qui garde les portes du royaume des cieux et qui en tient les clefs, et les exhorta à faire, par son entremise, leur paix avec Dieu.

La première occupation du nouveau marzban fut de faire la visite générale du pays pour y renverser tous les édifices consacrés au culte des Perses, et pour relever les églises et les monastères qui avaient été détruits. La plupart des Arméniens qui, soit par crainte, soit par d'autres motifs, avaient professé jusqu'alors le culte du feu, y renoncèrent volontairement, et firent publiquement profession de la religion chrétienne [1].

Jean Mantagouni occupa pendant six ans et quelques mois le trône patriarcal; il fut enterré à Pernos, dans le canton de Chirag.

Malgré les temps orageux où il vécut, Jean Mantagouni mit en ordre la liturgie arménienne, composa des cantiques spirituels, traduisit plusieurs ouvrages utiles et laissa vingt-huit homélies d'une rare élégance [2].

---

(1) Lazare de Pharbe. *Histoire du Bas-Empire*, add. SAINT-MARTIN.
(2) Tchamtchian, t. II, liv. III, ch. xxi.

PAPGUÈN D'OTHÉMOUS, 17ᵉ PATRIARCHE CATHOLIQUE
(513-518).

Papguèn, disciple de Jean Mantagouni, lui succéda comme patriarche. On l'accuse d'avoir fait un conciliabule à Vagharchabad, dans lequel il aurait condamné le nestorien Barsouma et l'eutychéen Acace [1], ainsi que les autres adeptes d'Eutychès, et rejeté le concile œcuménique de Chalcédoine, tout en recevant l'Hénotique de Zénon, inspiré par le patriarche Acace. Cependant, les partisans de cette opinion excusent Papguèn d'hérésie formelle. D'après eux, trompé par une traduction inexacte de la lettre du pape saint Léon le Grand, écrite à Flavien contre l'hérésie d'Eutychès, et induit en erreur par les diatribes des Eutychéens contre le concile de Chalcédoine, il aurait anathématisé ce concile sur le faux supposé qu'on y avait entendu, par deux natures, deux personnes en Jésus-Christ.

Mais *à priori*, cette opinion paraît insoutenable. Clos depuis quarante ans, ce concile était confirmé par le pape saint Léon le Grand et adopté dans tout l'univers. Plusieurs évêques arméniens, malgré la guerre qui désolait alors leur pays, y avaient assisté et en avaient souscrit les définitions dogmatiques, comme nous l'avons dit précédemment.

Cinq patriarches arméniens avaient continué sans réclamation leurs relations avec les catholiques, qui recevaient le concile à Chalcédoine; Kïud et les satrapes arméniens s'étaient adressés à l'empereur Léon Iᵉʳ, défenseur de ce concile, pour qu'il les aidât à sauver l'Eglise d'Arménie; Barsouma lui-même

---

[1] Acace, patriarche de Constantinople (471-489), engagea l'empereur Zénon à favoriser les Eutychéens. Il fut excommunié par le pape Félix III.

engageait le roi Bérose à séparer les Arméniens de la foi des Romains, et l'une des dernières paroles de Jean Mantagouni avait été de renvoyer les apostats au Pape pour en être absous. Tout cela prouve que les Arméniens avaient reçu de fait le concile de Chalcédoine et qu'ils avaient compris que, par deux natures, les Pères du concile n'avaient jamais entendu deux personnes. Au reste, il est impossible qu'au milieu du bruit que fit la condamnation d'Eutychès, les Arméniens catholiques eux-mêmes, et en rapports continuels avec les catholiques grecs ou romains, aient été les seuls au monde qui ne fussent pas au courant de la question.

Malgré toutes ces considérations, on veut qu'un patriarche, disciple de Mantagouni, et avec lui tous les évêques de l'Arménie, aient commis la grossière contradiction de condamner le nestorianisme, ainsi que l'eutychianisme, et de condamner en même temps le concile qui frappait les erreurs rejetées par eux-mêmes. En condamnant Nestorius, ils admettaient une personne en Jésus-Christ; en condamnant Eutychès, ils confessaient deux natures en Jésus-Christ; ensuite, en condamnant le concile de Chalcédoine, qui venait de proclamer le dogme des deux natures en une personne, ils approuvaient Nestorius et Eutychès; enfin ils admettaient la doctrine d'Acace, tout en maudissant son auteur. Peut-on imaginer une contradiction plus absurde?

Mais, dira-t-on, ils croyaient de bonne foi que ce concile entendait, par deux natures, deux personnes distinctes: hypothèse complètement ridicule; car le patriarche et les évêques d'Arménie n'ignoraient pas quelle était l'erreur d'Eutychès, puisqu'ils la condamnaient; ils n'ignoraient pas non plus que les Pères de Chalcédoine anathématisaient cet hérétique comme eux-mêmes l'anathématisaient; et l'on vient nous dire qu'ils ont confondu l'hérétique et ses juges sans examen préalable, sur une confusion de mots, sans jeter un coup d'œil sur les canons du concile, et d'après les calomnies des Eutychéens abhorrés par eux. Est-ce admissible?

Prétendre que Papguèn et tous ses évêques n'avaient pas compris l'état de la question, c'est supposer, dans tout le clergé arménien de cette époque, une ignorance monstrueuse.

Comment! au bout de quarante ans, tout ce clergé n'a pu arriver à connaître ce que le concile voulait dire par deux natures, bien que plusieurs de ses évêques en eussent signé les décisions? Comment! pas une voix ne s'élève au sein du conciliabule de Vagharchabad pour donner la moindre explication? Comment! toute une assemblée ecclésiastique condamne sans connaissance de cause un concile de trois cent soixante évêques, confirmé par le vicaire de Jésus-Christ? Comment! aux beaux jours du christianisme en Arménie, au temps où la terre venait d'être rougie du sang que ses martyrs avaient versé pour la défense de l'Eglise, personne, parmi tous les chefs spirituels de ce pays, ne comprenait plus rien à la hiérarchie instituée par Jésus-Christ, et les voilà tous, un beau matin, évêques et patriarche en tête, prêtres et religieux, qui réprouvent un concile œcuménique reçu par le reste du monde, et cela de bonne foi et sur un simple malentendu? Vraiment, les promoteurs de cette opinion supposent Papguèn et les évêques d'alors d'une incroyable légèreté, pour ne pas dire davantage.

Mais voici le fond de la question.

L'orgueil national de certains Arméniens est froissé de s'entendre appeler hérétiques. Ils ne pouvaient justifier avec de solides arguments le vrai coupable qui les a fait tomber dans l'eutychianisme, et que nous nommerons plus loin. Qu'ont-ils inventé pour se tirer de ce mauvais pas? Ils ont gardé le silence sur celui qui a arraché l'Arménie à la foi catholique implantée par saint Grégoire. Ils ont fait rejeter à Papguèn le concile de Chalcédoine sur un simple malentendu. Par ce tour de passe-passe, la chute de l'Arménie dans le crime de l'hérésie reste dans l'ombre, et l'orthodoxie, qu'une équivoque à leur sens ne saurait atteindre, est sauvegardée. On reste séparé de l'Eglise universelle depuis quatorze siècles, il est vrai ; mais cette séparation ne touche en rien à l'honneur du pays ; il n'y a qu'une division apparente, qui repose sur une dispute de mots, et l'on continue à s'appeler Lousavortchagan, Grégorien ou disciple de saint Grégoire l'Illuminateur, comme si de rien n'était. Ce n'est pas avec de ces mesquines subtilités qu'on sauve son honneur. L'histoire de chaque nation, grande ou petite, à côté de ses pages glorieuses, a des pages écrites parfois avec de la boue. La vraie fierté demande qu'on réprouve celles-ci autant qu'on se glorifie de celles-là dans le Seigneur.

Citons maintenant les témoignages qui justifient Papguèn. Le pape Eugène IV, dans sa lettre aux Arméniens, en 1439, assigne alors neuf cents ans au schisme des Arméniens, ce qui en reporte la date vers le milieu du VI° siècle environ, c'est-à-dire plus de cinquante ans après Papguèn.

Photius, dans sa lettre au patriarche des Arméniens Zacharie, l'an 865, s'exprime ainsi au sujet de l'origine du schisme arménien : « Après de minutieuses recherches, nous sommes parvenus à l'évidence. Le concile de Chalcédoine a été convoqué la quinzième année après la mort de saint Isaac [1]. Il n'y a

---

[1] Nous croyons qu'il y a ici une erreur de date, car le concile de Chalcédoine a été tenu quinze ans avant la mort d'Isaac, c'est-à-dire en 451. Les troubles de l'Arménie à cette époque empêchèrent ce patriarche d'y assister, comme ils l'avaient déjà empêché d'assister au concile d'Ephèse. Le conciliabule de Thevin doit être aussi avancé de quatre ans environ.

eu alors aucune opposition parmi les Arméniens à son sujet, et tous l'ont accepté purement et simplement durant quatre-vingt-quatre ans, jusqu'au concile de Thevin, tenu la sixième année du patriarcat de Nersès Achdaraguétsi. »

Les partisans de l'opinion que nous combattons s'appuient sur l'autorité du patriarche schismatique Abraham, qui, en 595, inculpe Papguèn et l'accuse d'avoir rejeté le concile de Chalcédoine. Mais Abraham détruit lui-même son assertion, en avouant qu'il l'a tirée d'un document traduit du grec sans fidélité, et où l'orthodoxie faisait défaut [1].

Jean Catholicos et Etienne Assoghig ont puisé à la même source ; leur autorité ne saurait donc être invoquée contre nous.

Pour conclure, nous revendiquons avec droit Papguèn comme patriarche catholique.

Il eut le zèle et la vigilance de son prédécesseur. Les Nestoriens, qui, pendant les troubles, avaient augmenté le nombre de leurs partisans, s'étaient joints aux ennemis du concile de Chalcédoine, et ils travaillèrent de concert à entraîner les Arméniens dans l'hérésie. Papguèn convoqua un concile pour arrêter les progrès des novateurs. Il réunit tous les évêques de l'Arménie à Vagharchabad, ancienne capitale du royaume. Gabriel, patriarche de l'Ibérie [2], y vint avec ses évêques, aussi bien que le patriarche de l'Albanie et plusieurs évêques de l'Arménie romaine. Ils prononcèrent d'un commun accord anathème contre les Nestoriens, contre Barsouma et ses disciples, et ils adhérèrent à toutes les décisions du concile de Chalcédoine [3].

---

(1) Tchamtchian, *Histoire d'Arménie*, liv. III, ch. ii, p. 391.
(2) Aujourd'hui l'Imeréthie et une partie du Chirvan.
(3) *Assemblée Bibl. Orient.*, t. 1, p. 265. *Histoire du Bas-Empire*, liv. XXXVIII, ch. lxv.

SAMUEL D'ARDZGUÉ, 18ᵉ PATRIARCHE CATHOLIQUE

(518-528).

Il était originaire du village d'Ardzgué, du canton de Pernounik. Sous son patriarcat, Gavadès, roi des Perses, envoya des mages qui bâtirent des temples pour le culte du feu dans toute l'Arménie; mais ils furent chassés par l'illustre Vahan le Mamigonien [1].

MOUCHÉ D'AGHPÉRITS, 19ᵉ PATRIARCHE CATHOLIQUE

(528-536).

Mouché était natif du village d'Aghpérits, situé dans le canton de Godék, aux environs d'Erivan. Sous son patriarcat, qui dura huit ans, mourut le fameux défenseur de l'Eglise catholique, Vahan le Mamigonien [2].

ISAAC II D'OUGHOUG, 20ᵉ PATRIARCHE CATHOLIQUE

(536-541).

Ce patriarche, né à Oughoug, au canton de Park, occupa le siège de saint Grégoire pendant cinq ans [3].

CHRISTOPHE II DE DIRAROUDJ, 21ᵉ PATRIARCHE CATHOLIQUE

(541-547).

Issu du village de Diraroudj, dans le canton de Pakrévante,

---

(1) Tchamtchian, t. II, liv. III, ch. xxxv.
(2) Tchamtchian, *ibidem.*
(3) Tchamtchian, *ibidem.*

il eut la douleur d'assister à l'envahissement de l'Arménie par les Huns. Mais bientôt il eut la consolation de les voir repoussés par le prince Mejèje Kénouni. Son patriarcat dura six ans [1].

LÉON D'IÉRASTE, 22ᵉ PATRIARCHE CATHOLIQUE
(547-550).

L'histoire ne signale qu'une grande famine, qui désola l'Arménie sous le patriarcat de Léon, né à Iéraste, au canton d'Arpérani. Ce patriarche mourut au bout de trois ans [2].

---

(1) Tchamtchian, t. II, liv. III, ch. xxxv.
(2) Tchamtchian, *ibidem*.

CHAPITRE VII

HÉRÉSIE ET SCHISME DE NERSÈS ACHDARAGUÉTSI

Nous venons de parcourir une période de deux cent trente-neuf ans; nous avons assisté, en interrogeant les plus anciens documents de l'histoire, à la conversion de tout un peuple opérée en moins de trois lustres, et à son épanouissement au soleil de l'Eglise catholique. Dévouement, patriotisme, science, vertus dans la prospérité à côté de l'héroïsme dans le malheur, courage civique et militaire, caractères vigoureusement trempés, triomphes sur les champs de bataille, écoles ouvertes jusque dans les plus humbles villages, poésie avec tous ses charmes, éloquence avec ses plus nobles accents, énergiques protestations contre le vice, fût-il même couronné, sang versé à grands flots pour la cause de Dieu et de son Christ : en un mot, tout ce que la civilisation a de plus mâle comme de plus délicat, brillait alors comme un diadème de gloire au front de l'Arménie. C'était l'âge d'or.

Qui avait ainsi régénéré l'Arménie? Qui lui avait donné ces guerriers, ces savants, ces poètes, ces orateurs, ces grandes figures de patriarches devant lesquels tremblaient les rois impies; ces légions de martyrs? C'est l'Eglise; et c'était au nom de l'Eglise que se ralliaient les héros de l'Arménie; c'était pour l'Eglise que se levaient ses soldats ; au jour de la victoire, c'étaient des fils de l'Eglise que bénissaient ses patriarches, et son étendard était, avec le labarum, le plus glorieux drapeau qui flottât sous la voûte des cieux, parce que tous ses enfants, selon l'expression d'Elisée Vartabed [1], étaient fidèles à la seule Eglise catholique et apostolique. Satan tourne autour de chaque homme pour le dévorer [2]. Mais si cet homme est le chef spirituel ou temporel d'une nation, sa chute entraîne parfois celle du peuple confié à ses soins. Satan le sait par expérience : il était le prince de la milice céleste et il est tombé, et en tombant, il a ébranlé les colonnes du ciel, et a précipité avec lui dans l'enfer un tiers des esprits angéliques. Aussi s'acharne-t-il surtout contre les puissances de la terre, pour ruiner par leur moyen des peuples entiers. Voilà pourquoi les Grecs du Bas-Empire ont eu Photius, les Allemands Luther, et les Anglais Henri VIII. Ces novateurs avaient entre les mains la puissance de l'autorité ou de la science pour aider l'Eglise de Jésus-Christ à sauver les âmes rachetées par le sang d'un Dieu. Cédant aux suggestions du démon de l'orgueil ou de la volupté, ils se sont servis de cette puissance pour creuser des abîmes où les hommes se précipitent depuis des siècles.

Ainsi l'Arménie, ce premier royaume chrétien de l'Orient, après avoir été, pendant deux cent trente-neuf ans, l'une des plus brillantes perles attachées à la couronne de l'Eglise catholique, finit, elle aussi, par sombrer dans le gouffre de l'hérésie et du schisme, sous l'influence d'un génie malfaisant nommé Nersès Achdaraguétsi.

Depuis que l'Arménie était devenue tributaire de la Perse,

---

[1] Ch. i.
[2] *II. Petr.*, v, 8.

les monarques de cette dernière contrée s'étaient ingérés dans le gouvernement ecclésiastique de la première, comme nous l'avons fait remarquer plus haut. La politique des rois persans avait été d'abord de chercher à déraciner le christianisme en Arménie, pour lui substituer le mazdéisme, afin de la réduire à une servitude définitive. Mais l'héroïsme des martyrs arméniens sut déjouer ces projets scélérats. Vint ensuite l'hérétique Barsouma, qui ne cessait d'exhorter le roi Bérose à détacher l'Arménie de l'Eglise catholique, en la faisant tomber dans le nestorianisme ; mais le complot échoua devant le zèle du patriarche Christophe et l'énergique intervention du prince Nerchabouh Ardzrouni. Les rois païens de la Perse se servirent alors d'une autre manœuvre : ils fabriquèrent des pseudo-patriarches ; mais en vain ; car le bon sens catholique de l'Arménie en fit une prompte justice. Ah! si cette belle contrée eût persévéré dans sa noble résistance au schisme et à l'hérésie ; si elle fût demeurée fidèle à l'Eglise catholique et romaine, sa mère ; si Nersès Achdaraguétsi n'eût pas infiltré dans son sang généreux le poison mortel de l'eutychianisme, l'Arménie eût sans doute hérité du sceptre de l'Orient, quand le schisme fit tomber en dissolution l'empire de Constantin. Mais, hélas! l'âme vile de Nersès n'était pas à la hauteur de cette grande politique.

Suscité par l'enfer pour arracher à sa patrie la foi catholique, la foi de saint Grégoire, il l'a remplacée par les rêveries d'un moine grec, malgré la condamnation solennelle d'un concile œcuménique. De cette sorte, il a isolé l'Arménie du reste du monde, l'a livrée pieds et poings liés à ses ennemis, et lui a attaché au cou cette chaîne d'esclavage qu'elle traîne depuis des siècles.

Nersès doit être marqué au front d'un fer d'ignominie : c'est lui qui, loin d'imiter ses nobles prédécesseurs, a eu la lâcheté de trahir la foi de ses pères, la foi de saint Grégoire et de saint Sylvestre, et a consacré, par sa révolte contre l'Eglise catholique, l'asservissement de sa patrie aux étrangers et aux infidèles.

Souvent on représente l'Arménie sous la figure d'une femme en pleurs. On ferait mieux de la représenter sous les traits d'une reine poignardée, et à côté d'elle son assassin, Nersès Achdaraguétsi, qui mendie un sourire approbateur du roi païen Chosroès, en lui disant : « Es-tu content de moi ? » Passons maintenant au récit lamentable de la chute de l'Arménie dans l'hérésie d'Eutychès.

Nersès Achdaraguétsi s'était assis sur le trône patriarcal de saint Grégoire l'Illuminateur, en 550. A cette époque, la résidence du patriarche était Thevin, et cette ville était tombée sous la domination des Perses, ennemis jurés des chrétiens. Nersès, pour complaire à leur roi Chosroès, se sépara de l'Eglise catholique et embrassa l'hérésie grecque d'Eutychès, qui ne reconnaissait qu'une seule nature en Jésus-Christ. La politique persane y trouvait son compte ; car les Arméniens, une fois séparés du reste des chrétiens par le schisme et l'hérésie, devenaient une proie facile à dévorer. Nersès, vil courtisan des ennemis de sa patrie, assembla donc à Thevin un conciliabule de dix évêques prévaricateurs comme lui, se déclara pour les hérétiques monophysites et rejeta le saint concile œcuménique de Chalcédoine, où ils avaient été anathématisés. Pour accentuer davantage sa séparation, il supprima l'eau que, d'après la tradition apostolique, l'Eglise mêle au vin du saint sacrifice de la messe, usage suivi jusqu'alors depuis saint Grégoire l'Illuminateur, comme l'atteste le patriarche Grégoire dans sa lettre au roi Hétoum ; puis il transporta la fête de Noël

du 25 décembre au 6 janvier; il ajouta au Trisagion ces mots :
« Qui avez été crucifié pour nous, » comme si Jésus-Christ eût
souffert dans sa nature divine; enfin, il inventa une ère nouvelle pour l'Arménie, qu'il fit commencer à son prétendu patriarcat [1].

Citons les documents qui attestent la rébellion de l'homme indigne dont nous parlons. On lit dans le recueil des conciles arméniens : « Au commencement de l'ère arménienne, le patriarche Nersès convoqua à Thevin un concile contre le concile de Chalcédoine, parce que l'erreur de la croyance aux deux natures en Jésus-Christ faisait des progrès effrayants. Il décréta qu'il fallait croire à l'unité de nature en Jésus-Christ; il réunit en une seule fête la fête de Noël et celle du Baptême de Notre-Seigneur, en signe de l'unification des deux natures en une seule sans aucune distinction, et il ajouta au Trisagion ces mots : Qui avez été crucifié pour nous, afin de protester contre la distinction des deux natures [2].

Etienne Assoghig écrit ainsi : Nersès Achdaraguétsi convoqua un concile dans la ville de Thevin, la vingt-quatrième année du règne de Chosroès, et les Arméniens se séparèrent alors de la communion des Grecs [3]. Cet historien assigne la date de ce conciliabule pour le commencement de l'ère arménienne. Etienne Siounétsi Ourbéliants s'exprime de cette sorte sur le même sujet [4] : Un concile eut lieu dans la ville de Thevin pour rejeter la formule de foi du concile de Chalcédoine.

---

[1] Quelques historiens retardent de quelques années le commencement de cette ère. Mais une ère nouvelle se rapporte toujours à quelque événement important, et nous ne comprenons pas qu'elle puisse remonter, comme le prétendent ces auteurs, à un certain Moïse, qui n'a laissé aucune trace dans l'histoire.
[2] Cité par Tchamtchian, t. II, liv. III, note 36, p. 493.
[3] II, 2.
[4] Ch. XII.

Le patriarche Grégoire d'Anazarbe, dans une lettre à Hétoum, parle en ces termes : On dit par tout l'Orient que sur l'ordre du roi des Perses, dix évêques ont changé la croyance qui nous venait de saint Grégoire l'Illuminateur, n'ont admis qu'une seule nature, et ont attribué au Fils seul, en y ajoutant : « Qui avez été crucifié pour nous, » le Trisagion qui regarde les trois personnes de la sainte Trinité, d'après l'enseignement du concile (de Chalcédoine).

Photius écrit en ces termes au patriarche des Arméniens Zacharie : « Tous les Arméniens acceptaient le concile de Chalcédoine jusqu'au conciliabule de Thevin, convoqué par Nersès Achdaraguétsi, au commencement de l'ère arménienne. Des évêques de Thevin ont attribué une seule nature à la divinité et à l'humanité de Jésus-Christ contrairement à la doctrine du concile de Chalcédoine ; ils ont ajouté au Trisagion ces mots : « Qui avez été crucifié pour nous, » et ils ont interdit la communion avec les Grecs sous peine d'excommunication. Le roi des Perses fut charmé de ce que les Arméniens n'iraient plus désormais recevoir l'ordination chez les Grecs et en félicita Nersès. Il remplit alors les promesses qu'il lui avait faites auparavant ; il le pria d'adopter son fils et lui confia, à lui et aux évêques ses partisans, la perception des tributs que devait payer l'Arménie. »

C'est ainsi que l'hérésie pénétra dans l'Arménie ; c'est ainsi que le schisme y fut inauguré. Nersès Achdaraguétsi en se révoltant contre l'Eglise, dont il se séparait violemment, perdit par le fait même son titre de patriarche et toute autorité spirituelle sur l'Arménie. Sous le coup des foudres de l'Eglise qui le frappait d'excommunication, ce n'était plus qu'un misérable pseudo-patriarche qui ouvrait l'ère de la ruine pour sa patrie. Dès lors l'Eglise arménienne demeura décapitée, sans chef spirituel, l'espace de soixante-dix-huit ans.

CHAPITRE VII.

La colère de Dieu ne tarda guère à éclater sur la cité où le schisme avait été consommé.

Lors de l'invasion des Arabes, sous Héraclius, la plaine de l'Ararat fut envahie, Thevin emporté d'assaut, un nombre considérable de ses habitants massacré, et trente-cinq mille d'entre eux vendus et emmenés dans la Syrie [1].

Ce schisme et les malheurs qui s'ensuivirent avaient été prédits par saint Nersès le Grand et par saint Isaac. On lit dans le livre arménien *Djarentirk* une prophétie du premier, où se trouvent ces mots : « Les Arméniens s'éloigneront de la foi : c'est pourquoi leur royauté sera détruite et leur patriarcat souffrira une éclipse de longues années ; la nation arménienne sera arrachée à ses fondements, elle se rongera les bras de désespoir et les infidèles envahiront les saintes résidences de ses pontifes. »

Matthieu d'Edesse [2] cite une autre prophétie du même saint patriarche à son lit de mort ; elle est conçue en ces termes : « Voici ce qu'a dit Isaïe : « Les pieds de leurs chevaux sont fermes. Sans cesse et chaque jour ils s'adonnent à l'intempérance, entraînés par leur amour et leur passion pour d'ignobles voluptés. » Le patriarche et les évêques, les prêtres et les religieux, préféreront l'argent à Dieu.

» O mes chers enfants, désormais la volonté de Satan sera accomplie parmi les fils des hommes plutôt que celle de Dieu, par ceux-là mêmes qui embrasseront le service de ses autels. Aussi le Seigneur fera éclater sa colère contre ses créatures,

---

[1] Plus tard Thevin fut restauré et devint pendant quelque temps la capitale des rois d'Arménie et la résidence de ses patriarches. En 1064, Alp-Arslan s'en empara et en rasa les murailles. Un émir kurde, nommé Manoutché, en a rebâti ensuite les murs et y a appelé un grand nombre d'Arméniens.

[2] § 38.

mais surtout contre ceux qui l'offrent en sacrifice : car le corps et le sang du Christ, consacrés à la messe par des ministres indignes, seront distribués à d'indignes chrétiens, et Jésus-Christ sera blessé bien plus cruellement par ces prêtres sacrilèges que lorsqu'il fut torturé et crucifié par les Juifs. Satan a été délivré de ses liens au bout de mille ans, depuis que le Christ l'avait enchaîné. O mes enfants, voilà ce que je viens vous annoncer, le cœur oppressé; je verse des larmes et je gémis à la pensée qu'un grand nombre de chrétiens renonceront à leur foi et renieront publiquement le nom du Sauveur. C'est à cause de ces impiétés que les ténèbres ont enveloppé le monde. »

Saint Isaac, à son tour, s'exprime ainsi : « Sur le siège de saint Grégoire s'assiéront des patriarches qui n'auront point été initiés à l'honneur céleste, selon les canons du concile de 318 (Nicée), mais qui se seront emparés avec audace de cette dignité, poussés par l'amour de l'argent et non par l'amour de Dieu; et comme leur sacerdoce est faux et exécrable devant Dieu, ils ont été effacés du livre de vie pour rendre compte de leur conduite et de la perte des peuples dans les incendies de la géhenne [1].

L'Eglise arménienne, dans sa liturgie, admet l'authenticité de ces prophéties, puisqu'elle s'adresse à Dieu en ces termes : Protégez-nous, ô Christ, par les prières de saint Nersès, à qui vous avez révélé les secrets de l'avenir. Seigneur, qui avez manifesté à saint Isaac, par révélation, les mystères de l'avenir, recevez nos prières, etc. [2].

Saint Nersès Chenorhali, dans un poème élégiaque, recon-

---

[1] Livre des révélations de saint Isaac.
[2] Charagan.

naît la vérité de ces révélations et décrit les malheurs qui fondirent sur l'Arménie, pour la punir de s'être séparée de l'Eglise. Nos premiers pères, dit-il, nous ont prophétisé les calamités que nous endurons, et nous ont annoncé que la colère divine, qui dure jusqu'à nos jours, s'était allumée par le schisme. Aussi l'Arménie est-elle aussitôt tombée sous le joug de la Perse; ses princes ont été enfermés dans les forteresses des montagnes; ses églises ont été livrées aux flammes, et sa gloire s'est évanouie. Les ossements de ses fils ont été dévorés par un dragon; le sang des innocents a coulé par torrents; nous avons été réduits en esclavage et vendus. Nos biens ont passé entre les mains des brigands, et des chaînes de fer ont pesé sur nos épaules. Les âmes ont perdu la foi ou se sont souillées par des abominations.

C'est pour nos crimes que nous avons subi une telle catastrophe.

Nous errons sur les rivages étrangers, et le trône patriarcal de foyer de lumière est devenu un foyer de ténèbres.

Saint Nersès de Lampron déplore, avec des accents déchirants, les lamentables suites de ce schisme. L'Arménie, s'écrie-t-il, lorsqu'elle était attachée au roc de l'Eglise, donnait à Dieu des fruits en abondance; dans notre patrie, les autels du Très-Haut égalaient le nombre des étoiles du firmament, et pourquoi maintenant, tant de prospérité a-t-elle été anéantie? C'est parce que nous avons déchiré le corps unique de Jésus-Christ pour en former plusieurs autres corps; c'est parce que nous avons divisé son Eglise pour en faire des lambeaux d'église [1]....

Toutes les calamités enfantées par la division religieuse sous le beau ciel de l'Arménie, nous les déplorons à notre tour, en

---

[1] *Considérations sur la hiérarchie de l'Eglise*, p. 120.

empruntant à Moïse de Khorène les lugubres expressions que l'Hérodote arménien employait dans une circonstance analogue: Je te plains, ô terre d'Arménie; je te plains, ô contrée supérieure à toutes celles du Nord; car ils te sont ravis, ton roi et ton pontife, le conseiller et le maître de la science! La paix a été troublée, et l'hérésie s'est fortifiée par l'ignorance.

Je te plains, Eglise d'Arménie; le magnifique éclat de ton sanctuaire est obscurci : car tu es privée de ton pasteur. Je ne vois plus ton troupeau spirituel paître dans la prairie verdoyante de l'orthodoxie, le long du fleuve de la paix; je ne vois plus le troupeau rassemblé dans la bergerie et protégé contre les loups; mais il est dispersé dans les déserts et les précipices....

Les docteurs ignorants, prétentieux et sans vocation divine, achètent l'honneur du sacerdoce; élus à prix d'argent et non selon l'Esprit-Saint, avares, envieux, et méprisant la douceur dans laquelle Dieu se complaît; ils deviennent des loups déchirant leurs propres ouailles. Les moines hypocrites, orgueilleux et vains, mettent les dignités terrestres au-dessus de Dieu. Les ecclésiastiques hautains, pleins d'eux-mêmes, débitant des futilités, paresseux, ennemis des sciences et des savants, préfèrent le trafic et les bouffonneries. Les disciples ne songent point à s'instruire, et, pressés d'enseigner avant d'avoir acquis quelques connaissances, ils siègent en théologiens.... Quel sera le châtiment de tant de fautes, si ce n'est que nous serons abandonnés de Dieu.... Pour comble de calamité, la perturbation régnera partout, ainsi qu'il est dit : « Point de paix pour les impies.... » Les supérieurs, sans souci de la justice, seront sans pitié. Les amis seront trahis et les ennemis triompheront. La foi sera vendue au profit de cette vie futile. Les brigands afflueront de toutes parts. Les maisons seront ruinées, les propriétés volées; il y aura des chaînes pour les chefs, des prisons pour les notables; l'exil pour les gens libres, et la misère pour la masse du peuple. Les villes seront prises, les forteresses détruites, les bourgs mis au pillage et les édifices livrés aux flammes. Enfin, il y aura de longues famines et de cruelles épidémies, et la mort se montrera sous toutes ses faces. Le culte divin sera oublié, il ne restera que l'enfer sous les pieds des hommes [1].

(1) Moïse de Khorène, liv. III, ch. LXVIII.

CHAPITRE VIII

PREMIÈRE RÉUNION DE L'ÉGLISE ARMÉNIENNE
A L'ÉGLISE CATHOLIQUE

Dans les révolutions religieuses, tous, grâce à Dieu, ne fléchissent pas le genou devant Baal. C'est pourquoi beaucoup d'Arméniens, pour l'honneur de leur patrie, conservèrent intacte la foi qu'ils avaient reçue de saint Grégoire l'Illuminateur. Ces catholiques, que le scandale donné par Nersès Achdaraguétsi n'avaient pu ébranler, étaient appelés Chalcédoniens par les dissidents. Dieu devait bientôt consoler leur constance par le retour de leurs frères séparés, comme nous allons le raconter plus bas.

Cependant, cinq pseudo-patriarches se succédèrent les uns aux autres après l'infâme Achdaraguétsi; ils se nomment Jean, Moïse, Abraham, Gomidas et Christophe. Le plus fanatique d'entre eux fut Abraham; son entêtement dans l'hérésie des monophysites fut tel qu'il eut l'audace d'excommunier Gorioun, patriarche de la Géorgie, à cause de son attachement à la foi de Chalcédoine [1].

Vers l'an 622, l'empereur Héraclius, à la tête de ses troupes, remporta plusieurs victoires sur Chosroès, roi des Perses, re-

---

(1) Tchamtchian, t. II, ch. XLVII.

conquit l'Asie Mineure et les pays limitrophes, jusqu'au Tigre. En 629, au retour de cette glorieuse expédition, où il recouvra le bois de la vraie Croix, il se rendit dans la ville de Garine (Erzeroum). Il chargea alors le prince arménien Méjèje Kénouni [1] du gouvernement de l'Arménie. Cette province était alors remplie de troubles causés par la présence des antichalcédoniens en guerre ouverte contre ceux qui tenaient pour le concile de Chalcédoine. Héraclius voulut les faire cesser ; c'est pourquoi il ordonna aux évêques grecs et arméniens de se rassembler en concile. Ils se réunirent au nombre de cent quatre-vingt-quinze. L'empereur expédia en même temps le prince Méjèje à Thevin, avec la mission de ramener avec lui Esdras, successeur du pseudo-patriarche Christophe. Arrivé à Thevin, Méjèje signifia à Esdras la volonté de l'empereur, et lui déclara qu'en cas de refus, il serait procédé à l'élection d'un patriarche, et qu'il devait accepter le concile de Chalcédoine, s'il voulait être reconnu comme pasteur légitime. Esdras ne fit pas d'opposition et prit le chemin de Garine, accompagné de plusieurs évêques et de plusieurs princes arméniens. Lorsqu'il fut en présence d'Héraclius, celui-ci lui dit : Pourquoi refusez-vous de vous unir à nous dans la foi ? Esdras répondit : Il nous sera facile de nous unir, si vous le voulez ; nous n'exigeons qu'une chose, c'est que vous quittiez le nestorianisme : car c'est l'unique cause de notre haine contre vous. Si le concile de Chalcédoine, comme on nous l'a dit, approuve l'hérésie de Nestorius, nous ne saurions l'accepter ; si, au contraire, il la condamne, rien ne s'oppose à notre union. Esdras demanda ensuite un formulaire de foi signé par l'empereur, pour examiner si la

---

[1] Personnage du même nom que le prince vainqueur des Huns sous le patriarcat de Christophe II.

Asie Mineure. — Le port de Mersina

croyance des partisans du concile de Chalcédoine était entachée de nestorianisme; les évêques catholiques dressèrent alors un formulaire, dans lequel ils anathématisaient Nestorius et montraient que la foi du concile de Chalcédoine était bien loin de la doctrine de cet hérésiarque. Héraclius remit cette pièce signée de sa main à Esdras, en lui disant : Prenez et examinez; s'il y a quelque erreur dans cet écrit, faites-nous-le connaître. Dans ce cas, je ferai adopter à tous les Grecs votre croyance; sinon, ce sera vous qui accepterez la nôtre. Esdras retourna chez lui, et, sans parti pris, lut ce formulaire avec les évêques arméniens. Voyant que l'exposé de la foi qu'il contenait était orthodoxe, il retourna auprès de l'empereur et lui dit : Nous n'avons trouvé aucune erreur dans cet écrit, et l'exposition de foi qu'il renferme est conforme, comme nous en convenons volontiers, à la croyance des saints Pères que nous suivons. Héraclius repartit : Etes-vous alors des nôtres? Esdras répliqua : Nous sommes d'accord avec vous pour le fond; mais il y a certaines choses accessoires parmi vous qui nous scandalisent; veuillez y remédier et la réunion sera faite. Le concile, répondit Héraclius, s'est réuni pour la question de foi et non pour des questions disciplinaires. Nous aussi, nous trouvons chez vous certaines choses que nous désapprouvons. Si vous les faites disparaître de votre discipline, moi aussi je ferai disparaître de la discipline des Grecs ce qui peut vous déplaire. A ces mots, Esdras se retira, tint consulte avec ses évêques, et tous, d'une commune voix, acceptèrent le concile de Chalcédoine. Esdras fit en plein concile la profession de foi catholique et fut renvoyé à Thevin comblé d'honneurs par Héraclius. Cet heureux événement eut lieu en l'an 629 [1].

---

[1] Tchamtchian, t. II, liv. III, ch. LI.

Dans ce concile, qui dura un mois, fut rejeté le conciliabule hérétique de Thevin, tenu par Achdaraguétsi; l'addition faite au Trisagion fut effacée et la fête de Noël remise au 25 décembre; enfin, il fut prescrit de mêler un peu d'eau au vin du sacrifice de la messe. (*Recueil des conciles arméniens*) [1].

En se réunissant à l'Eglise catholique, Esdras recouvrait l'autorité que l'impie Nersès Achdaraguétsi avait perdue, et l'Eglise arménienne avait un chef ecclésiastique légitime.

ESDRAS DE PARAGNAGUÈRD, 23ᵉ PATRIARCHE CATHOLIQUE (639-640).

Esdras était de la province de Nig et du village de Paragnaguèrd. Il montra un esprit élevé en acceptant le concile de Chalcédoine. A son retour à Thevin, il fut reçu par tout le clergé, qui vint à sa rencontre en dehors de la ville. Il rentra solennellement dans son église patriarcale. Là, il remarqua l'absence d'un de ses prêtres nommé Jean, et il l'envoya chercher. Jean refusa de se présenter et ne répondit que par des invectives contre le saint concile de Chalcédoine. A cette nouvelle, Esdras le fit amener de force et lui reprocha sa révolte et son orgueil.

Ce prêtre, esprit borné, entêté et méchant, au lieu de se reconnaître, poussa l'insolence jusqu'à insulter son patriarche et à répéter ses blasphèmes contre le concile de Chalcédoine et contre le pape saint Léon le Grand. Esdras, indigné d'une telle impudence, le fit souffleter et chasser de l'église. Ce mauvais

---

[1] Les auteurs catholiques et schismatiques de l'Arménie sont unanimes à affirmer la réunion faite au concile de Garine. Voyez Jean Mamigonien, auteur contemporain; Jean Catholicos; Etienne Assoghig; Samuel Jérets; l'historien Guiragos; Etienne Ourbéliants; Nersès de Lampron; Mékhitar Catholicos; Grégoire Anavarzétsi dans sa lettre au roi Hétoum, etc.

prêtre partit en disant avec hypocrisie : « Je sors content d'avoir souffert pour la cause de la vérité. » Esdras l'excommunia et l'expulsa du pays. Ce malheureux finit par tomber dans les plus grossières erreurs et se fit quelques disciples qui furent nommés Maïrakometziens. Un vartabed zélé, du nom de Krikoradour, le combattit énergiquement et empêcha ses erreurs de se répandre. Le patriarche Esdras fit rebâtir l'église de Sainte-Gaïané. Son patriarcat fut troublé par l'invasion des Arabes. Il mourut dix ans et quelques mois après le concile de Garine (1).

NERSÈS II CHINOGH, 24ᵉ PATRIARCHE CATHOLIQUE
(640-661).

Nersès Chinogh était évêque de Daïk. Elu patriarche, il refusa d'abord d'accepter cette dignité à cause du sac que les Sarrasins avaient fait de la ville de Thevin, où les cadavres gisaient encore dans les rues. Mais s'étant laissé persuader, il accepta le siège patriarcal. Son premier soin fut de faire enterrer les morts et de reconstruire l'église de Saint-Serge, brûlée par les Arabes. Ensuite il se rendit à Ardachad, où il fit bâtir une église sur le puits de saint Grégoire l'Illuminateur. De là, il se rendit à Vagharchabad, y réédifia sur un plan plus vaste l'église construite par saint Grégoire et l'entoura d'une haute enceinte. Il y éleva encore un presbytère, un hospice pour les pèlerins, et une église en l'honneur de la Vierge Marie. Toutes ces constructions lui firent donner le nom de Chinogh, c'est-à-dire constructeur.

De retour à Thevin, il tint un concile la sixième année de

---

(1) Tchamtchian, t. II, liv. III, ch. LI.

son patriarcat. Soixante-dix évêques, avec beaucoup de vartabeds et de princes y étaient présents. Le but de Nersès était de s'opposer aux écrits des hérétiques, de rétablir la discipline ecclésiastique, de refréner les violences des laïques contre les clercs, et de mettre l'unité dans les chants liturgiques. Ce concile, après avoir anathématisé les écrits des hérétiques, prescrivit aux évêques de se borner aux soins de leurs diocèses respectifs, sans empiéter sur les diocèses d'autrui; de s'occuper avec sollicitude de leurs ouailles; de visiter les hôpitaux, les écoles et les monastères; de ne point extorquer de l'argent à leurs diocésains; de ne point vendre les biens ecclésiastiques; de punir la négligence des prêtres et de priver de leurs revenus les clercs qui laisseraient leurs fonctions pour s'occuper aux choses temporelles. Il déclara les ecclésiastiques exempts d'impôts; il défendit aux séculiers de donner des supérieurs aux couvents et d'y habiter avec leurs familles; enfin, il régla les prières de la liturgie.

Certains auteurs veulent que Nersès ait rejeté alors le concile de Chalcédoine, et qu'il ne l'ait accepté ensuite que par l'intervention de l'empereur Constant II, dans une expédition que celui-ci aurait faite en Arménie. Mais pour comprendre l'inanité de cette assertion, il suffit de savoir que cet empereur, qui régna de 641 à 668, était un monothélite, persécuteur des catholiques, et qu'il vit avec tranquillité les Sarrasins conquérir ses Etats, et s'emparer de l'Afrique et d'une partie de l'Asie, sans oser paraître à la tête de ses troupes [1]. Le recueil des conciles, cité par Galano et Grégoire d'Anazarbe, affirme du reste la catholicité des patriarches successeurs d'Esdras, jusqu'à Elie inclusivement.

---

(1) FELLER, *Dictionnaire historique*.

Bien que Nersès fût catholique, il se rencontrait néanmoins en Arménie beaucoup d'opposants au concile de Chalcédoine. Théodore Rechdouni, prince arménien, se mit à leur tête et força le patriarche Nersès de s'enfuir au canton de Daïk. Théodore établit alors de son chef un soi-disant vicaire patriarcal du nom de Jean Deghabah Vartabed, qui anathématisa, dans un conciliabule de six évêques arméniens et six évêques syriens réunis à Manasguerd, le concile de Chalcédoine et le concile de Garine. A la mort de Rechdouni, arrivée six ans plus tard, Nersès revint à Thevin. Après vingt ans et neuf mois de patriarcat, il mourut et fut enseveli dans l'église qu'il avait fait construire à Ardachad, sur le puits de saint Grégoire [1].

ANASTASE D'ARGOURI, 25ᵉ PATRIARCHE CATHOLIQUE
(661-667).

Anastase naquit dans le village d'Argouri, situé au pied du mont Ararat. Elevé au patriarcat, il bâtit dans le lieu de sa naissance une église, un hôpital et un hospice. De son temps vivait un vartabed appelé Ananie Chiragatsi. Passionné pour l'étude, il se rendit à Trébizonde, afin de s'y instruire dans les sciences. Après un séjour de huit ans dans cette ville, il retourna en Arménie, et se mit à écrire sur les mathématiques, la grammaire, la rhétorique, la philosophie, la théologie et l'astronomie, composa des instructions religieuses, et réfuta vigoureusement les hérétiques de son époque. Il eut pour disciples Hermon, Tiridate, Azarias, Ezéchiel et Cyriaque, qui tous étaient soumis au concile de Chalcédoine. Le patriarche Anastase fit venir ce savant prêtre auprès de sa personne et

---

[1] Tchamtchian, t. II, liv. III, ch. LIII.

le chargea de corriger le calendrier arménien; mais il mourut après six ans de patriarcat, avant que le travail d'Ananie fût terminé.

Du temps de ce patriarche, vint du Khorassan à Thevin un homme du nom de Sourhan. Il se présenta au prince Grégoire Mamigonien, en lui disant qu'édifié de la conduite des catholiques, il voulait se faire chrétien. Grégoire le conduisit au patriarche Anastase, qui l'instruisit lui-même et le baptisa. Grégoire Mamigonien fut son parrain et lui donna le nom de son père, David. Marié à une jeune Arménienne, ce néophyte continua à séjourner à Thevin, au milieu des enfants que le ciel lui donna. En 683, l'émir Abdallah commandait à Thevin au nom des Arabes. Ayant appris l'origine de David et son baptême, il le fait venir en sa présence et lui propose de renoncer au christianisme. David refuse avec fermeté et se met à exalter la divinité de Jésus-Christ. Abdallah, irrité, le fait frapper rudement à la bouche et le jette en prison, où il endure pendant huit jours les horreurs de la faim. Ce laps de temps écoulé, Abdallah ordonne de le ramener devant lui et lui commande de fouler une croix qu'on lui présente. David, pour toute réponse, publie la gloire du divin crucifié. Abdallah ordonne alors de l'attacher à une croix devant l'église de Saint-Serge. Son héroïque épouse, présente à son supplice, l'exhorte à la constance, jusqu'à ce que, les bourreaux lui perçant le cœur à coups de lance, son âme généreuse alla dans le ciel recevoir l'auréole qui brille sur le front des martyrs [1].

---

(1) Varlan, Assoghig, Jean Catholicos.

ISRAEL DE VOTMIS, 26ᵉ PATRIARCHE CATHOLIQUE

(667-677).

Issu du village de Votmis, situé aux environs de Van, Israël avait assisté au concile de Thevin, tenu par Nersès Chinogh. Il fut aidé dans sa lutte contre les hérétiques maïracometziens et d'autres sectaires pauliciens, par le vartabed Théodore, savant théologien et père de nombreux disciples.

Israël mourut après dix ans de patriarcat [1].

ISAAC III D'ARKOUNACHIAN, 27ᵉ PATRIARCHE CATHOLIQUE

(677-703).

Il était né à Arkounachian, dans le canton de Tsorapor, et fut disciple du vartabed Théodore, ci-dessus mentionné. Son patriarcat fut troublé par les invasions des Arabes et des Huns. Dans l'une d'elles, l'émir Abdallah ravagea toutes les églises de l'Arménie et traîna chargé de chaînes le patriarche Isaac jusqu'à Damas. Le prince arménien Sempad envoya un homme de confiance auprès de l'illustre prisonnier, pour s'entendre avec lui sur la manière de le délivrer de sa prison. Mohammad Akba était lieutenant du calife Mervan. Il était alors loin de Damas. Isaac lui écrivit pour lui demander une entrevue. Mohammad la lui accorda, et le patriarche se mit en route pour l'aller trouver. Parvenu dans la ville de Harran, en Mésopotamie, il tomba gravement malade. Voyant que sa dernière heure allait sonner, il écrivit une lettre en arabe à Mohammad, dans laquelle il l'assurait de la soumission de ses compatriotes et le

---

(1) Assoghig, Jean Catholicos, Samuel, Vartan et Guiragos.

conjurait de les traiter avec douceur. Après l'avoir scellée, il la remit à un de ses diacres, avec ordre de la déposer dans sa main droite après sa mort. Lorsque Mohammad eut appris qu'Isaac avait rendu le dernier soupir, il fit défendre de l'enterrer jusqu'à son arrivée. Puis il se rendit au lieu où gisait le corps et le salua avec respect. Isaac étendit alors le bras et lui présenta la lettre qu'il tenait à la main [1].

Mohammad la prit, et, l'ayant lue, il s'écria : O homme de Dieu, j'accorde toutes tes demandes. Il écrivit aussitôt à ses lieutenants, en Arménie, de cesser toute vexation; puis il fit transporter dans son pays le corps du vénérable patriarche accompagné d'une escorte de soldats. Enfin, il relâcha les prisonniers qui étaient avec Isaac dans les fers. Ce patriarche séjourna seize ans à Thevin et dix ans dans les cachots de Damas. Grégoire d'Anazarbe, dans sa lettre au roi Hétoum, assure avoir vu à Roum-Kalé la main du bienheureux Isaac préservée de toute corruption [2].

ELIE D'ARDJICHAG, 28° PATRIARCHE CATHOLIQUE

(703-718).

Elie, né au village d'Ardjichag, au canton de Peznounik, succéda à Isaac III. Des historiens l'accusent d'avoir rejeté le concile de Chalcédoine et d'avoir persécuté les catholiques. Mais nous nous en tenons à la tradition, qui compte ce patriarche parmi les vrais pasteurs de l'Arménie, comme l'atteste le patriarche Grégoire d'Anazarbe.

---

(1) D'après Ghévonte, auteur du VIII° siècle, ce patriarche n'aurait pas tendu la main à Mohammad. Celui-ci aurait seulement saisi la main du défunt et lui aurait parlé comme s'il eût été encore en vie.

(2) Jean Catholicos, Assoghig.

De son temps, Abd-el-Mélik, cinquième calife, régnait à Damas. Ce prince fit mettre à feu et à sang toute l'Arménie. Les principaux de la nation furent désarmés et renfermés dans l'église de Nakhtchivan; les portes en furent murées avec des briques, le toit découvert et le feu jeté sur les victimes. Celles-ci entonnèrent le cantique des enfants de la fournaise, et ce cantique ne cessa qu'avec leur dernier soupir [1].

Vers cette époque, le calife envoya comme gouverneur d'Arménie un certain Echid, qui confia à l'un de ses favoris le gouvernement de la province de Pakrévante. Celui-ci visita le couvent d'Etchmiadzin. Il fut frappé de la magnificence des ornements en or et en argent qui servaient au culte, et voulut s'en emparer. Il fit donc étrangler un de ses esclaves et jeter son cadavre pendant la nuit dans une fosse à l'intérieur du monastère. Le lendemain, il accusa les religieux de ce meurtre, égorgea quarante d'entre eux et s'empara des richesses du couvent. Quelques religieux, qui s'étaient échappés, trouvèrent à leur retour les cadavres de leurs frères gisant sur le sol et l'église saccagée. Ils n'eurent que des larmes impuissantes à verser sur un si grand malheur [2].

---

[1] Jean Catholicos.
[2] Jean Catholicos.

CHAPITRE IX

RECHUTE DE L'ÉGLISE ARMÉNIENNE DANS LE SCHISME ET L'HÉRÉSIE

La plaie profonde que l'hérétique Nersès Achdaraguétsi avait faite à l'Eglise, en Arménie, s'était cicatrisée peu à peu sous les patriarches précédents, quand Jean Odznétsi vint la rouvrir toute sanglante. Cet homme, aussi hypocrite qu'astucieux, était arrivé à la dignité patriarcale en 718. Ennemi de l'unité catholique, il assembla à Manazguerd, par ordre d'Omar II, huitième calife ommiade des Sarrasins, un conciliabule composé de quelques évêques arméniens et de six évêques syriens. Il rejeta le concile œcuménique de Chalcédoine, professa l'hérésie des monophysites et celles des monothélites, en ne reconnaissant en Jésus-Christ qu'une nature, qu'une volonté et qu'une opération, retrancha la mixtion de l'eau et du vin à la messe, et défendit de communier le jeudi saint. Ce fut lui qui prohiba l'usage du vin, de l'huile d'olive et du poisson les jours de jeûne, pour faire passer son hérésie sous le masque d'une fausse mortification extérieure. De cette triple prohibition, il ne reste aujourd'hui que celle du poisson et de l'huile ; et c'est évidemment une vaine défense, puisqu'elle a pour auteur un hérétique privé de toute autorité pour s'être séparé de l'Eglise catholique.

Jean Odznétsi vint donc renouveler l'œuvre impie de Nersès

Achdaraguétsi. Ce malheureux schisme dura cent trente-six années, sous les treize pseudo-patriarches dont voici la liste :

Jean Odznétsi (718-729); David (729-741); Tiridate (741-764); un autre Tiridate (764-767); Sion (767-775); Isaïel (775-788); Etienne (788-790); Joab (790-791); Salomon (791-792); Georges (792-795); Joseph (795-806); David (806-833), et Jean (833-854).

Nous avons rapporté le fait de la rechute des Arméniens dans l'hérésie des monophysites et des monothélites, sous Jean Odznétsi, sans chercher à le dissimuler. Toutes les charges que nous venons d'énumérer sont mises sur le compte de ce triste personnage dans l'ancien recueil des conciles arméniens. L'histhorien Guiragos affirme qu'il a anathématisé le concile de Chalcédoine dans un synode où se trouvaient six évêques syriens. Etienne Assoghig l'accuse de toutes les erreurs contenues dans les canons que renferme le susdit recueil des conciles. Enfin, l'historien Vartan assure qu'après le conciliabule de Manazguerd, Odznétsi a persécuté les catholiques fidèles au concile de Chalcédoine.

Le mékhitariste Tchamtchian, il est vrai, consacre plus de cent pages in-4°, dans son histoire de l'Arménie, à la justification de cet hérétique; toutefois, les preuves qu'il apporte pour établir son orthodoxie sont loin d'être convaincantes. Mais indépendamment de toute considération, le silence obstiné d'Odznétsi, que du moins ses apologistes sont forcés d'avouer, au sujet de la question du concile de Chalcédoine, qui était alors toute brûlante, serait à lui seul une preuve sans réplique d'une lâche connivence avec les hérétiques et par conséquent d'hétérodoxie [1].

---

[1] Le sermon de Jean Odznétsi sur les deux natures en Jésus-Christ aura précédé la chute de ce patriarche; à moins qu'on ne suppose en lui une contradiction assez ordinaire aux hérétiques.

Enfin, les éloges que Jean Catholicos prodigue à l'adresse d'Odznétsi viennent confirmer le sentiment des catholiques, qui le rangent parmi les ennemis acharnés de l'Eglise de Dieu.

En effet, cet historien, qui traite d'impie l'empereur Justinien pour avoir travaillé à rétablir la doctrine du concile de Chalcédoine [1], et qui ne désigne cette doctrine que sous le nom d'infâme et d'hérétique [2], nous dépeint Odznétsi sous les plus belles couleurs. D'après lui, c'était un grand et saint philosophe, un homme très instruit, qui écrivit avec beaucoup d'habileté pour régler d'une manière admirable l'Eglise de Jésus-Christ, en ce qui concerne sa hiérarchie et les offices divins. Ses sermons, ses discours poétiques inspirèrent aux méchants des sentiments de pénitence; ses exhortations convertirent les grands et les seigneurs. Il était orné des plus rares vertus; et comme il aimait extrêmement le travail, il occupait son esprit à composer des cantiques spirituels, ou bien il se livrait au jeûne, à la prière et à toute sorte d'austérités [3].

Tant de louanges sous la plume d'un hérétique, qui trouve infâme le saint concile de Chalcédoine, montrent assez que Jean Odznétsi partageait les sentiments hétérodoxes de Jean Catholicos, et confirment le jugement que Guiragos Assoghig et Vartan ont porté sur son compte.

Jean Catholicos s'étend avec complaisance sur les qualités physiques d'Odznétsi : il nous décrit sa haute taille, ses larges épaules et sa magnifique barbe, qui descendait jusqu'à la ceinture ; il nous le montre ami de la somptuosité, toujours vêtu en public de précieuses étoffes aux couleurs éclatantes, orné de bijoux qu'il savait disposer avec art, se lavant la barbe avec

---

[1] P. 53.
[2] P. 56.
[3] Jean CATHOLICOS, *Histoire d'Arménie*, ch XIII.

des eaux de senteur, où il mêlait de la poudre d'or, se présentant à la cour d'Omar avec un faste égal au faste des rois, sans avoir oublié de diviser sa barbe en tresses garnies d'or, et de porter à la main un sceptre d'ébène, exhibant de lui-même, devant le calife de Damas, le cilice qu'il portait sous ses riches vêtements, et retournant au fond de l'Arménie chargé des grands trésors dont lui avait fait présent le calife, après l'avoir revêtu sept fois d'une splendide robe toute royale.

Il est difficile de concilier avec l'humilité chrétienne cette exhibition d'un luxe qu'on pardonnerait à peine à une femme mondaine. On est forcément tenté de regarder la bure dont Odznétsi se revêtait en son particulier, et le cilice qu'il fit voir à Omar sans en être prié, comme des masques d'hypocrisie dont il couvrait son orgueil. On ne croira jamais que le grand calife des Arabes ait fait venir du fond de l'Arménie Jean Odznétsi pour admirer sa longue barbe et sa haute taille ; que pour ses beaux yeux il l'ait fait asseoir sur un trône à ses côtés, et l'ait gratifié d'immenses trésors. Une pensée politique, que tait l'hérétique historien Jean Catholicos, présidait aux démarches d'Omar à l'égard d'Odznétsi. Voyant les Arméniens unis au reste des chrétiens du monde, ce prince musulman voulut les en séparer par un schisme, afin d'assurer sa domination sur l'Arménie.

Le voyage d'Odznétsi est alors expliqué, ainsi que le conciliabule de Manazguerd et toutes les violences exercées contre les catholiques, au rapport de Vartan. Après Odznétsi, l'Eglise d'Arménie fut à la discrétion des musulmans, à tel point que le gouverneur arabe Soleiman leur donna lui-même un patriarche du nom de Sion [1].

---

(1) Jean Catholicos, ch. xiii, p. 94.

Etait-il possible de tomber plus bas? Honte éternelle à Jean Odznétsi, qui a livré son pays et l'Eglise de Dieu aux mains des infidèles. Nersès Achdaraguétsi avait trahi sa patrie pour complaire à un prince idolâtre; Jean Odznétsi l'a imité dans sa perfidie pour acheter la faveur d'un calife mahométan.

CHAPITRE X

DEUXIÈME RÉUNION DE L'ÉGLISE ARMÉNIENNE A L'ÉGLISE ROMAINE ET SES DEUX RECHUTES SUBSÉQUENTES DANS L'HÉRÉSIE

Cependant Dieu eut compassion de l'état lamentable où de faux pasteurs retenaient la contrée qu'avait éclairée saint Grégoire l'Illuminateur. En 862, un concile se tenait dans la ville de Chiragavan, et on y reconnaissait les deux natures en Jésus-Christ unies inséparablement à sa personne divine. C'était la doctrine du concile de Chalcédoine. Zacharie, élevé alors depuis six ans sur le siège de saint Grégoire, en acceptant cette doctrine, se réunissait à l'Eglise catholique et devenait patriarche légitime. Il y eut seulement dans les canons de ce concile un fâcheux compromis avec l'erreur. Après l'anathème lancé contre quiconque nierait les deux natures, il était dit : Si quelqu'un trouve les dogmes du concile de Chalcédoine contraires aux traditions apostoliques et aux trois premiers conciles œcuméniques, et si, par une coupable inconséquence, sous l'influence de l'intérêt ou du respect humain, il ne rejette pas ces dogmes, qu'il soit anathème ! (XIIIe canon.) Quant à ceux qui, convaincus de l'orthodoxie des Pères de Chalcédoine, osent, entraînés par un sentiment de partialité ou de haine, les calomnier ou les maudire, ceux-là se maudissent eux-mêmes. (XIV᷉ᵉ canon.) On le sent, Zacharie et ses évêques, tout en embrassant la vraie doctrine, avaient craint de déplaire aux hérétiques en les condamnant expressément. Ils acceptaient la chose en laissant la reconnaissance du concile à la conscience de chacun. Rome eût certainement exigé une confession plus explicite dans l'adhésion du patriarche Zacharie au saint concile de Chalcédoine. Mais Zacharie crut avoir assez fait pour se montrer catholique. Il eût voulu aussi remettre la fête de Noël au 25 décembre; mais il n'eut pas la hardiesse de l'imposer à son peuple (1).

ZACHARIE DE DSAG, 29ᵉ patriarche catholique

(862-876).

Né au bourg de Dsag, dans la province de Godaïk, il vit éclater, sous son patriarcat, de terribles persécutions de la part des Arabes. Plusieurs princes arméniens, effrayés par l'appareil des plus cruels et des plus violents supplices, devinrent apostats. Mais le grand général Sempad sut verser généreusement son sang pour la foi de Jésus-Christ. Attiré par de fausses promesses dans la ville de Bagdad, il résista vaillamment à toutes les séductions qu'on fit briller à ses yeux. Il refusa constamment d'obtempérer aux ordres qu'on lui donna d'avoir à abandonner la foi chrétienne et à renoncer à la gloire de son baptême. On lui offrit, à plusieurs reprises, les plus grands présents s'il voulait embrasser l'islamisme, mais toujours sans succès. Les mahométans en appelèrent aux tourments pour triompher de son courage. Ce fut en vain : Sempad, par la grâce divine, ne voulut point se souiller en reniant la sainte

---

(1) Assoghig, Samuel, Guiragos, Vartan.

religion de Jésus-Christ, et choisit la mort corporelle pour se délivrer de la mort éternelle de l'âme. Après son martyre, il fut enterré dans le tombeau du prophète Daniel. Un autre prince, du nom d'Etienne, amené comme Sempad à Bagdad, chargé de fers, confessa avec magnanimité le nom de Jésus-Christ au milieu des supplices et cueillit la palme du martyre [1].

Au temps de Zacharie, un tremblement de terre jeta la ville de Thevin dans la consternation : les maisons, les palais et les murailles furent renversés ; la ville n'était plus qu'un monceau de décombres, et la mort fit un grand nombre de victimes. Ce terrible fléau n'épargna pas les temples, qui s'écroulèrent. Enfin, partout, sur les places et dans les rues, on n'entendait que des plaintes et des cris. Un vent extrêmement froid et les glaces de l'hiver augmentèrent encore la souffrance universelle et les gémissements. Le patriarche offrit sans relâche au Dieu de miséricorde d'ardentes prières, accompagnées de larmes, pour obtenir qu'il daignât apaiser sa colère, et pour que l'Eglise de Jésus-Christ cessât d'éprouver des châtiments qui causaient tant d'angoisses [2].

Après quatorze ans de patriarcat, Zacharie mourut à Thevin. Il disait de Rome que Jésus-Christ l'avait choisie pour y établir la primauté de son Eglise.

GEORGES DE GARHNI, 30ᵉ PATRIARCHE CATHOLIQUE

(876-897).

Originaire du grand bourg de Garhni, Georges succéda au

---

(1) Jean Catholicos, ch. xiv, p. 116.
(2) Jean Catholicos, ch. xvi, p. 121.

patriarche Zacharie. Les princes arméniens Sempad et Apas, irrités l'un contre l'autre, déjà rassemblaient un nombre considérable de cavaliers pour se battre entre eux, lorsque le patriarche s'interposa et employa ses bons offices à rétablir la paix entre ces deux chefs.

Lorsque Sempad reçut la couronne royale, que lui envoyait l'émir arabe Afchin, ce fut le patriarche Georges qui la plaça sur la tête du prince et le sacra roi de toute l'Arménie. Après le couronnement, le prince Apas fut très irrité contre le patriarche, qu'il considérait comme la cause de son exclusion du trône. Se laissant aller à sa haine, il chercha par tous les moyens à renverser le patriarche Georges de son siège, et à mettre à sa place un religieux du nom de Machdots; mais celui-ci refusa énergiquement de se prêter à cette intrigue. Apas, revenu à de meilleurs sentiments, vint se jeter aux pieds du patriarche, et sollicita le pardon de son crime. Georges le lui accorda avec magnanimité.

L'émir Afchin n'avait pas tardé à s'offusquer du développement qu'avait pris la puissance du roi Sempad; il résolut de l'attaquer brusquement et marcha contre lui jusqu'à la ville de Thevin. Le roi s'était retiré dans une place très forte et avait rassemblé de nombreux soldats pour sa défense. Cependant le patriarche Georges s'était rendu auprès de l'émir arabe, dans l'espoir de l'amener à des sentiments de douceur; mais il fut arrêté et chargé de fers. Après la bataille que livra Sempad à Afchin, celui-ci, vaincu, entraîna captif avec lui le patriarche Georges, et ne la relâcha que deux mois après, moyennant une rançon considérable.

Georges mourut dans le pays de Vasbouragan; les prêtres et les princes de cette contrée portèrent son corps, au son des instruments, à Tzoroï-Vank, dans la province de Dobs, et le déposèrent dans l'église, où saint Grégoire l'Illuminateur avait laissé son bâton pastoral [1].

MACHDOTS D'EGHIVARD, 31° PATRIARCHE CATHOLIQUE
(897).

C'était ce même religieux qui avait refusé de se prêter aux intrigues d'Apas contre le patriarche Georges. Né à Eghivard, dans la province de Godek, il fut élu patriarche à l'âge de soixante ans, et n'occupa le siège patriarcal que sept mois. Tchamtchian, dans son histoire de l'Arménie [2], parle du zèle qu'il déploya, n'étant que simple prêtre, contre ceux qui attaquaient le concile de Chalcédoine et celui de Tchiragavan. A Machdots succéda Jean Catholicos, qui a écrit l'histoire de l'Arménie jusqu'à son époque. C'était un hérétique fougueux, qui marcha sur les traces d'Achdaraguétsi et d'Odznétsi.

Avec lui, l'Arménie retomba dans le schisme, qui se perpétua sous ses successeurs, Etienne, Théodore, Elisée et Ananie; du moins, l'histoire ne nous signale, à cette époque, aucun signe d'union avec l'Eglise catholique. Il paraît même qu'Ananie, par pique contre les Grecs, qui avaient fait rebaptiser des enfants arméniens, faisait rebaptiser, à son tour, des enfants grecs [3].

Pendant que l'Arménie, comme un vaisseau battu par la tempête, était près de sombrer dans un abîme d'erreurs, Dieu lui donna un patriarche énergique, qui eût pu, si elle l'eût voulu, la retirer du gouffre où elle s'enfonçait à chaque instant de plus en plus. C'était Vahan, fils du prince Tchivantchir;

---

(1) Jean Catholicos, ch. xviii et suiv.
(2) T. II, liv. IV, ch. viii.
(3) Assoghig.

mais ses efforts furent vains, comme nous allons le voir dans sa notice.

VAHAN DE PAGHK, 32ᵉ PATRIARCHE CATHOLIQUE
(965 972).

Il naquit dans le canton de Paghk-Azork, et était évêque de Suni. Elu patriarche, il résida dans le bourg d'Arkina [1]; ce bourg était dans le district de Chirag, non loin d'Ani, sur les bords de l'Akhourian. C'est là que les catholicos d'Arménie avaient leur résidence et leur sépulture au temps des rois Pagratides [2]. Cet évêque n'avait jamais cessé de reconnaître le concile de Chalcédoine; et la première chose qu'il fit après son élévation au patriarcat fut de publier son adhésion à ce saint concile, et de travailler avec vigueur à le faire recevoir par les autres. Il était soutenu par saint Grégoire de Nareg, soumis, comme Vahan, à l'Eglise romaine, et qui réprouvait, dans tous ses discours et tous ses écrits, les conciliabules de Thevin et de Manazguerd [3]. Au lieu de se montrer dociles aux instructions de leur vénérable patriarche et de l'illustre docteur Grégoire, les schismatiques se révoltèrent. Des fanatiques excitèrent contre Vahan évêques et vartabeds, et bientôt une rébellion universelle éclata dans l'Arménie. Le roi Achod, au lieu de s'interposer pour ramener la paix par son autorité, se tint à l'écart, ou plutôt il augmenta le trouble en faisant réunir un concile à Ani, dans lequel Vahan fut déposé et remplacé par un intrus, nommé Etienne, supérieur du couvent de Sévan. Le patriarche Vahan, se voyant abandonné de tout le monde, se

---

(1) Matthieu d'Edesse, XXX.
(2) DULAURIER, Notes sur Matthieu d'Edesse, p. 387.
(3) Galano, t. I, p. 210.

retira à Vasbouragan, chez le roi Abou-Sahal, et y fut reçu avec tous les égards dus à son rang et à ses malheurs. Cependant l'intrus Etienne avait lancé l'anathème contre Vahan et Abou-Sahal; le patriarche y répondit par une excommunication. Etienne ne tarda pas à en subir les terribles conséquences; il tomba entre les mains d'Abou-Sahal, qui l'enferma dans une prison, où il mourut bientôt après. Ce châtiment n'éclaira point les schismatiques; mais s'endurcissant davantage, ils se donnèrent pour chef un second intrus qui avait nom Khatchig. Sur ces entrefaites, le patriarche exilé écrivit à l'empereur Jean Zimiscès, pour implorer sa pitié en faveur des chrétiens d'Arménie, et lui faire part de l'exil qu'il endurait à cause de sa fidélité à la communion catholique. Pour toute réponse, Jean lui conseilla la patience, et Vahan termina son orageux patriarcat, au bout de sept ans, avec la douleur de voir son troupeau déchiré par des loups ravissants, qui se donnaient à lui comme ses pasteurs [1].

En 973, un certain Khatchig, nous l'avons vu, occupa la chaire patriarcale jusqu'en 992; puis vint Serge, de 992 à 1018.

En 1019, ce fut Pierre, mais les schismatiques le chassèrent en 1035, et lui substituèrent Dioscore. Celui-ci fut chassé à son tour, l'année suivante, et on rappela le patriarche Pierre, qui occupa le siège patriarcal jusqu'en 1057.

De 1058 à 1064, un second Khatchig porta le titre de patriarche. A partir du temps de Vahan jusqu'à l'année 1064, le siège de saint Grégoire fut tenu par des hérétiques : car, au rapport de saint Niçon, l'Eglise arménienne, durant ce laps de quatre-vingt-trois ans, était infectée d'erreurs.

---

[1] Tchamichian, t. II, liv. IV, ch. xxviii, p. 840, 841, 845, 1016.

Cependant l'assertion de saint Nicon ne doit pas être prise au pied de la lettre : car le patriarche Pierre, dont nous venons de parler, fut un homme selon le cœur de Dieu et uni par les liens de l'amour et de l'obéissance au siège apostolique. Voici ce que les historiens racontent sur son patriarcat.

PIERRE DE KÉDATARTZ, 33ᵉ PATRIARCHE CATHOLIQUE
(1019-1057).

Le premier acte de ce patriarche après son intronisation, fut de réconcilier les deux fils de Kakig le Pagratide, Jean et Achod, qui se disputaient le trône de leur père.

Pierre réussit dans son intervention, et la paix fut conclue aux clauses suivantes : Achod serait roi des contrées voisines du pays de Chirag et commanderait hors de cette province à tout le reste de l'Arménie, et Jean, son frère aîné, régnerait dans la ville d'Ani. En outre, si Jean mourait le premier, Achod deviendrait le maître de tout le royaume. C'est ainsi qu'en bon pasteur, Pierre pacifia l'Arménie.

Toutefois, les esprits étaient loin d'être dociles. Jean, le roi d'Ani, les satrapes arméniens et les notables, étaient imbus de principes schismatiques : ils fermaient l'oreille aux remontrances de leur patriarche. Celui-ci s'enfuit alors secrètement de sa résidence d'Ani, et se retira dans la province de Vasbouragan, au couvent de Tzoravank, où il séjourna durant quatre années.

Le roi Jean, de concert avec les grands, lui adressa une lettre dans laquelle il protestait que lui et ses sujets n'avaient qu'un désir, celui de suivre ses préceptes et de se conformer à sa doctrine. Ils confirmaient cette déclaration par les serments les plus solennels. Pierre se laissa persuader par ces protestations, et revint à Ani. Mais au moment même où il faisait son entrée dans la ville, il fut arrêté par ordre du roi Jean et jeté en prison dans la forteresse de Pedchni ; alors Dioscore fut appelé du couvent de Sanahin, où il était supérieur, et fut mis à la place du patriarche.

Cet événement produisit un deuil universel en Arménie ; prêtres et évêques, personne ne consentit à se trouver à la cérémonie de l'ordination de Dioscore ; nul ne voulut recevoir de cet intrus l'imposition des mains ; son nom ne fut point prononcé dans les églises pendant le saint sacrifice. L'orgueilleux pseudo-patriarche essaya de se maintenir dans son usurpation ; pour se gagner des partisans, il conféra l'épiscopat à des personnages indignes et accorda sa faveur à ceux que leur conduite scandaleuse avait fait chasser sous les patriarches légitimes.

Mais les évêques catholiques de l'Arménie ne surent point trembler devant la puissance séculière ; ils frappèrent d'excommunication le roi Jean et les satrapes qui avaient osé porter une main sacrilège sur le patriarche et introniser un intrus à sa place. Sous le coup de l'anathème, le roi et les grands du royaume firent des démarches pour rappeler le patriarche qu'ils avaient déposé. Mais Pierre résista à toutes leurs instances. C'est alors que Jean et les satrapes écrivirent à Joseph III, patriarche des Aghovans, pour le prier de venir intercéder en leur faveur et rétablir Pierre sur son siège à Ani.

A la réception de cette lettre, Joseph, accompagné de ses évêques, partit pour remplir la mission qu'on réclamait de lui.

C'était en 1036. Un grand synode fut convoqué dans la ville d'Ani, pour le rétablissement de Pierre Hédatartz, l'insigne défenseur du pape saint Léon. Là, se rencontrèrent tous les évêques de l'Arménie, des docteurs, des moines et des grands de la nation. L'assemblée était composée d'environ quatre mille personnes, sous la présidence de Joseph, patriarche d'Albanie. Dans ce synode on rappela la mémoire du saint pape Léon, de ce pontife par la bouche duquel Pierre avait parlé; on reçut avec dévotion ses lettres dogmatiques; on rejeta l'intrus Dioscore, qui avait blasphémé contre lui; on déchira, en signe de condamnation, le voile patriarcal [1] de cet impie; on réintégra sur son siège Pierre Kédatartz, le patriarche légitime, après un an et cinq mois d'emprisonnement.

Ainsi l'Eglise d'Arménie recouvra la paix, et Dioscore, reprenant le chemin de Sanahin, rentra couvert de honte dans son monastère.

L'an 1042, le patriarche Pierre sacra roi d'Arménie le jeune prince Kakig II, âgé de dix-neuf ans, fils d'Achod, de la race des Pagratides.

A cette époque, régnait à Constantinople Constantin Monomaque. Un traître, du nom de Sarkis, suggéra à l'empereur l'idée d'inviter le roi d'Arménie, sous un prétexte amical, à se rendre auprès de lui, et de lui enlever par surprise la ville d'Ani, place inexpugnable, qu'il convoitait. Monomaque envoya à Kakig une lettre d'invitation pleine des serments les plus solennels, avec un exemplaire de l'Evangile et une relique de la sainte Croix comme gage de sa sincérité. Kakig, qui connaissait la duplicité de la cour de Byzance, refusa d'abord de partir. Mais le traître Sarkis et d'autres nobles, d'intelligence

---

[1] Un des insignes des catholicos arméniens est le voile. Il est en étoffe noire et recouvre la tête en forme d'un capuchon conique.

avec lui, se présentèrent à Kakig et le poussèrent à entreprendre ce voyage.

Ils trompèrent le patriarche Pierre comme ils voulaient tromper leur roi, le prirent pour garant de leur sincérité, et s'engagèrent, sous les plus terribles imprécations, à mourir, s'il le fallait, pour la cause de leur prince.

Pour enlever toute hésitation à Kakig, ils eurent l'audace d'aller prendre sur l'autel le sang du Fils de Dieu, de plonger la plume dans ce sang adorable, et avec ce sang de signer leur horrible parjure. Kakig partit pour Byzance, où il fut reçu avec tous les honneurs dus à son rang. Un moment, il put se féliciter d'une démarche qui semblait tourner à l'honneur de sa couronne; mais l'illusion ne fut pas longue. Un jour, Monomaque l'aborda, tenant en ses mains les quarante clefs d'Ani et une lettre signée des grands qui renfermait ces mots : « Ani et tout l'Orient se donnent à toi. » Aussitôt Kakig comprit qu'il était victime d'une trahison : « Que le Christ, s'écriat-il, soit juge entre moi et ceux qui m'ont trompé! » Puis il dit à Monomaque : « Moi seul suis le maître de l'Arménie, et je ne te livre point mon royaume. » Pendant trente jours, il persista avec fermeté dans son refus, mais à la fin il dut céder, livrer sa capitale et accepter en retour les deux villes de Galombeghad et de Bizou. Le patriarche Pierre fut lui-même attiré à Constantinople, et il ne lui fut plus permis de retourner dans sa résidence d'Ani. C'est alors qu'il se retira à Sébaste, au couvent de Sainte-Croix, où il mourut et fut enterré au milieu d'un concours immense [1].

Ainsi tomba la ville d'Ani et fut déchue la dynastie des Pagratides. Située au confluent de l'Akhourian et du Rhah, qui

---

[1] Guiragos, Vartan, Matthieu d'Edesse.

se jettent dans l'Araxe, cette cité contenait, dit-on, à l'époque de sa splendeur, cent mille maisons et mille églises. En 1064, elle fut prise d'assaut par le sultan seldjoucide Alp-Arslan, et, en 1319, elle fut détruite de fond en comble par un tremblement de terre. Les ruines qui en restent donnent une haute idée de son ancienne magnificence.

CHAPITRE XI

QUATRIÈME RÉUNION DES ARMÉNIENS A L'ÉGLISE ROMAINE

Nous venons d'assister à la plus triste phase par laquelle ait passé l'Eglise en Arménie. Si tous les patriarches eussent été fidèles à leur grande mission, l'Arménie n'eût point perdu son autonomie; ou du moins si, par un secret jugement de Dieu, elle fût tombée sous le joug des Perses ou des Arabes, elle eût conservé sa fierté, son honneur et sa foi. Alors, des montagnes de l'Ararat jusqu'aux rives de l'Euphrate, un peuple robuste, un peuple compact, un peuple martyr aurait donné au monde le spectacle que devait donner plus tard l'Irlande, en faisant trembler par son héroïsme la protestante Angleterre, malgré trois cents ans de la plus sauvage persécution. Mais, hélas! l'Arménie, trahie par ses prêtres et ses pontifes, a subi l'influence délétère du schisme et de l'hérésie, et bien des caractères, par une conséquence inexorable, s'y sont affaiblis. Cependant, Dieu s'y est toujours conservé de véritables adorateurs.

Les efforts des patriarches Vahan et Pierre pour rétablir l'union ne furent pas entièrement infructueux, surtout dans la province de Vasbouragan. Héritiers du zèle de ces deux patriarches, saint Grégoire de Nareg, Grégoire Magistros et Khosrov, évêque d'Antzévatsiats, surent, par leurs écrits et leurs prédications, maintenir la saine doctrine et la foi catholique dans beaucoup de cœurs, jusqu'à ce que Dieu ménageât le retour de l'Arménie à l'antique croyance de saint Grégoire l'Illuminateur, par l'entremise de l'illustre patriarche Grégoire Vegaïasèr [1].

GRÉGOIRE II VEGAIASÈR, 34ᵉ PATRIARCHE CATHOLIQUE

(1065-1105).

Grégoire Vegaïasèr portait d'abord le nom de Vahram; il était fils de Grégoire Magistros, créé duc par l'empereur de Byzance : comme son père, il était profondément versé dans les connaissances divines et humaines, et dans les lettres grecques et arméniennes.

Après son mariage, il avait obtenu de l'empereur Constantin Ducas le même titre que son père. Mais bientôt, renonçant à tous les avantages que le monde pouvait lui offrir, il se sépara de son épouse et se retira dans un couvent, où il acquit un grand renom de sainteté. Un concile se tenait à Zamentave, pour l'élection d'un patriarche. Elu dans cette assemblée pour occuper le siège de saint Grégoire l'Illuminateur, il prit le nom de l'apôtre de l'Arménie, déploya partout une vigilance extrême, et administra l'Eglise avec toute la sollicitude d'un bon pasteur, réforma les abus qui s'étaient glissés dans les couvents et fut la consolation de l'Arménie dans ses malheurs. Enfin, il employa les loisirs que lui laissait le ministère à traduire la vie des saints, pour donner à son peuple des modèles à imiter : de

---

[1] BALDJIAN, *Histoire du catholicisme en Arménie*, p. 26.

là lui vint le nom de Vegaïasèr, c'est-à-dire ami des martyrs [1].

Cependant l'an 1071, poussé par son attrait pour la solitude, il se démit du patriarcat en faveur de son secrétaire Georges, et se retira dans le désert, sur le mont Amanus ou montagne noire, au couvent d'Arek ; mais au bout de deux années, cédant aux sollicitations pressantes des Arméniens, il reprit le patriarcat et alla habiter à Moudarrassoun. En 1073, il remit l'administration spirituelle de l'Arménie à Serge, puis se retira à Ani.

A la mort de Serge, il se donna comme vicaire son neveu Basile; quant à lui, il retourna dans les montagnes du Taurus, au couvent d'Arek. C'est de là qu'il écrivit au pape saint Grégoire VII, lui demanda le pallium [2], et chargea un prêtre du nom de Jean de porter sa missive jusqu'à Rome. Le pape lui répondit vers l'an 1080 et lui envoya le pallium, selon ses désirs. Alors, suivant les traces de saint Grégoire l'Illuminateur, Vegaïasèr voulut resserrer l'union de l'Arménie avec l'Eglise romaine, en se rendant en personne à la capitale du monde chrétien. Ce fut un beau spectacle que de voir le fameux Hildebrand et Vegaïasèr traiter en tête-à-tête les intérêts spirituels de l'Arménie. Ce dernier acquiesça aux désirs du souverain Pontife, et après un séjour de quelques mois dans la

---

(1) Samuel, Vartan, Guiragos, Lampronatsi, Chenorhali.

(2) A Sainte-Agnès, le 21 janvier, l'abbé du chapitre régulier de Saint-Sauveur vient, après la messe, bénir deux agneaux, cérémonie à la suite de laquelle ils sont remis à un dignitaire de Saint Jean de Latran, qui les porte à la bénédiction papale, d'où ils passent pour être nourris dans un couvent de religieuses désigné par le saint-père. A Pâques, un de ces agneaux est servi sur la table pontificale ; de leur laine on tisse les palliums. Le pallium, qui, avant le IVe siècle, était un attribut exclusif des papes, rappelle l'obligation de rapporter sur son cou, à l'exemple du Bon Pasteur, les brebis égarées ou malades. Comme cette mission et cette puissance procèdent de l'apôtre Pierre, c'est sur son tombeau, où on les a placés la veille de sa fête, que le pape va prendre les palliums pour les distribuer. (*Tour du monde*, Rome, Francis WEY.)

ville éternelle, il fit un voyage à Jérusalem, en Egypte et en Arménie; puis il vint goûter les douceurs de la vie d'anachorète dans son couvent d'Arek [1].

En 1082, l'empereur Alexis se mit à persécuter les Arméniens et voulut les forcer à se faire rebaptiser. Vegaïasèr sortit de sa retraite et alla intercéder en bon pasteur pour son troupeau auprès de l'empereur [2].

En 1098, les Croisés traversèrent l'Asie Mineure pour aller délivrer le tombeau de Jésus-Christ. Les Arméniens s'unirent à eux, et leur patriarche Grégoire Vegaïasèr se mit à leur tête, accompagna Godefroy de Bouillon jusqu'à Jérusalem, et il y eut la consolation de voir le saint Sépulcre délivré par Godefroy de Bouillon. Il revint ensuite à sa solitude d'Arek, où il continua à travailler à la traduction de la vie des saints et à présider à celle des homélies de saint Chrysostome [3].

Pendant ce temps, le vicaire patriarcal Basile fit un voyage à Edesse, où il fut reçu avec distinction par Baudouin. Cependant Grégoire Vegaïasèr sentait le poids des années s'appesantir sur ses épaules; néanmoins il se rendit à Raban, situé près de Kessoun, chez le prince Khogh-Vasil, qui le demandait depuis longtemps. Pendant son séjour à Garmir-Vank, monastère voisin de Kessoun, pressentant sa fin prochaine, il manda auprès de lui son vicaire Basile et le prince Khogh-Vasil, et il les pria d'établir patriarche son neveu Grégoris, après la mort de Basile, qu'il désignait pour son successeur. Ayant reçu le saint viatique, il remit son âme à Dieu après quarante années de patriarcat, et fut enterré dans ce monastère [4].

---

(1) Guiragos, Chenorhali.
(2) Tchamtchian, t. III, liv. V, ch. I.
(3) Matthieu d'Edesse.
(4) Matthieu d'Edesse; Vartan, Chenorhali.

Ainsi tomba, s'écrie Matthieu d'Edesse dans sa Chronique, ainsi tomba la colonne de la foi arménienne, le rempart de l'Eglise orientale. C'était un homme qui opérait des miracles parmi les populations, qui brillait par l'éclat de ses vertus, et dont la vie s'écoula dans la pratique du jeûne et de la prière. Il mettait son bonheur à célébrer les louanges de Dieu par le chant des psaumes. Il fut le restaurateur de la foi en Arménie; aux abus qui s'étaient glissés dans l'observation de la loi de Dieu il fit succéder une parfaite régularité. Il s'appliquait tout entier et sans relâche à faire traduire des livres grecs et syriaques. Il remplit des lumières de la sainte Ecriture l'Eglise d'Arménie. Doux et humble de cœur, il joignait à ces qualités une piété ardente et une pratique assidue des principes divins; comblé de l'abondance des dons célestes, il avait une merveilleuse aptitude à diriger le troupeau du Christ. Il ressemblait aux anciens savants de l'Arménie; je veux dire à Moïse (de Khorène) et à David (le philosophe) : car il avait une haute intelligence et une éloquence pleine de feu, et c'était avec une étonnante facilité qu'il expliquait les mystères de l'Ancien et du Nouveau Testament. Il ouvrait les sources qui découlent du sein de Dieu, et répandait l'intelligence de l'Esprit-Saint parmi les fidèles qui accouraient pour l'entendre. Il devint le modèle des religieux, les dépassant tous dans l'exercice des plus sublimes vertus. Ses obsèques furent solennelles. Etienne, supérieur du couvent de Garmir-Vank, réunit les moines et les prêtres autour de son tombeau, pour lui rendre les honneurs dus à son rang de pontife. Khogh-Vasil et les autres membres de la noblesse arménienne versèrent des larmes amères sur sa perte, et déplorèrent profondément le vide qu'elle laissait parmi eux.

BASILE Ier D'ANI, 35e PATRIARCHE CATHOLIQUE
(1105-1113).

Ce patriarche, né à Ani, fut, comme nous l'avons vu, pendant longtemps vicaire de Grégoire Vegaïasèr. Pendant son vicariat il se rendit auprès du Mélik-Chah, et en obtint que les églises arméniennes situées sur le territoire persan fussent exemptes de tout impôt. De retour à Ani, il se transporta à Honi et y déposa Théodore, qu'on avait donné, contrairement aux canons, comme successeur à Etienne, vicaire patriarcal de Vegaïasèr [1].

Reconnu patriarche après la mort de Vegaïasèr, il prit un soin particulier de l'éducation de Grégoire et de Nersès, que leur oncle, le patriarche défunt, lui avait recommandés. Il avait fixé sa résidence au couvent du désert de Choughr, près de Kessoun. Il conçut alors le projet de faire la visite des Lieux saints, et il se rendit au village de Vartahèr, à côté de Béhesni, afin de prendre l'avis de son clergé, qu'il avait convoqué à ce sujet. Le jour même de son arrivée à Vartahèr, Basile était monté sur la terrasse de la maison où il était descendu; il récitait l'office du soir avec ses évêques et ses prêtres, quand tout à coup la terrasse s'effondra et le patriarche fut enseveli sous les décombres; on l'en retira grièvement blessé au côté. Il se fit immédiatement transporter au monastère du désert de Choughr; et là, sentant sa mort prochaine, il recommanda de lui donner pour successeur Grégoris, neveu de Vegaïasèr, et le 13 novembre 1113, il rendait son âme à son Créateur [2].

(1) Tchamtchian, t. III, liv. V, ch. II.
(2) Matthieu d'Edesse, Samuel, Vartan, Guiragos.

GRÉGOIRE III PAHLAVOUNI, 36ᵉ patriarche catholique
(1113-1166).

Après les obsèques de Basile, les évêques et les vartabeds se réunirent à Garmir-Vank et procédèrent à l'élection d'un nouveau patriarche. Leur choix tomba, suivant la recommandation du patriarche défunt, sur Grégoris ou Grégoire, fils d'Abirad, petit-fils de Grégoire Magistros et neveu de Vegaïasèr, de la famille des Pahlavouni. Il n'était âgé que de vingt ans, mais il était d'un port majestueux; par sa vertu et sa science il égalait les vieillards. Puissant en parole et en œuvres, il fut un des plus illustres patriarches de l'Arménie. L'innocence de sa vie ne brillait pas moins que sa belle intelligence. Il fit éclater sa charité en délivrant des fers des milliers de prisonniers. Profondément versé dans la connaissance des lettres humaines, il traduisit plusieurs ouvrages, composa des sermons, acheva la vie des saints commencée par Vegaïasèr, et en ordonna la lecture dans les églises [1]. En un mot, dit l'historien Guiragos de Kantzag, c'était un homme extraordinaire, qui fit fleurir les institutions de l'Eglise et leur donna de jour en jour un plus vif éclat.

Cependant David, archevêque d'Aghtamar, en apprenant l'élection de Grégoire III, refusa de se soumettre à son obéissance à cause de sa jeunesse. Pour colorer sa rébellion, il prétendit qu'il occupait le siège du patriarche Vahan, et que la contrée de Vasbouragan, où il habitait, étant le berceau de la dynastie des Ardzrounis, il avait droit à la dignité patriarcale, d'autant plus qu'il était possesseur de la main droite de saint

---

[1] Nersès, Chenorhali.

Grégoire, de son bâton pastoral, de sa ceinture de cuir et d'une chaussure de sainte Ripsime. Moyennant certaines sommes d'argent, il gagna à son parti des princes qui habitaient dans le voisinage, et il engagea quelques évêques à le reconnaître. A la nouvelle de cette révolte, Grégoire III réunit un concile à Kara-Dagh ; les évêques, les vartabeds, les religieux et les principaux de la nation s'y trouvèrent rassemblés au nombre de deux mille cinq cents. Grégoire, de l'avis du concile, prononça contre l'intrus David une sentence de déposition et d'excommunication. David ne se soumit point et continua à occuper toute sa vie le siège patriarcal qu'il s'était fabriqué. Mais le patriarche Grégoire sut par son zèle détacher plusieurs évêques qui avaient suivi le pseudo-patriarche ; il recouvra même les insignes reliques de saint Grégoire, dont l'intrus était détenteur [1].

Grégoire III, voyant que le monastère de Choughr, où il habitait, était trop éloigné du centre de l'Arménie, transporta sa résidence dans la forteresse de Dzovk, située dans un îlot du lac de Kharpout [2]. C'est là qu'après avoir complété l'éducation de son frère Nersès, il l'éleva au sacerdoce et peu de temps après à l'épiscopat, à cause de sa science et de sa sainteté. Il l'envoya plusieurs fois visiter son troupeau et faire des réformes que ses manières gracieuses firent accepter [3].

L'an 1141, Grégoire III et son frère Nersès furent invités au concile que les Latins avaient convoqué à Antioche, et qui était présidé par Albéric, évêque d'Ostie, légat du pape Innocent II. Ils y reçurent l'accueil le plus bienveillant. Toute la population se porta au-devant d'eux avec des torches et des flambeaux, et

---

[1] Vartan, Chenorhali, Guiragos.
[2] Samuel, Chenorhali, Vartan.
[3] Tchamtchian, t. III, liv. V, ch. IX.

les conduisit avec pompe et solennité à l'église de l'apôtre saint Pierre.

A la fin du concile, Grégoire III renvoya son frère à Dzovk, pour le remplacer pendant son absence, et il suivit le légat du saint-siège dans le pèlerinage qu'il faisait en Palestine. Après les fêtes de Pâques, Albéric tint un concile dans la ville sainte, dans lequel Grégoire exposa les croyances des Arméniens et leurs cérémonies religieuses. Il reçut avec humilité les observations qui lui furent faites, et promit de s'employer de tout son pouvoir aux réformes nécessaires [1].

Les Francs, maîtres alors de Jérusalem, ainsi que leur patriarche, resserrèrent plus fortement que jamais, à cause de Grégoire, les liens d'amitié qui les unissaient à la nation arménienne. Il renouvelèrent, à cette occasion, les anciens traités de Tiridate et de saint Grégoire avec l'empereur Constantin et le pontife saint Sylvestre [2].

Après le départ de Grégoire III, les Latins écrivirent avec éloge à son sujet, au pape Innocent II. Le souverain Pontife lui envoya, avec une lettre affectueuse, un bâton pastoral et un voile patriarcal [3].

Grégoire III, quatre ans plus tard, c'est-à-dire en 1145, envoya au pape Eugène III des ambassadeurs pour le supplier de résoudre des questions relatives au pain azyme, à la célébration des fêtes et à quelques cérémonies. Après un voyage d'une année et demie, les ambassadeurs rencontrèrent le Pape à Viterbe et lui remirent la lettre patriarcale.

Au sortir de la messe, célébrée par le Pape, à laquelle assistaient les ambassadeurs, l'un d'eux, qui était évêque, assura

---

(1) *Histoire des conciles arméniens;* Samuel; Guillaume de Tyr, XV, xviii.
(2) GUIRAGOS DE KANTZAG, *Histoire d'Arménie.*
(3) Lampronatsi.

avoir vu le souverain Pontife environné d'une lumière au milieu de laquelle voltigeaient deux colombes. Eugène III leur remit une lettre pour leur patriarche, dans laquelle il traitait de questions dogmatiques, du pain du sacrifice, de la mixtion de l'eau au vin de la messe et de la célébration de Noël au 25 décembre. Cette lettre est mentionnée dans les canons du sixième concile de Sis et dans un historien arménien anonyme [1].

Sous le patriarcat de Grégoire III, s'élevèrent en Mésopotamie, et dans les parties de l'Arménie limitrophes, de vives disputes au sujet des souffrances de Notre-Seigneur, de l'adoration de la croix et des sacrifices judaïques. Grégoire, par l'organe de son frère Nersès, déclara que Jésus-Christ, ayant deux natures unies à une seule hypostase, n'avait souffert que dans son humanité, qu'il fallait adorer la croix d'un culte relatif, et qu'on pouvait distribuer la chair des animaux aux indigents, sans cependant qu'il fût permis d'immoler des victimes [2].

Ce fut du temps de Grégoire III que le vartabed Ignatios composa un beau commentaire sur saint Luc.

L'an 1147, les mahométans, sous la conduite de l'émir Maksoud, ravagèrent l'Asie Mineure, et reprirent Marache sur les Croisés. Grégoire III, ne se croyant pas en sûreté dans la forteresse de Dzovk, transporta sa résidence dans celle de Roum-Kalé, qui avait appartenu autrefois à Kogh-Vasil, et qui était alors entre les mains du comte français Josselin de Courtenay. Cette forteresse était située non loin de l'Euphrate, sur un affluent de ce fleuve nommé Marzeman [3]. La comtesse Josse-

---

(1) Baronius cite, pour confirmer le fait du voyage de ces ambassadeurs auprès d'Eugène III, l'évêque Othon, témoin oculaire.
(2) Chenorhali.
(3) Voici ce que dit Elisée Reclus sur la position de Roum-Kalé sur l'Euphrate :
« Dans cette partie de son cours, l'Euphrate se dirige vers la Méditerranée, et vers sa

lin, femme d'une grande piété, donna, en l'absence de son mari, une généreuse hospitalité au patriarche arménien et à son frère Nersès. En 1149, le prince Josselin étant tombé entre les mains de Nour-Eddyn, qui commandait à Alep, fut emmené prisonnier dans cette ville, où il mourut peu de temps après. Sa veuve voulut retourner en Europe et remit en dépôt la forteresse de Roum-Kalé entre les mains du patriarche Grégoire. Quelque temps après, celui-ci l'acheta au fils de Josselin. Ce fut ainsi que cette forteresse devint la résidence patriarcale jusqu'en 1293 [1].

Il y avait déjà cinquante-trois ans que Grégoire occupait le siège patriarcal; se voyant accablé sous le poids des années, il réunit les évêques de la contrée, et, de leur consentement, il remit les insignes du patriarcat à son frère Nersès, qui, après bien des refus, se résigna à accepter la dignité de chef spirituel de l'Arménie (1166). Trois mois après, mourut le patriarche Grégoire, et il fut enseveli dans le tombeau qu'il s'était préparé de son vivant [2].

courbe extrême, entre Roum-Kalé et Biredjik, il n'en est plus qu'à 155 kilomètres. A ce méandre, si important au point de vue historique, viennent aboutir les voies naturelles entre la mer et le fleuve.

» Le nom même de Roum-Kalé ou « château des Romains » indique l'importance que Romains ou Byzantins attachaient à cette partie du fleuve, le zeugma des anciens ou la « jonction. » le « lieu de passage » par excellence. En amont, des ponts furent jetés sur l'Euphrate à diverses époques; plus bas, à Bir ou Biredjik, principal lieu de transit des caravanes, on a vu jusqu'à cinq mille chameaux attendre les bateaux de passage.

» En aval de Samosate, l'Euphrate reçoit le torrent qui descend de l'étroit bassin entouré de monts calcaires, où se trouve la ville turque de Béhesni. Plus bas, Roum-Kalé, le « château des Romains, » fut, comme Samosate, un lieu de passage très fréquenté. Actuellement, la ville où se fait presque toujours le transit des caravanes de l'un à l'autre bord est Bir, Bir-al-Birate ou Biredjik. C'est là, dit la légende grecque, que Bacchus jeta le premier pont sur l'Euphrate pour marcher à la conquête des Indes. » (T. IX.)

(1) Chenorhali, Guiragos, Vartan.
(2) Chenorhali.

S. NERSÈS III GLAIÉTSI, 37ᵉ PATRIARCHE CATHOLIQUE
(1166-1173).

Saint Nersès, appelé aussi Chenorhali, se consacra, dès le début de son patriarcat, aux soins de son Eglise. Sa sollicitude s'étendit à tous les rangs de la société. Il écrivit une lettre encyclique dans laquelle il exposa la foi catholique, et rappela leurs obligations aux évêques, aux prêtres, aux religieux, aux princes et aux autres fidèles. Non content d'avertir ses ouailles en général, il envoya en particulier, à un grand nombre de personnes, des lettres pleines d'onction. Il s'efforça aussi de déraciner les abus même les plus invétérés, mit de l'ordre dans la liturgie, et, laissant les cérémonies du rite grec pour l'ordination des prêtres et des évêques, il emprunta aux Latins les leurs (1). Il est l'auteur de belles hymnes, qui sont encore chantées dans les églises arméniennes.

Une grave animosité s'était élevée entre deux princes arméniens, appelés Ochin et Théodore. Le patriarche intervint avec charité et les réconcilia.

On a de Nersès un grand nombre d'ouvrages, entre autres l'histoire en vers de l'Arménie et un long poème sur Jésus-Christ. Des païens, qui portaient le nom de fils du soleil et qui habitaient aux environs de Samosate, s'adressèrent à Nersès pour se faire chrétiens; le patriarche les fit instruire et baptiser.

Du temps de Nersès, se trouvait à Thevin un jeune Persan, qui, en fréquentant les chrétiens et en assistant aux cérémonies religieuses, fut pris du désir d'embrasser la vraie foi et se fit baptiser. Pour échapper à la colère de son père, il se retira à

---

(1) Tchamtchian.

Roum-Kalé. Nersès le fortifia dans la foi et l'encouragea à la garder, fût-ce même en donnant sa vie pour elle. De retour à Thevin, il trouva que son père était mort. Il annonça à sa mère et à ses frères le royaume de Dieu ; mais ceux-ci le livrèrent au gouverneur mahométan ; celui-ci le jeta en prison, et après lui avoir fait endurer le tourment de la faim, il lui fit arracher les entrailles et trancher la tête [1].

Sous le patriarcat de Chenorhali, les Grecs de Constantinople, voyant les rapports directs que les Arméniens entretenaient avec le saint-siège, tentèrent de les soumettre à leur domination. C'est pour cela que l'empereur Manuel Comnène envoya un certain Théorianus à Roum-Kalé, pour chercher à décider Nersès Chenorhali à subordonner, sous prétexte d'union, l'élection du patriarche arménien aux caprices de la cour de Byzance. Les discussions durèrent pendant un mois ; mais rien ne fut conclu : car les Arméniens refusèrent, en fin de compte, de se mettre sous la dépendance de l'empereur grec, et ils firent bien. Du reste, qu'avait à faire l'Arménie avec le Bas-Empire ? Unie à Rome, le centre du monde chrétien, pouvait-elle se réunir avec les Grecs, que Michel Cérulaire avait séparés de l'Eglise de Dieu depuis un siècle ? On se demande alors comment Nersès Chenorhali a pu sérieusement s'occuper de se réunir aux Grecs ? Mais Théorianus ne se présentait point comme l'ennemi de l'Eglise romaine. Au contraire, dans une lettre écrite à des solitaires, il leur disait à ce sujet : « Je vous recommande surtout de vous tenir à l'écart de toute discussion ; car la dispute n'est point dans nos usages, ni dans ceux de l'Eglise de Dieu. Mais ayez la paix avec tous, la paix du Christ, qui de deux n'a fait qu'un....

---

[1] Vartan.

« Aimez les Latins, vos frères, car ils sont orthodoxes et les enfants de l'Eglise catholique et apostolique, aussi bien que nous. S'il s'élève parmi vous des discussions, qu'elles ne roulent pas sur les questions de foi. Car tout est bon quand il est fait pour la gloire de Dieu. En effet, dans les usages des Latins et dans les nôtres, il ne se rencontre rien de désordonné ou de blâmable, et des deux côtés le but est bon et saint : pour les sages, tout est droit, et pour les insensés, tout est scandale [1]. »

De plus, saint Nersès croyait alors que les Grecs songeaient à se réunir à l'Eglise romaine, comme on le voit dans la lettre qu'il écrivit à l'empereur Manuel : « Nous avons appris, lui disait-il, que le saint et le premier de tous les évêques, le pontife de Rome, successeur de l'apôtre Pierre, vous a envoyé deux savants personnages pour traiter avec Votre Majesté de l'union dans la foi. » De fait, le Pape avait envoyé deux légats en 1168, pour réunir les Grecs à trois conditions : 1° ils devaient reconnaître la suprématie de Rome ; 2° permettre le recours au saint-siège, et 3° nommer le souverain Pontife à la messe. Mais le clergé grec s'y refusa.

On s'explique alors la conduite de saint Nersès dans cette conjoncture, outre que ce patriarche, en ménageant un rapprochement avec les Grecs, voulait sans doute faire cesser les vexations que ceux-ci avaient souvent fait subir aux Arméniens.

Théorianus a consigné dans des dialogues les controverses qu'il a eues avec Nersès Chenorhali ; mais on ne saurait les accepter sans faire des réserves. Le rôle qu'il s'y donne est celui d'un docteur omniscient, tandis que celui qu'il attribue à Nersès Chenorhali est celui d'un disciple, qui avoue ingénu-

---

[1] Lettre trouvée récemment par le cardinal Maï dans la bibliothèque vaticane.

ment son ignorance en bien des points. Un tel rôle n'est pas conforme au caractère de Chenorhali, qui a été l'un des plus grands et les plus savants personnages de l'Arménie.

Arrivé à l'âge de soixante-quinze ans, Nersès tomba gravement malade et mourut en 1173. Il fut enseveli à côté de son frère Grégoire III.

GRÉGOIRE IV DEGHA, 38ᵉ PATRIARCHE CATHOLIQUE

(1173-1193).

Grégoire Degha succéda à Chenorhali. Ce fut lui qui établit Nersès Lampronatsi archevêque de Tarse, à cause de sa science et de sa sainteté.

A son avènement, les Grecs renouvelèrent auprès de lui leurs instances, afin que l'Arménie s'unît à eux. Grégoire IV leur déclara qu'il reconnaissait en Jésus-Christ deux natures, deux opérations et deux volontés; qu'il admettait le concile de Chalcédoine et les autres conciles œcuméniques; qu'il composait le saint chrême avec du baume et de l'huile; qu'afin d'enlever toute ambiguïté, il ajoutait au Trisagion ces mots : Qui êtes incarné et qui avez été crucifié pour nous; quant à la fête de Noël, nous ne pouvons, ajoutait-il, la célébrer le 26 décembre sans exciter l'admiration du peuple; pour l'azyme, nous suivons l'usage de l'Eglise romaine; nous n'admettons pas votre usage de mêler de l'eau chaude [1] au précieux sang après la consécration; quand vous autres Grecs, vous renoncerez au pain

---

[1] Dans le rite grec, même chez les catholiques, après la consécration, on fait chauffer sur une bougie allumée une petite cuillerée d'eau, que le prêtre verse ensuite dans le calice afin d'indiquer la dévotion ardente avec laquelle on doit recevoir le précieux sang. Il ne faut donc pas confondre cette exigence des Grecs avec l'usage apostolique de mêler au vin destiné à être consacré quelques gouttes d'eau qui rappellent l'union de Jésus-Christ avec les fidèles.

fermenté, nous, nous mêlerons de l'eau au vin de la messe; enfin, nous ne pouvons consentir à laisser à l'empereur le choix de notre patriarche.

Malgré cette déclaration, les Grecs ne perdirent pas courage, ils envoyèrent des délégués au concile tenu à Roum-Kalé par les Arméniens en 1179. Mais la mort de l'empereur Manuel interrompit les négociations, et, depuis lors, on ne parla plus d'union entre les Grecs et les Arméniens. Ceux-ci continuèrent à être unis à l'Eglise catholique en en recevant tous les dogmes. Néanmoins, certains points de discipline n'étaient guère acceptés, comme on le voit, malgré les recommandations de Rome. Rome les leur rappela souvent dans ses avis paternels, sans en faire toutefois un cas de rupture avec eux (1).

A cette époque, le supérieur du couvent de Sanah, Grégoire Doudévorti, se révolta contre le patriarche Grégoire. Celui-ci lui écrivit avec douceur de se soumettre; mais ce fut en vain, Doudévorti et ses partisans se donnèrent un pseudo-patriarche du nom de Basile, qui siégea à Ani. Dans sa lettre au roi Léon, saint Nersès de Lampron ne nous trace pas un portrait flatteur de cet intrus : c'était, dit-il, un ivrogne, qui passait sa vie avec des chanteuses et dans les orgies et la crapule. Cependant le reste de la nation demeura fidèle à son véritable pasteur (2).

Les Grecs de Cilicie virent d'un mauvais œil l'union des Arméniens avec les Latins, et ils cherchèrent à semer la zizanie parmi eux. Le patriarche Grégoire voulut informer le pape Lucius III des agissements des Grecs schismatiques, et il chargea un évêque du nom de Grégoire de porter sa lettre à Rome. L'envoyé, ne trouvant pas le souverain Pontife dans

---

(1) Lampronatsi, Vartan.
(2) Lampronatsi, Vartan, Vahram, Guiragos.

cette ville, se rendit à Vérone, où il était alors. Il y fut reçu avec bonté par le Pape, qui lui donna des ornements épiscopaux et une réponse pour le patriarche. Dans cette réponse, datée du 3 décembre 1184, Lucius III recommandait à Grégoire de mêler un peu d'eau au vin du saint sacrifice, selon la tradition apostolique; de célébrer la fête de Noël le 25 décembre; de bénir le saint chrême le jeudi saint; de consacrer les évêques le dimanche et de témoigner une obéissance filiale au saint-siège. Le Pape le chargea du soin de tous les chrétiens qui étaient en Cilicie, et lui fit remettre le pallium, un anneau et une mitre [1].

Le pape Clément III écrivit une lettre datée du 29 mai 1189, au patriarche Grégoire, et le pria d'aider les Croisés, commandés par l'empereur Frédéric; il écrivit en même temps au prince arménien Léon, en l'engageant à joindre ses soldats à ceux de l'empereur pour la délivrance de Jérusalem.

Grégoire demanda au souverain Pontife de lui envoyer du saint chrême de Rome. Le Pape lui répondit que la chose était très difficile à cause de la grande distance, et qu'il devait se contenter de le bénir lui-même [2].

Pendant le patriarcat de Grégoire, vint à Roum-Kalé Théodore-Jean Bar-Ouahboun, qui avait été fait patriarche jacobite par quatre évêques mécontents de leur patriarche Mar-Mikaïl (1180).

Ce Théodore était un homme instruit, très versé dans le grec, le syriaque, l'arménien et l'arabe. Sacré dans une église, pendant la nuit et les portes closes, il sortit le matin à la faveur d'un déguisement, et partit pour Mossoul, afin de s'y faire re-

---

(1) Lampronatsi, Vartan.
(2) Lampronatsi.

connaître patriarche. Il fut arrêté par Mikaïl : mais, ayant pu s'échapper, il se cacha. Repris, il fut conduit dans un monastère et revêtu d'habits séculiers. Là, on le fit tenir debout au coin de l'autel, pendant la messe, et tous les assistants défilèrent devant lui en lui crachant à la figure.

Quelques moines du couvent eurent pitié de lui et, avec des cordes, le firent passer par-dessus les murs et le mirent en liberté.

Bar-Ouahboun arriva à Damas, où il séjourna quelque temps. De là il se transporta à Jérusalem et y fut bien accueilli par Héraclius, qui occupait alors le siège du patriarcat latin dans la ville sainte. Il se rendit ensuite à Roum-Kalé.

Grégoire Degha le reçut avec de grandes démonstrations de joie, et fit tous ses efforts pour l'aider à se faire reconnaître pour patriarche de tous les Syriens. Il distribua même de fortes sommes aux différents gouverneurs turcs de la Syrie et de la Mésopotamie, pour en obtenir la déposition officielle de Mikaïl. En outre, il le conduisit lui-même à Sis, auprès du roi Léon. Celui-ci lui témoigna un vif intérêt et le fit reconnaître comme patriarche par tous les Syriens de son royaume.

Bar-Ouahboun mourut en 1192 [1]. Tout porte à croire qu'il était sincèrement rentré dans le giron de la sainte Eglise romaine.

Ce patriarche, pendant sa vie, fit élever une grande église à Roum-Kalé, sous le vocable de saint Grégoire l'Illuminateur. A sa mort, il fut enseveli à côté des patriarches Nersès et Grégoire III.

---

[1] Bar-Hebræus, 1re partie, *Chronique ecclésiastique*, p. 584.

GRÉGOIRE V MANOUG, 39ᵉ PATRIARCHE CATHOLIQUE

(1193-1194).

Grégoire Manoug, neveu de Grégoire IV, lui succéda sur le siège patriarcal de l'Arménie. A la nouvelle de sa nomination, Doudévorti espéra que le nouveau patriarche reviendrait sur les mesures prises contre lui par son prédécesseur; mais Grégoire s'y refusa énergiquement.

Alors Doudévorti et ses partisans en appelèrent à la cabale et cherchèrent à circonvenir le prince Léon. Prétextant la jeunesse du patriarche, ils l'accusèrent d'affecter des airs d'indépendance et de revendiquer pour lui seul l'exercice de l'autorité. Par ces manœuvres, ils excitèrent le mécontentement des grands contre leur pasteur légitime. Ceux-ci écrivirent à Léon que Grégoire n'avait pas la sagesse nécessaire pour remplir convenablement les hautes fonctions dont il était revêtu. Ils renouvelèrent trois ou quatre fois ces dénonciations, jusqu'à ce qu'ils eussent gagné ce prince à leur sentiment. Léon, s'étant déclaré pour Doudévorti, l'invita à venir convoquer un concile à Sis, puis il envoya à Roum-Kalé Jean, archevêque de Sis, pour agir comme il le jugerait à propos dans sa prudence. Celui-ci était l'un des adversaires du patriarche. Grégoire le reçut à son arrivée avec tous les honneurs de l'hospitalité; mais tandis qu'ils étaient ensemble à table, l'archevêque ayant fait un signe de la main à ses gens de service, ceux-ci allèrent s'emparer de la porte de la forteresse. Le tumulte devint général. Le patriarche surpris dit à Jean : « Seigneur, de quoi s'agit-il ? — Tu es prisonnier, » répondit l'archevêque. Aussitôt ces scélérats se saisirent de Grégoire et le confinèrent dans une prison d'où il était impossible de s'évader.

Lorsque le bruit de cet attentat se fut répandu au dehors de la forteresse et dans l'intérieur du village, toutes les populations environnantes accoururent au secours de leur patriarche et attaquèrent la place pendant trois jours, avec des volées de flèches, mais leurs efforts furent inutiles.

L'archevêque conduisit le patriarche à Léon, qui le fit enfermer dans la forteresse de Gobidar. Grégoire y était prisonnier depuis quelque temps, lorsque les habitants de Roum Kalé, douloureusement affectés du traitement injuste infligé à leur patriarche, lui firent dire en secret que s'il pouvait réussir à s'évader, ils lui amèneraient un cheval et iraient le rétablir dans la possession de Roum-Kalé et de son siège. Grégoire, ayant ajouté foi à ces paroles, s'attacha pendant la nuit un drap de toile autour du corps et se laissa descendre le long des murailles de la forteresse, mais tout à coup le lien qui le tenait attaché se rompit, et le patriarche, dans sa chute, se brisa la tête sur un rocher; sa mort fut instantanée.

Grégoire V fut enterré à Terazarg; il n'avait occupé le patriarcat que durant une année [1].

GRÉGOIRE VI ABIRAD, 40ᵉ PATRIARCHE CATHOLIQUE

(1195-1202).

Après le tragique événement que nous venons de raconter, la faction schismatique ne put empêcher l'élection de Grégoire Abirad. Doudévorti et ses partisans méconnurent son autorité et voulurent introniser à sa place leur pseudo-patriarche d'Ani, Basile. Heureusement que le prince Léon, revenu à de meil-

---

[1] SEMPAD, *Chronique du royaume de la Petite-Arménie*; Lampronatsi, Vartan, Guiragos.

leurs sentiments, s'opposa à la réalisation de ce projet sacrilège. Néanmoins les habitants du nord de l'Arménie restèrent schismatiques, en demeurant attachés au parti de Basile d'Ani [1].

Les Grecs étaient irrités contre les Arméniens, qui n'avaient pas cessé d'être fidèles à l'Eglise catholique, et ils recommencèrent leurs misérables vexations, rebaptisant par force ceux qui tombaient entre leurs mains, les confirmant de nouveau et réordonnant les prêtres bon gré, mal gré. Grégoire VI, pour mettre un terme à ces excès, députa Nersès Lampronatsi à l'empereur Isaac l'Ange, dans l'espoir que celui-ci arrêterait toutes ces abominations ; mais Nersès n'en reçut que de bonnes paroles, et les Grecs schismatiques continuèrent, comme par le passé, à s'annexer par la violence le plus d'Arméniens qu'ils purent [2].

Cependant le Ciel voulut récompenser, même dans le temps, la fidélité de l'Arménie à l'Eglise romaine, en lui rendant la souveraineté temporelle. Voici dans quelles circonstances. Le prince Léon, en 1193, désira se faire sacrer roi d'Arménie : pour cet effet, il envoya un ambassadeur au pape Célestin III, et le pria de daigner lui accorder une bénédiction particulière avec une couronne. Il écrivit en même temps, par l'entremise du Pape, à l'empereur romain Henri VI, pour obtenir sa protection. Célestin III agréa la demande du prince Léon et chargea le cardinal Conrad de Wittelsbach, archevêque de Mayence, de lui porter une magnifique couronne, qu'il bénit lui-même. Conrad, à son passage en Sicile, remit à l'empereur la lettre du prince arménien. Henri promit sa protection à Léon et

---

(1) Lampronatsi, Guiragos, Vartan, Vahram.
(2) Krikor, Vartabed, Sguévratsi.

confia au cardinal une bannière qu'il devait lui remettre de sa part. Le patriarche Grégoire et le prince Léon reçurent le légat du souverain Pontife avec de grands honneurs. Avant de couronner le prince arménien, Conrad demanda, de la part du Pape, l'observation de trois points disciplinaires : premièrement, les grandes fêtes devaient être célébrées aux jours où elles tombaient dans l'Eglise catholique ; deuxièmement, le peuple ne devait point sortir pendant la célébration du saint sacrifice ; troisièmement, le jeûne ne devait point être rompu le soir des veilles de Pâques et de Noël. Le cardinal exigea du patriarche et des évêques d'en signer l'acceptation ; ils le firent et jurèrent spécialement de célébrer la fête de Noël le 25 décembre. Une grande solennité eut lieu à Tarse, dans l'église de Sainte-Sophie ; Léon y fut sacré roi d'Arménie par le légat du saint-siège, à la grande joie de la nation arménienne, le 6 janvier 1198, fête de l'Epiphanie. Le discours du sacre fut prononcé par Nersès Lampronatsi [1].

Après la cérémonie, le cardinal remit au roi Léon les présents que lui envoyait le souverain Pontife. Sur ces entrefaites, on apprit la mort du pape Célestin III, et l'élévation d'Innocent III au souverain pontificat. Le patriarche Grégoire VI et le roi Léon remirent au cardinal Conrad une lettre pour le nouveau Pape, dans laquelle ils le remerciaient de ce que son prédécesseur avait fait en faveur de l'Arménie, et de ce qu'il avait rendu aux Arméniens la couronne qu'ils avaient perdue par le schisme.

Voici en quels termes le nouveau roi commençait sa lettre au souverain Pontife : « A notre très vénéré père dans le Christ, au seigneur Innocent, par la grâce de Dieu souverain Pontife

---

[1] Lampronatsi, Guiragos, Vartan, Vahram, Vileprand.

et Pape universel, Léon, roi de tous les Arméniens.... Gloire, reconnaissance et honneur au Dieu tout-puissant, qui a bien voulu vous établir le digne pasteur et le guide de son Eglise.... Nous désirons rappeler tous les Arméniens dispersés dans les différents pays à l'union avec votre sainte Eglise romaine. »

Dans les deux lettres de Grégoire au pape Innocent III, le patriarche se nomme le fils de la sainte Eglise romaine, qui est la mère de toutes les Eglises et le fondement de la loi chrétienne, et qui remplit l'univers de l'éclat de sa splendeur ; il appelle le souverain Pontife le chef suprême et universel de toute l'Eglise, auquel il est soumis, lui, ses archevêques, ses évêques et tout son clergé, et dont il reçoit avec eux les ordres dans un esprit d'amour, comme étant le père de toute la foi chrétienne. Innocent III répondit aux lettres du roi et du patriarche en leur envoyant sa bénédiction apostolique et en les félicitant de leur soumission filiale au saint-siège. Deux cardinaux, nommés Soffred, du titre de Sainte-Praxède, et Pierre, du titre de Saint-Marcel, furent chargés de cette mission; ils remirent en outre au nouveau roi d'Arménie l'étendard de saint Pierre, que le souverain Pontife avait bénit lui-même [1].

Le patriarche Grégoire, qui était retourné à sa résidence de Roum-Kalé, vint à Sis, demander au roi Léon la délivrance de quelques prisonniers. Il avait obtenu du monarque ce qu'il souhaitait, quand il mourut dans cette ville, après un séjour de quelques mois.

(1) Rainaldi, Vartan.

JEAN II DE SIS, 41ᵉ patriarche catholique

(1202-1220).

Jean, évêque de Sis, succéda à Grégoire VI. Il avait le surnom de Médzapan, à cause de sa belle prestance.

Le jour de son intronisation, il fit entre les mains du légat apostolique, le cardinal Pierre, du titre de Saint-Marcel, qui se trouvait alors à Sis, une solennelle profession d'obéissance au saint-siège, en présence du roi, des barons et de tout le peuple, selon la formule prescrite par Innocent III. Il reçut avec humilité le pallium que le pape lui avait envoyé, et promit de se rendre tous les cinq ans à Rome, la mère et la maîtresse de toutes les Eglises, soit en personne, soit par ses représentants, suivant les canons apostoliques. « Au très vénéré père dans le Christ, disait-il dans sa lettre au Pape, au seigneur Innocent, souverain Pontife par la grâce de Dieu et patriarche universel, de la part de Jean, par la même grâce de Dieu humble patriarche des Arméniens et serviteur de Votre Sainteté, salut et profonde soumission.... L'Eglise arménienne ayant connu, par une faveur ineffable de la Providence divine, la primauté et la suprématie de la sainte Eglise romaine, s'en est constituée la fille dévouée [1]. »

Ce fut par cette noble conduite, qu'il inaugura son patriarcat. Il s'était transporté à sa résidence de Roum-Kalé, quand éclata entre lui et le roi Léon une grave mésintelligence qui dura pendant trois ans, et qui jeta le trouble dans toute l'Arménie. Léon eut le tort de substituer au patriarche légitime un intrus du nom de David. La ville de Sébaste l'imita,

---

[1] Galano, t. I, p. 162.

en se donnant comme patriarche un autre intrus appelé Ananie. Le pseudo-patriarche d'Ani, Basile, profitant de ces troubles, se mit à parcourir les villes du nord, et vint jusqu'à Césarée, cherchant à détacher les Arméniens de l'union catholique. A la mort de l'intrus David, qui séjourna seulement trois ans à Sis, le roi Léon et le patriarche Jean se réconcilièrent. Celui-ci quitta Roum-Kalé et vint s'établir à Sis, auprès du roi (1).

Après dix-huit ans de règne, mourut le roi Léon (1219), et le patriarche Jean couronna sa fille Isabelle reine d'Arménie. Jean II était retourné ensuite à Roum-Kalé, et c'est là qu'il mourut.

CONSTANTIN Ier PARTSERPERT, 43e PATRIARCHE CATHOLIQUE (1220-1268).

Ce patriarche était un homme remarquable par sa science et son esprit intérieur. Il était aimé de sa nation et beaucoup de personnes se croyaient redevables à ses prières des faveurs divines qu'elles avaient obtenues. L'Arménie lui doit l'érection de plusieurs monastères. La première année de son patriarcat, il bénit le mariage de la reine Isabelle avec Philippe d'Antioche, prince latin, qui devint ainsi roi d'Arménie.

En 1238, le patriarche latin d'Antioche se plaignit au Pape Grégoire IX de ce que le patriarche arménien lui refusait obéissance. Le patriarche Constantin et le roi Hétoum, qui avait obtenu la main d'Isabelle, à la mort de Philippe, envoyèrent, de leur côté, des ambassadeurs au souverain Pontife, en lui déclarant qu'ils ne connaissaient d'autre supérieur que le Pape. Celui-ci approuva les réclamations du patriarche Constantin

---

(1) Guiragos, Vartan.

et lui envoya, avec sa bénédiction, un manteau, un anneau et une mitre. Sur ces entrefaites, Grégoire IX mourut. Le patriarche Constantin fit remettre à Innocent IV, son successeur, une lettre de remerciement pour les dons qu'il avait reçus de son prédécesseur [1].

Voici les titres que ce patriarche donnait dans sa lettre à Innocent IV : « Au Père des Pères, à la gloire des pasteurs, à la fontaine de vie; à celui qui dans sa miséricorde, sa piété et son indulgence, intercède pour le peuple de Dieu, et qui est parfait dans les choses divines, excellent dans la spiritualité; au soleil de justice dont la lumière remplit les quatre points cardinaux de la terre, et qui resplendit dans toutes les Eglises catholiques; au chérubin et au séraphin incarné occupant la chaire du bienheureux Pierre, à Monseigneur le Pape. »

Dans une profession de foi qu'il envoya au souverain Pontife, il déclara reconnaître la sainte Eglise romaine comme mère et maîtresse de toutes les Eglises, et il nomma Innocent IV le Père des Pères, siégeant sur le trône de saint Pierre, le prince des apôtres, établi par Jésus-Christ le fondement de l'Eglise.

Des abus s'étaient introduits par le relâchement dans la nation arménienne; c'est pourquoi Constantin se transporta à Sis, et, d'accord avec le roi Hétoum, il convoqua un concile en 1243 pour y remédier. Vingt-cinq canons y furent dressés; en voici les principaux : les ordinations doivent être gratuites; nul, s'il n'a trente ans et un bon témoignage, ne peut être élevé à l'épiscopat; personne avant l'âge de vingt-cinq ans, et s'il n'en est digne, ne doit être promu au sacerdoce; les prêtres ne doivent point célébrer la messe sans être à jeun; les sacrements seront toujours administrés avec le plus de respect et de

---

[1] Rainaldi.

convenance possible; il est du devoir des évêques de visiter deux fois par an leur diocèse, et les laïques sont obligés de pourvoir aux besoins de leurs pasteurs; enfin, le sacrement d'extrême-onction, négligé parfois, doit toujours être conféré aux malades. Constantin fit publier ces canons dans toute l'Arménie [1].

En 1250, le pape Innocent IV écrivit au patriarche Constantin et au roi Hétoum au sujet de la procession du Saint-Esprit. Un concile fut réuni à Sis. A la suite de ce concile, le patriarche Constantin et le roi Hétoum répondirent au Pape qu'ils admettaient que le Saint-Esprit procède du Père et du Fils, bien que les Grecs et les Syriens repoussassent ce dogme [2]. Le patriarche Constantin s'endormit dans la paix du Seigneur en 1268.

JACQUES Ier GLAIÉTSI, 43e PATRIARCHE CATHOLIQUE

(1268-1287).

Jacques succéda à Constantin Ier. C'était un homme très instruit. On a de lui une hymne qu'il composa pour la Nativité de la Vierge. Elu patriarche à Tarse, il fit sa résidence ordinaire à Roum-Kalé, comme ses prédécesseurs.

La seconde année de son patriarcat, Hétoum Ier, après un règne de quarante-six ans, abdiqua la couronne en faveur de son fils, et se retira dans un monastère. Il se fit moine dans l'ordre des Prémontrés et prit le nom de Macaire; il mourut quelques mois après, le 12 décembre, et fut enterré dans le couvent d'Episcopia, dans l'île de Chypre.

---

[1] Guiragos.
[2] Vartan, Guiragos.

Le patriarche Jacques couronna le nouveau roi Léon III, dans la ville de Tarse [1].

Le pape Grégoire X, en 1273, invita le roi d'Arménie et le patriarche à assister au concile œcuménique de Lyon, et les pria de lui envoyer le texte arménien du concile de Nicée et des autres conciles [2]. On ignore pour quel motif ils ne se rendirent point au désir du Pape.

Jacques Glaïétsi mourut en 1287.

ETIENNE Iᵉʳ DE KHAKHD, 44ᵉ PATRIARCHE CATHOLIQUE

(1290-1294).

Après la mort de Jacques, Constantin Bronakordz, évêque de Césarée, fut élu patriarche de l'Arménie; mais déposé en 1290, comme nous le dirons plus loin, il fut remplacé par Etienne de Khakhd, du district d'Eguéghiatz.

De son temps, se tint un concile dans lequel il fut décidé qu'on suivrait le supput des Latins pour Pâques, qui jusqu'alors différait d'une semaine avec le calendrier Julien [3].

A cette époque, un prince arménien, nommé Sempad, avait demandé en mariage la princesse Isabelle, fille de Guy de Joppé, sa cousine au troisième degré de consanguinité. Le patriarche Etienne s'imagina qu'il pouvait, de sa propre autorité, accorder la dispense nécessaire pour la validité du mariage; et la cérémonie matrimoniale eut lieu; mais nous verrons, quand nous parlerons de son successeur, comment il avait outrepassé ses droits.

Le 16 juin 1293, Malek-al-Ackraf, sultan d'Egypte, étant

---

(1) Vahram.
(2) Greg., lib. II, epist. 1.
(3) DULAURIER, *Bibliothèque des Croisades, documents arméniens*, 1ᵉʳ vol.

venu attaquer Roum-Kalé, s'en rendit maître après avoir fait un grand massacre des Arméniens. En se retirant, il emmena captif en Egypte le patriarche Etienne. Il s'était aussi emparé de la dextre de saint Grégoire l'Illuminateur; mais Dieu le força, par une peste qui éclata tout à coup, de restituer cette insigne relique au roi Hétoum. Etienne mourut dans les fers l'année suivante.[1].

GRÉGOIRE VII D'ANAZARBE, 45ᵉ PATRIARCHE CATHOLIQUE
(1294-1306).

Quand Etienne fut mort, les évêques assemblés lui donnèrent pour successeur Grégoire d'Anazarbe, qui se fixa à Sis. La résidence de Roum-Kalé fut dès lors abandonnée pour toujours par les patriarches arméniens, et la ville de Sis fut à la fois résidence royale et résidence patriarcale.

Grégoire VII, qui, à cause de son savoir et des ouvrages qu'il écrivit, mérita le titre de théologien, fut très zélé pour affermir l'union avec l'Eglise romaine. Un de ses premiers actes fut d'avertir le prince Sempad de la nullité de son mariage par suite de la nullité de la dispense accordée par son prédécesseur. Sempad s'adressa au pape Boniface VIII, pour faire valider son union conjugale par l'autorité du saint-siège. Le souverain Pontife accéda à sa demande et, dans la lettre qu'il écrivit à ce prince à ce sujet, il déclara que les dispenses de mariage sont réservées exclusivement à la cour de Rome, et que le patriarche Etienne n'avait pu donner aucune autorisation en ce sens. En conséquence, ajoutait Boniface VIII, il n'a point dispensé, mais il a trompé, et il a brisé témérairement,

---

[1] Galano, t. I, p. 403.

autant qu'il était en lui, la force et la puissance des canons (1).

Après la prise de Roum-Kalé, le roi Hétoum II s'était fait franciscain sous le nom de frère Jean. Mais avec l'habit religieux, il avait gardé l'administration de son royaume. Cependant Sempad, son frère, profita d'un voyage que fit Hétoum à Constantinople pour y marier sa sœur au fils de l'empereur Andronic, et s'empara de la couronne d'Arménie. Il écrivit ensuite au pape Boniface VIII pour lui témoigner son obéissance et lui demander son secours contre les ennemis de l'Arménie. Le Pape lui répondit de se confier surtout en Dieu au milieu de ses tribulations, et de faire tous ses efforts pour que le clergé et le peuple s'attachassent fortement à la doctrine de l'Eglise romaine.

Cependant Hétoum II, ayant recouvré son royaume, fit alliance avec Kassan, roi des Tartares, et lui donna sa fille en mariage, bien que ce prince fût païen, à condition, toutefois, que la princesse aurait une entière liberté de pratiquer la religion catholique. Bientôt de cette union naquit un enfant. Il était tellement difforme et affreux, qu'il ne semblait point être une créature humaine. Kassan crut qu'une telle progéniture ne pouvait être que le fruit d'un adultère; en conséquence, il condamna la mère et l'enfant à être brûlés vifs. Déjà le bûcher était dressé, lorsque la reine demanda, comme une dernière faveur, qu'on lui permît de se confesser et de communier encore une fois avant de mourir, et de faire baptiser son enfant; ce qui lui fut accordé. A peine l'eau régénératrice eut-elle coulé sur le front de l'enfant, qu'il changea entièrement de forme et se revêtit d'une beauté ravissante. A ce miracle, Kassan reconnut

---

(1) Lettre de Boniface VIII à Sempad et à Isabelle, V des ides d'octobre, l'an 4 de son pontifical (1298).

l'innocence de son épouse et se fit baptiser avec une grande foule de ses sujets [1].

Dès le commencement de son patriarcat, Grégoire VII avait envoyé au pape Boniface VIII l'expression de sa filiale obéissance. «Très Saint Père, lui disait-il, vicaire de Jésus-Christ sur la terre, assis sur le siège du prince des apôtres, souverain pasteur de tout le troupeau du Christ, chef de toutes les Eglises et docteur de tous les chrétiens, je m'agenouille devant vous et je baise vos pieds avec amour ; moi, Grégoire, humble patriarche des Arméniens, avec mes évêques et tout mon clergé, je sollicite votre bénédiction. Nous reconnaissons votre sainte Eglise romaine pour la mère et l'institutrice de toutes les autres Eglises, la source de la sagesse, le type de la sainteté et la règle de la foi catholique. » Le souverain Pontife lui envoya une réponse de félicitation au sujet de sa profession de foi catholique, dans laquelle il l'avait humblement reconnu comme chef de l'Eglise universelle, successeur de Pierre, vicaire de Jésus-Christ et pasteur de tout le troupeau du Seigneur [2].

En 1300, Hétoum II demanda à Rome du secours contre les infidèles. Le Pape lui promit d'intéresser à sa cause les princes chrétiens de l'Europe.

En 1305, Hétoum II abdiqua en faveur de son fils Léon IV, afin de s'adonner entièrement aux pratiques de la vie religieuse. Léon et Grégoire se mirent en relation avec le pape Clément V et lui envoyèrent deux députations, auxquelles le Pape répondit en termes affectueux. Grégoire VII s'était déclaré en faveur des réformes religieuses réclamées par Rome. Il proposa donc de tenir un concile et rédigea un mémoire, qu'il présenta à

---

[1] S. Antonin, § 3, tit. XX, cap. 899.
[2] Bonif., lib. IV, epist. 271.

Léon et à Hétoum, et dans lequel il réfutait toutes les erreurs des Arméniens. Mais la mort ne lui laissa pas le temps d'achever toutes les sages réformes qu'il méditait dans l'intérêt de l'Arménie.

Nous ne saurions passer sous silence quelques détails sur le mémoire écrit par ce patriarche au roi Hétoum. C'est tout un traité sur la question religieuse de l'Arménie à cette époque et à la nôtre, car elle est restée stationnaire, comme du reste toutes les questions religieuses en Orient. Cependant, vu sa longueur, nous n'en donnerons qu'un résumé.

Il commence par rappeler au monarque son entretien avec lui sur leur commune obligation de travailler, pendant le reste de leur vie, à délivrer les Arméniens des excommunications qui les frappent, et de les faire admettre dans le sein de l'Eglise. Puis il traite de la mixtion de l'eau au vin du sacrifice, et il en démontre la nécessité par tous les témoignages de la tradition. Ensuite, il parle de la convocation d'un concile pour condamner l'impie conciliabule de Manazguerd, tenu par Jean Odznétsi, et rapporte au conciliabule de Thevin, assemblé suivant les ordres du roi de Perse, par Nersès Achdaraguétsi, l'origine de toutes les perturbations arrivées dans l'Eglise arménienne, qui jusqu'alors, depuis saint Grégoire l'Illuminateur, était restée pure et intacte. Enfin, il cite la réunion opérée avec l'Eglise catholique, sous le patriarche Esdras au temps d'Héraclius, laquelle persévéra sous les cinq patriarches qui lui succédèrent. Dans la même lettre, il réprouve l'addition faite au Trisagion, confesse l'union sans confusion des deux natures en Jésus-Christ, en qui se rencontrent deux opérations et deux volontés distinctes, et veut que les fêtes de la Nativité et de l'Annonciation soient célébrées avec le reste de l'Eglise catholique. A l'objection qu'on ne doit rien changer aux usages établis, il répond qu'il ne faut point prêter l'oreille à un semblable enfantillage, attendu que la réformation des abus n'est que la conservation des lois anciennes et primitives, bien loin d'en être la destruction. Il termine par une profession de foi de soumission à l'Eglise romaine, qui est le premier siège, et anathématise tout ce que l'Eglise catholique anathématise.

CONSTANTIN II BRONAKORDZ, 46ᵉ PATRIARCHE CATHOLIQUE (1307-1332).

Nous avons vu précédemment que Constantin Bronakordz, évêque de Césarée, avait été élu pour succéder au patriarche Jacques Ier Glaïétsi, et qu'il avait été déposé au bout de deux ans. Voici dans quelle circonstance :

Le roi Léon III était mort en 1289, et Hétoum II l'avait remplacé sur le trône. Celui-ci envoya alors au pape Nicolas IV un moine latin, appelé Jean de Montecorvino, de l'ordre des Franciscains ; il était chargé de présenter au souverain Pontife les hommages du monarque arménien et l'assurance de sa filiale soumission. Nicolas IV répondit à Hétoum II pour le féliciter de son obéissance au saint-siège, et il l'exhorta en même temps à s'entendre avec le moine Jean, afin de faire recevoir la doctrine romaine par le clergé et le peuple arménien. Il joignit à sa lettre un formulaire de foi, qui devait être admis par tous d'une manière définitive. Le Pape, qui connaissait la piété de la princesse Marie, tante du roi, lui adressa aussi une lettre dans laquelle il la conjurait de s'employer de toutes ses forces à dissiper l'erreur et à procurer la soumission à l'Eglise romaine. Nicolas IV écrivit encore dans le même sens à Théodore, frère du roi, et à plusieurs seigneurs arméniens, entre autres, au connétable Léon et au maréchal du royaume. Enfin, il envoya une encyclique à tout le peuple arménien, dans laquelle il le pressait de s'unir à l'Eglise catholique (1).

Les lettres du Pape, arrivées à Sis, furent mal interprétées, Il s'ensuivit un grand trouble et une mésintelligence profonde entre le roi et le patriarche (2). Il paraît que Constantin II fut froissé des lettres pontificales et qu'il se déclara contre le Pape; car, d'après Dulaurier, Hétoum II rompit avec le catholicos Constantin Bronakordz, à cause de son opposition à Rome, et l'envoya en exil (3). Les évêques élurent alors à sa place Etienne de Khakhd, ainsi que nous l'avons dit plus haut.

Cette déposition dut être canonique, puisque nous voyons le pape Boniface VIII entretenir des rapports officiels avec Grégoire d'Anazarbe, successeur d'Etienne, et cela du vivant de Constantin Bronakordz.

Hétoum avait eu plusieurs guerres à soutenir contre les mameluks d'Egypte. Les ayant chassés en 1305, il abdiqua la couronne malgré les prières des grands de l'Etat, et ayant adopté le prince Léon, fils de son frère Théodore, il le fit sacrer à Sis, conservant le titre de père du roi et de grand baron. Il se retira dans un monastère, auprès de Sis, continuant de gouverner le royaume par ses conseils, parce que le prince Léon était encore fort jeune (4).

En 1306, année de la mort de Grégoire VII, le concile que ce patriarche avait voulu convoquer fut réuni à Sis, dans l'église de Sainte-Sophie, bien que le patriarche fût décédé. Quarante et un évêques, dix vartabeds et sept abbés s'y trouvaient présents, ainsi que le roi Léon IV. Constantin Bronakordz, revenu

---

(1) Galano, t. I, p 404 à 412.
(2) Hétoum, *Histoire de Cilicie*.
(3) *Bibliothèque des croisades, documents arméniens*, t. I.
(4) *Mémoire sur l'Arménie*, par Saint-Martin.

sans doute à de meilleurs sentiments, comme le prouve sa conduite subséquente, fut rappelé sur le trône patriarcal. Les Pères arméniens constatèrent le devoir d'obéir au siège apostolique en disant : Comme le corps doit obéir à la tête, ainsi toute l'Eglise, qui est le corps de Jésus-Christ, doit obéir à celui qui a été placé par Jésus-Christ Notre-Seigneur à la tête de toute l'Eglise. Dans ce concile, après avoir reconnu dans la personne de Jésus-Christ deux natures, deux volontés et deux opérations et accepté les sept premiers conciles généraux, on dressa plusieurs canons disciplinaires, dont voici les principaux :

1º Le nom du Christ doit être ajouté au Trisagion.

2º Noël se célébrera le 25 décembre, et les autres fêtes aux jours où elles tombent dans le reste de l'Eglise catholique.

3º Cinq jours d'abstinence précéderont la fête de Noël, et cinq autres jours celle de l'Epiphanie.

4º Les veilles de Noël, de l'Epiphanie et de Pâques, il sera permis, après la messe du soir, de manger des œufs, de l'huile et du poisson.

5º Nul prêtre ne doit célébrer sans un corporal.

6º Un peu d'eau se doit mêler au vin du saint sacrifice.

Les évêques, après leur retour dans leurs diocèses respectifs, voulurent faire exécuter les décisions de ce concile, mais bientôt des protestations s'élevèrent contre elles dans les églises particulières et dans les couvents, en sorte qu'elles ne furent observées que dans la ville de Sis [1].

Dans la ville d'Anazarbe commandait un général tartare du nom de Filarghou. Il haïssait secrètement le roi Hétoum. En 1308, des princes schismatiques arméniens, au rapport de Saint-Martin, gagnèrent ce général et l'engagèrent à se défaire

---

(1) Mékhitar Abarantsi.

du vieux roi et de son neveu. Il invita donc, un jour, Léon IV et son oncle Hétoum à lui rendre visite, et il les tua l'un et l'autre par trahison. Ochin, oncle du roi, réunit ses troupes à cette nouvelle, chassa Filarghou de Cilicie et fut sacré, par le patriarche Constantin, roi d'Arménie [1].

En 1311, Ochin envoya au pape Clément V un ambassadeur pour le prier de juger un différend survenu entre lui et le roi de Chypre, et de lui donner six religieux latins qui resteraient auprès de sa personne. Le pape accéda au désir d'Ochin, l'autorisa à demander en Chypre les six religieux qu'il souhaitait, et lui dit de faire repartir pour Avignon, après la fête de Pâques, ses ambassadeurs avec ceux du roi de Chypre. Ochin se conforma aux instructions du Pape, qui régla le différend au gré des deux parties.

Le patriarche Constantin et le roi, voyant que les décisions du concile de Sis n'étaient pas observées, résolurent de tenir un nouveau concile dans la ville d'Adana, en 1316; dix-huit évêques, cinq vartabeds, deux abbés et le patriarche avec le roi, se trouvaient présents au nouveau concile tenu dans l'église de Saint-Minas. Les canons du concile y furent de nouveau examinés, et après qu'ils eurent été confirmés, ils furent écrits sur parchemin et souscrits par tous les membres de l'assemblée. Les Pères du concile terminèrent leurs décrets par ces mots : « Nous séparons et rejetons de l'Eglise catholique, apostolique et romaine, et nous repoussons de la communion de notre illuminateur saint Grégoire, quiconque, soit séculier, soit régulier, s'oppose aux décrets de ce concile ou aux décrets du précédent concile de Sis. En 1317, Ochin écrivit au pape Jean XXII et lui envoya Jacques, évêque de Gaban, pour le conjurer d'exciter le

---

(1) Mékhitar Abarantsi.

PATRIARCAT ARMÉNIEN.

zèle des rois chrétiens à secourir la Terre Sainte et pour l'assurer qu'il leur prêterait main-forte. Le Pape s'adressa au roi de France Philippe V, et en ayant obtenu une réponse favorable, il fit savoir à Ochin que bientôt le roi de France enverrait des troupes en Orient. Mais Philippe, distrait par d'autres soins, ne fit partir personne [1].

En 1322, le patriarche Constantin, les évêques et le roi Ochin firent savoir au Pape qu'ils étaient impuissants à réprimer l'audace des Tartares. Leur lettre n'était point encore arrivée à Avignon, où résidait alors le Pape, que la Cilicie avait à endurer une terrible invasion de musulmans, venus de Bagdad et d'Egypte. A cette triste nouvelle, Jean XXII supplia tous les princes de l'Europe de voler au secours des Arméniens et des autres chrétiens de l'Orient, ordonna aux églises d'ouvrir leurs trésors pour subvenir aux frais de la croisade, et envoya deux lettres de consolation et d'encouragement, l'une au patriarche arménien et à ses évêques, et l'autre au roi Ochin, en leur recommandant la charité, l'union, la prière et le courage en face de l'ennemi [2].

Sur ces entrefaites, le patriarche Constantin, à la vue des ravages qu'exerçaient les mahométans, mourut de douleur en 1323.

CONSTANTIN III DE LAMPRON, 47ᵉ PATRIARCHE CATHOLIQUE

(1323-1327).

Ce patriarche fut élu au milieu des guerres, des massacres et des incendies, où beaucoup de fidèles souffrirent pour la foi.

---

[1] Rainaldi.
[2] Rainaldi HÉTOUM, *Histoire de Cilicie*.

Le roi Ochin était mort en 1320, après un règne de douze ans et quelques mois, ne laissant qu'un enfant âgé de dix ans, nommé Léon, qu'il avait eu d'une fille du roi de Chypre, de la maison de Lusignan. Ochin, prince de Garigos, qui épousa la veuve du dernier roi, fut créé régent, et on couronna à Sis le jeune Léon V.

Le régent avait un frère du nom d'Hétoum, qui se distingua dans plusieurs guerres. L'an 1305, le jour même de la bataille où les Egyptiens furent vaincus, le prince Hétoum, fort âgé, et dégoûté du monde, résigna sa principauté de Garigos entre les mains du roi, pour embrasser l'état monastique, afin d'accomplir un vœu qu'il avait fait depuis longtemps. Il passa ensuite dans l'île de Chypre, où il prit l'habit des religieux de Prémontré. Il vint à Rome, puis à Avignon, où le pape Clément V lui donna la charge de supérieur d'une abbaye de son ordre, dans la ville de Poitiers. C'est là qu'il composa, par ordre du souverain Pontife, son histoire d'Orient en soixante chapitres.

Revenons au patriarcat de Constantin III.

Léon V, témoin des tristes événements qui désolaient l'Arménie, expédia un ambassadeur au pape Jean XXII, pour lui faire part des malheurs qui accablaient son royaume. Le souverain Pontife, voyant la lenteur que les princes chrétiens mettaient à secourir leurs frères d'Orient, prit le parti de s'adresser directement au khan des Tartares Abousaïd, et lui écrivit de venir en aide aux Arméniens et de chasser leurs ennemis ou de les réconcilier avec eux. Il écrivit en même temps au roi Léon V d'attirer sur son royaume la miséricorde divine par la prière et les larmes; et au patriarche ainsi qu'aux évêques, de recommander à leurs ouailles la pénitence et la charité mutuelle. Lorsque Léon et le patriarche apprirent que le Pape avait écrit à Abousaïd, ils lui envoyèrent à leur tour des ambassadeurs. Le khan des Tartares reçut favorablement les lettres du Pape et celles du roi et du patriarche d'Arménie, et fit partir pour la Cilicie deux mille cavaliers pour y rétablir la paix. Il conseilla en même temps aux Arméniens de s'entendre avec le sultan d'Egypte Nasr-Eddyn. Le patriarche Constantin se transporta alors en Egypte et y négocia une trêve de quinze ans. Quand le patriarche, en retournant à Sis, apporta cette nouvelle, ce fut une joie universelle, qui fut partagée par le souverain Pontife lui-même. Jean XXII, en 1324, envoya trente mille écus d'or au roi Léon, pour l'aider à réparer les ruines causées par la guerre, et spécialement pour rebâtir la ville d'Aïas, où habitaient beaucoup de Latins [1].

Le patriarche Constantin mourut à Sis, en 1327.

JACQUES II DE SIS, 48ᵉ patriarche catholique
(1327-1359).

Avant d'être patriarche, Jacques de Sis était supérieur du couvent de Kaïltsor, près d'Erivan, et avait trois cents disciples.

A cette époque, le pape Jean XXII avait envoyé, sur les confins de la Perse, l'évêque latin Barthélemy, de l'ordre de Saint-Dominique. Celui-ci avait bâti un couvent dans la ville de Maragha, et, sachant le persan, il prêchait la voie du salut. L'un des disciples de Jacques de Sis, Jean Vartabed Karnétsi, se rendit auprès de l'évêque Barthélemy et s'attacha à sa personne. Il apprit de lui le latin et lui enseigna l'arménien. Une année après, Jean Vartabed conduisit Barthélemy à Harni et

---
[1] Rainaldi. Hétoum, *Histoire de Cilicie*.

écrivit à ses condisciples de venir se joindre à l'évêque latin pour travailler, de concert avec lui, au bien spirituel de leur nation. Treize répondirent à son appel, ainsi qu'un prince arménien, appelé Georges. Ces nouveaux prédicateurs se mirent à annoncer la parole divine avec ardeur, et s'occupèrent de la réforme des monastères. Les persécutions ne leur manquèrent point; mais le patriarche Jacques publia une circulaire pour recommander aux Arméniens d'aider ces prédicateurs, bien loin de s'opposer à eux. A la mort de l'évêque Barthélemy, en 1333, les persécutions redoublèrent. Jean Karnétsi se rendit alors auprès du pape Jean XXII, en obtint des religieux dominicains, et retourna avec eux en Arménie. Bientôt ses disciples augmentèrent, et des monastères s'élevèrent à Nakhtchevan, Soultanié, Tiflis et Kaffa en Crimée, qui appartenait alors aux Génois. Ces religieux traduisirent beaucoup de livres latins, et par leur sagesse, leur prudence et leur sainte conduite, gagnèrent les cœurs d'un grand nombre : ils s'appelaient les Frères Unis ou Unitoriens [1].

En 1331, comme il était question en Europe d'une croisade, Léon, roi d'Arménie, envoya demander du secours pour la défense de son royaume contre les infidèles. Le pape Jean XXII lui fit parvenir une somme considérable d'argent pour restaurer ses forteresses. Le roi et les seigneurs de France annoncèrent avec grand bruit qu'ils allaient porter leurs armes contre le sultan d'Egypte ; mais, cette même année, ils eurent la guerre avec l'Angleterre.

Ces menaces de la France irritèrent le sultan d'Egypte, qui rompit la trêve avec l'Arménie et y fit, en 1335, une irruption désastreuse. L'année suivante, Benoît XII écrivit à la reine

---

[1] Mékhitar Abarantsi.

d'Arménie, Constance, pour lui exprimer combien il était affligé des malheurs survenus dans son pays; il fit passer des vivres en Cilicie, et pressa les chétiens de Sicile, de Chypre, de Rhodes, de Crète et d'autres contrées orientales, de venir en aide à leurs frères d'Arménie. Néanmoins le roi Léon ne put être secouru efficacement. Se voyant abandonné, il fut réduit à se soumettre au sultan d'Egypte, à des conditions injurieuses et injustes.

Le prince musulman le contraignit de promettre, par serment sur les Evangiles, qu'il n'enverrait plus jamais ni ambassadeurs ni lettres au souverain Pontife, ni à la cour romaine. Benoît XII, l'ayant appris, écrivit au roi d'Arménie une lettre où il lui disait : « Un tel serment est contraire à la volonté de Dieu et à la justice, et déroge à votre dignité. D'ailleurs il n'est point volontaire, mais extorqué par la violence de l'ennemi; c'est pourquoi nous vous en déchargeons par l'autorité apostolique, et déclarons que vous n'êtes point tenu de l'observer. » La lettre est du 1er mai 1338 [1]. De fait, le Pape avait raison : un serment injuste est un serment nul.

Cependant le sultan Nasr-Eddyn, voyant d'un mauvais œil les ambassades qui venaient d'Orient en Occident et d'Occident en Orient, avait envoyé seize mille cavaliers pour saccager la Cilicie. Léon V crut devoir implorer en secret l'assistance du pape Benoît XII. Le patriarche Jacques accusa le roi d'imprudence et lui reprocha de mettre l'Arménie en danger. Le roi, irrité de ses remontrances, déposa le patriarche en 1341 et le remplaça par Mékhitar [2].

Tel est le récit de Rainaldi et de Hétoum, au sujet de la dépo-

---

(1) Rainaldi, an 1338, n° 24.
(2) Rainaldi. HÉTOUM, *Histoire de Cilicie*.

sition du patriarche Jacques. Il fut aussi accusé auprès du pape Benoît XII d'avoir persécuté les catholiques, empêché les Latins de prêcher parmi les Arméniens, et même avancé qu'en Orient, le patriarche, et non le Pape, est chef de l'Eglise [1].

Qu'y a-t-il de vrai dans ces accusations? c'est ce qu'il est difficile de démêler.

Au concile de Sis, convoqué sous le roi Constantin III, successeur de Léon V, Jacques fut interrogé sur les propos schismatiques qu'on lui prêtait. Alors il manifesta un grand étonnement et nia qu'il eût jamais tenu de semblables propos. Les évêques de ce concile l'excusèrent également au sujet des violences qu'on lui attribuait contre les catholiques et contre les Latins, en déclarant qu'il n'avait eu pour but que de réprimer des abus et non d'attaquer l'Eglise catholique [2].

Jacques lui-même, en 1354, sous le pontificat d'Innocent VI, se rendit à Avignon, où résidait alors le Pape. Il sut gagner l'estime du vicaire de Jésus-Christ, dans les entretiens particuliers qu'il eut avec lui; de là, il se rendit en pèlerinage au tombeau des saints apôtres à Rome. Il était à peine de retour en Arménie que Mékhitar mourut. Du consentement des évêques et du roi Jean de Lusignan, qui régnait alors sous le nom de Constantin IV, il remonta sur le trône patriarcal et mourut quatre années après [3].

La déposition de Jacques et son remplacement par Mékhitar ont été certainement canoniques. Le pape Clément VI, sous le pontificat duquel Jacques fut révoqué, et Innocent VI, successeur de Clément, ne firent entendre aucune protestation contre l'élection de Mékhitar. En rapports fréquents avec l'autorité

---

[1] Rainaldi, t. VI, art. 67, 68 et 69.
[2] Rainaldi.
[3] Mékhitar Abarantsi. Hétoum, *Histoire de Cilicie*, t. III, liv. V, ch. XLII.

civile et l'autorité ecclésiastique de l'Arménie, ces pontifes auraient sans nul doute fait entendre leur voix en faveur de Jacques, si sa déposition eût été anticanonique. On sait, par exemple, avec quelle énergie les souverains Pontifes agirent au ixᵉ siècle, pour défendre saint Ignace, patriarche de Constantinople, contre l'intrus Photius. Si la révocation de Jacques eût été contraire aux canons de l'Eglise, Clément VI et Innocent VI n'eussent point gardé le silence dans une affaire aussi grave.

Bien plus, ils furent en relation avec Mékhitar et lui donnèrent le titre de patriarche. En effet, Clément VI, en 1345, avait deux légats à Sis, Antoine, évêque de Gaëte, et Jean, évêque élu de Coron; et cette année-là, il écrivit une lettre dans laquelle il témoignait sa satisfaction au sujet de l'orthodoxie et de l'obéissance au saint-siège que professaient Mékhitar et le clergé arménien. Il y a bien longtemps, disait le Pape, que nos vénérables frères Mékhitar, les archevêques et les évêques, et nos bien-aimés fils, les supérieurs des monastères et autres clercs de l'Eglise arménienne, se sont empressés de nous faire savoir par lettre et par ambassade leur déférence, etc. (1).

Innocent VI, à son avènement, reçut les lettres de soumission de Mékhitar et lui envoya l'évêque Nersès Balienz, pour examiner certaines questions doctrinales et disciplinaires sur lesquelles il voulait être renseigné.

On le voit, pas un mot de ces deux Papes pour accuser Mékhitar d'intrusion. Au contraire, ils traitent avec lui comme avec le chef spirituel légitime de l'Arménie, et Jacques lui-même ne fait entendre aucune réclamation; il assiste au con-

---

(1) Rainaldi.

cile tenu par Mékhitar, qui occupait le siège dont on l'avait fait descendre, et n'y adresse aucune récrimination.

Tous ces faits prouvent que le changement survenu sur le siège patriarcal de Sis a dû avoir une autre raison plus grave que le mécontentement du roi Léon V et qu'il a été conforme aux lois ecclésiastiques. Ne pouvant s'entendre avec le monarque, le patriarche, ce nous semble, a dû se retirer volontairement et laisser la place à un autre. C'est ce qui paraît le plus naturel et le mieux en rapport avec les faits précédents. L'histoire ne nous fournit pas d'autres documents qui expliquent d'une façon plus claire la cause de la déposition de Jacques. Nous devons donc nous contenter de l'induction et regarder Mékhitar comme patriarche légitime.

MÉKHITAR, 49ᵉ PATRIARCHE CATHOLIQUE

(1341-1355).

Mékhitar était natif du bourg de Kerna, dans la province d'Yérentchag.

Quel qu'ait été le zèle des patriarches arméniens, les idées hérétiques et schismatiques couvaient sous la cendre, comme avait couvé chez les Grecs l'esprit de révolte bien longtemps avant le misérable esclandre de Photius. Elles finirent bientôt par éclater en Arménie ; mais, à l'époque où nous en sommes, elles étaient encore comprimées par les circonstances. Tout le patriarcat de Mékhitar se passa en dénonciations au sujet de ces idées, d'un côté, et en dénégations de l'autre. Les plaintes étaient incessantes à la cour du Pontife romain, et à Sis non moins incessantes étaient les récriminations contre ces plaintes et les protestations d'orthodoxie. De quel côté était la raison, c'est ce qu'il est difficile de décider à cinq siècles de distance.

Cependant, s'il n'y avait rien eu de vrai dans les accusations portées contre les Arméniens, nous n'aurions pas vu l'hérésie triompher au milieux d'eux quatre siècles plus tard, et cela sans la moindre opposition parmi le peuple. Ce qui prouverait que longtemps avant l'établissement du schisme, les idées, dans beaucoup d'esprits, étaient déjà corrompues. Peut-être que le roi, le patriarche et le haut clergé se faisaient alors illusion sur l'état de l'Arménie.

Quoi qu'il en soit, à peine Mékhitar était-il assis sur le siège de saint Grégoire, que Siméon, évêque de Garine (Erzeroum), quelques Latins et les moines arméniens de l'ordre des Unitoriens, fondé par l'évêque Barthélemy, comme nous l'avons dit plus haut, composèrent, sous la direction de Nersès Baghon ou Balientz, évêque d'Ourmi, un catalogue des erreurs ou superstitions répandues à cette époque dans l'Arménie ; il contenait cent dix-sept chefs d'accusation, et il fut présenté au pape Benoît XII.

A la lecture de cet écrit, le Pape fut très affligé.

Un envoyé de Léon V était arrivé naguère, pour solliciter le secours des chrétiens d'Europe. Benoît XII écrivit alors au roi d'Arménie, que s'il était vrai que son pays fût infecté de tant d'erreurs, il lui était impossible de lui venir en aide ; il fit remettre en même temps au patriarche Mékhitar une copie du catalogue, en lui enjoignant de réunir les évêques, de leur en donner connaissance et d'y faire une réponse.

Lorsque Léon reçut la lettre du Pape, il s'écria : Je fais tous mes efforts pour témoigner mon obéissance à l'Eglise romaine ; mon peuple lui est uni, et dire avec cela qu'on invente contre nous de si indignes calomnies au milieu des malheurs qui nous accablent!

Sur l'ordre du roi, un savant moine, nommé Daniel, écrivit

Mgr Korkorouni, archevêque arménien de Malatia

pour le Pape une réfutation du catalogue de Balientz, et un concile fut convoqué pour en discuter les cent dix-sept articles. Mais le roi mourut dans ces conjonctures, en 1342, et ce ne fut que sous le règne de Constantin III, son successeur, que le patriarche Mékhitar put assembler un concile de vingt-neuf évêques, cinq vartabeds et dix abbés, sans compter un grand nombre de prêtres. Les principaux évêques présents étaient : Basile de Sis, Vartan de Tarse, Etienne d'Anazarbe, Marc de Césarée en Cappadoce, Basile d'Iconium et Siméon de Sébaste.

Dans cette assemblée, on rédigea un mémoire pour répondre aux allégations de Balientz et on disculpa Jacques, l'ex-patriarche, au sujet des mesures rigoureuses qu'il avait prises contre ce dernier, en accusant celui-ci d'avoir cherché à faire douter aux Arméniens de la validité de leur baptême.

A l'article premier de ce mémoire, le concile confesse que le Saint-Esprit procède du Père et du Fils, et que telle est la foi de toute l'Eglise arménienne, qui adresse chaque année cette prière au Saint-Esprit, le jour de la Pentecôte : « Seigneur, vous qui êtes le Seigneur des vertus et le Dieu véritable, la source de lumière, procédant en vous-même, d'une manière inscrutable, du Père et du Fils, Esprit-Saint, qui opérez les merveilles.... »

A l'article quinzième, les Pères s'expriment ainsi :

« Nous prêchons et nous enseignons l'existence du purgatoire, et le soulagement des âmes qui s'y trouvent détenues, au moyen de la messe, des aumônes et des bonnes œuvres, et nous croyons à leur entrée dans le royaume des cieux après leur délivrance. »

Enfin le concile professe en plusieurs endroits sa croyance et sa soumission à la primauté du saint-siège, en particulier à l'article quatre-vingt-quatrième, qui porte en substance : « Nous acceptons les canons du concile de Nicée, définissant que l'Église romaine, dont le Pape est le chef, est à la tête de toutes les Eglises du monde. En conséquence, nous reconnaissons que le patriarche arménien, ainsi que tous les autres patriarches, dépendent de son autorité. Néanmoins, ce n'est pas seulement à cause de la décision du concile que nous admettons la primauté du Pontife romain sur tous les autres pontifes, mais c'est parce qu'aussi le Christ a recommandé à Pierre de paître ses brebis. »

Tous les membres du concile signèrent cette pièce et l'envoyèrent au pape Clément VI, qui avait succédé à Benoît XII, en 1342. Elle fut portée au souverain Pontife par ses légats, Jean et Antoine, et un Arménien du nom de Kritor ou Grégoire.

Avant que la nouvelle de la mort de Benoît XII fût arrivée en Arménie, le patriarche Mékhitar lui écrivait encore en ces termes : « Je crois et j'admets que tous les évêques de l'Eglise catholique et apostolique doivent obéir nécessairement au souverain Pontife de Rome, puisque Jésus-Christ a remis à Pierre et à ses successeurs la plénitude de l'autorité.... Le fondement de la foi est que seule l'Eglise romaine, dont le Pape de Rome est le souverain Pontife, est catholique, et qu'en elle seule se trouvent le véritable salut, le véritable baptême et la véritable rémission des péchés.... Le souverain Pontife a seul la plénitude du pouvoir, et ce même Pontife romain est le vicaire universel de Jésus-Christ. »

Le nouveau Pape fut satisfait de la réponse du concile et de la soumission du clergé arménien à l'autorité du saint-siège, et il témoigna son contentement au patriarche et aux évêques de l'Arménie, par une lettre qu'il leur adressa vers l'an 1345 [1].

---

[1] Rainaldi.

Clément VI, ayant reçu, l'année précédente, un message du roi d'Arménie, renvoya aux cours de France et d'Angleterre les députés arméniens avec des lettres de recommandation pour Philippe de Valois et Edouard III, priant instamment ces deux monarques d'avoir compassion de leurs frères, rachetés comme eux par le sang de Jésus-Christ [1].

Constantin III envoya, cette même année, une nouvelle ambassade au saint-siège et promit à Clément VI de travailler de tout son pouvoir à la conversion des Arméniens. Le Pape écrivit au roi de persévérer dans son zèle pieux, lui faisant entrevoir, comme récompense, une couronne immortelle en échange de sa couronne temporelle [2].

Clément VI, en 1346, fit rédiger un exposé des traditions de l'Eglise romaine et des articles de foi auxquels tout chrétien est tenu de croire, chargea l'évêque de Gaëte et l'évêque de Coron d'aller donner connaissance de cet écrit au clergé arménien, et les munit d'une lettre de recommandation pour le patriarche Mékhitar. Le roi Constantin IV, prince sage et prudent, qui avait succédé à Guy, frère de Constantin III, en 1345, députa à Avignon son secrétaire, le chevalier Constance, avec une réponse au souverain Pontife.

Clément VI l'accueillit avec empressement; mais il insista de nouveau auprès du monarque arménien pour l'engager à extirper entièrement l'hérésie de son royaume. Les ordres du Pape ne furent pas sans fruit, semble-t-il, puisque ses légats, Jean et Antoine, lui adressèrent des rapports satisfaisants.

Cependant Nersès Balientz, qui était resté en Europe et qui

---

[1] 15 juillet 1344, Rainaldi.
[2] Rainaldi

était en correspondance avec les Unitoriens d'Orient, renouvela ses accusations contre les croyances des Arméniens, en sorte qu'une nouvelle enquête fut faite en Cilicie.

Mékhitar, fatigué de ces inquisitions réitérées, écrivit au pape Clément VI que lui et les siens étaient soumis de cœur au saint-siège, qu'il ferait personnellement tous ses efforts pour ramener les dissidents, et qu'il acceptait sans restriction tous les points de la doctrine catholique, mais qu'il suppliait Sa Sainteté de mettre un terme à ces interminables discussions.

Le Pape néanmoins insista et écrivit, du bourg de Villeneuve-lez-Avignon, une longue lettre à Mékhitar, pour en exiger une profession de foi explicite, détaillée et confirmée par un serment sur les saints Evangiles. Il accompagna cette lettre d'une autre lettre au roi Constantin IV, dans laquelle il exhortait ce prince à déployer tout le zèle possible dans l'intérêt de la foi catholique, et lui donnait avis de l'envoi de six mille florins, pris sur les deniers de la Chambre apostolique [1].

Mais la mort le surprit avant d'avoir terminé cette affaire (1352); Innocent VI lui succéda.

A son avènement, le roi et le patriarche lui écrivirent qu'ils étaient prêts à exécuter ses ordres et qu'ils étaient en tout d'accord avec le saint-siège, mais que, faute d'interprètes habiles et de personnes sûres, il leur était difficile de répondre à la lettre de Clément VI. Le Pape alors ordonna à l'évêque Nersès Balientz, qui était retourné en Orient, de se rendre en Cilicie, auprès de Constantin et de Mékhitar, et de traduire en latin leur réponse, pour la communiquer au saint-siège. Balientz obéit et se transporta à Sis ; mais il ne put s'entendre avec le patriarche.

---

[1] Rainaldi.

Jacques II fit le voyage d'Avignon et régla cette question de vive voix avec le Pape (1354) [1].

A son retour en Cilicie, il succéda, comme nous l'avons dit, au patriarche Mékhitar, qui mourut peu après [2].

MESROP D'ARDAZ, 50ᵉ PATRIARCHE CATHOLIQUE
(1359-1372).

A peine monté sur le siège patriarcal, à la mort de Jacques II, Mesrop se hâta d'envoyer au pape Innocent VI des ambassadeurs pour l'assurer de son respet, de son affection et de son obéissance [3]. Mesrop, témoin des disputes que soulevait la question du mélange de l'eau au vin dans le sacrifice de la messe, voulut la trancher définitivement dans un concile qu'il réunit à Sis; mais les évêques ne purent s'entendre, et le concile se termina sans que le patriarche obtînt l'observation de cette tradition apostolique.

En 1362 mourut le roi Constantin et le trône demeura vacant durant deux années environ. Pour mettre un terme aux divisions que cette vacance causait dans le royaume, le pape Urbain V, en 1365, conjura les Arméniens d'oublier leurs querelles et de se concerter pour donner la couronne au prince de Lusignan, excellent catholique et dévoué à l'Eglise romaine. Ce prince fut alors couronné solennellement sous le nom de Léon VI, dans la cathédrale de la capitale de l'Arménie [4].

Quelque temps après, le roi Léon VI disparut dans les montagnes du Taurus, pendant la guerre qu'il soutenait contre les

---

(1) Mékhitar Abarantsi.
(2) Tchamtchian, t. III, liv. V, ch. XLII.
(3) Mékhitar Abarantsi.
(4) URBAIN V, *Epist. anni* III. Rainaldi.

infidèles. Le patriarche vint consoler la reine Marie, et de concert avec elle il écrivit au pape Grégoire XI pour implorer son secours.

L'évêque de Sis, Jean, chargé de porter au pape les missives du patriarche et de la reine, était encore en route quand Mesrop mourut [1].

CONSTANTIN IV, 51ᵉ PATRIARCHE CATHOLIQUE
(1372-1374).

Le patriarcat de Constantin IV ne dura que deux ans. L'événement le plus remarquable de cette époque fut la réapparition du roi Léon VI, qu'on croyait mort; ce qui mit fin aux propositions de mariage qui étaient faites à la reine Marie [2].

PAUL Iᵉʳ, 52ᵉ PATRIARCHE CATHOLIQUE
(1374-1378).

C'est de son temps qu'arriva la chute du royaume d'Arménie, en 1375. Les mahométans de Bagdad et d'Egypte se jetèrent sur la Cilicie et mirent toute la contrée à feu et à sang. Tous ceux qui n'échappèrent point par la fuite furent massacrés. Léon VI, sa femme Marie et sa fille Phinna ou Joséphine, qui s'étaient retirés avec le connétable Chahan, dans la forteresse de Gaban, furent obligés de se rendre, faute de vivres, après un siège de neuf mois. Léon VI fut conduit à Jérusalem avec la reine Marie et sa fille. Celles-ci moururent dans le couvent de Saint-Jacques et furent enterrées dans l'église du monastère, où

---

(1) HÉTOUM, *Histoire de Cilicie*. Martyros, Rainaldi.
(2) HÉTOUM, *Histoire de Cilicie*.

l'on voit encore leurs tombeaux. Quant au roi Léon VI, il fut transféré de Jérusalem au Caire, où il resta prisonnier six années durant, et n'obtint sa liberté que par l'intervention de Jean Ier, roi de Castille. Sorti de prison, il se rendit d'abord à Rome, puis en Espagne, pour y remercier son libérateur. De là il passa en France, où Charles VI, dit le Bien-Aimé, lui assura une pension honorable, qui lui permit de vivre selon son rang. Après sa mort, survenue le 29 novembre 1393, il fut enterré à Saint-Denis [1].

Le patriarche Paul ne survécut que trois années à la chute du royaume d'Arménie ; il trépassa dans la ville de Sis, en 1378 ; l'esprit de schisme avait pris de son temps de grandes proportions.

THÉODORE, 53e PATRIARCHE CATHOLIQUE
(1378-1395).

Ce patriarche et ses successeurs continuèrent à résider à Sis ; toutefois, à cause du malheur des temps, ils étaient souvent forcés de se retirer dans différents autres endroits, où ils trouvaient plus de sûreté. Ils ne faisaient d'ordinaire que de courtes apparitions à la résidence patriarcale, soit pour la bénédiction du saint chrême, soit pour l'ordination des évêques. Quant à Théodore, on ne sait qu'une chose sur son compte, c'est que des chrétiens malintentionnés le calomnièrent auprès de Mélik-Omar, qui le fit arrêter et égorger avec seize princes arméniens [2].

---

(1) Hétoum, *Histoire de Cilicie*. Rainaldi, Martyros.
(2) Medzopétsi.

GARABED Ier, 54ᵉ PATRIARCHE CATHOLIQUE

(1396-1398).

Ce patriarche n'occupa le siège de saint Grégoire que deux ans.

DAVID, 55ᵉ PATRIARCHE CATHOLIQUE

(1398-1402).

Le patriarcat de David fut de trois ans.

GARABED II, 56ᵉ PATRIARCHE CATHOLIQUE

(1402-1409).

Ce patriarche, après avoir siégé sept ans, mourut à Sis.

JACQUES III, 57ᵉ PATRIARCHE CATHOLIQUE

(1409-1411).

Elevé sur le siège patriarcal, il réunit les évêques dans la ville de Sis, pour renverser, de concert avec eux, le pseudo-patriarcat d'Aghtamar, qui s'était maintenu jusqu'à cette époque. Il fut secondé dans son projet par les habitants de la haute Arménie, qui lui écrivirent en ces termes : « Le patriarcat d'Aghtamar est un faux patriarcat, opposé au vrai patriarcat, et il ne s'est établi que par la négligence de nos ancêtres. Nous nous sommes rendus au lac de Van, et là nous avons été les témoins de ses honteuses manœuvres. Une maison bâtie sur le sable ne saurait subsister, car tout ce qui n'est pas bâti sur le roc est entièrement faux et doit nécessairement périr. Aussi, nous tous, ecclésiastiques et laïques, nous avons réuni nos efforts pour le ruiner de fond en comble, et nous avons écrit aux villes et aux villages du territoire de Van, ainsi qu'aux quatre points cardinaux de l'Arménie, des lettres dont nous vous envoyons la copie, afin que tous s'unissent à nous ; et nous nous adressons à vous, pour que vous placiez des évêques là où il en sera besoin; pour que vous bénissiez le saint chrême, et qu'enfin vous écriviez une encyclique aux prêtres, aux vartabeds et au peuple des trois provinces que nous avons soumises à votre juridiction. Quand les fidèles de ces contrées apprendront ce que vous ferez en leur faveur, ils feront pénitence et vous obéiront, et ainsi il n'y aura qu'un seul troupeau et un seul pasteur. » Grande fut la joie du patriarche à la réception de cette lettre, et il envoya aussitôt sa bénédiction aux habitants de Vasbouragan. Le pseudo-patriarche d'Aghtamar ne tarda pas à être chassé par les catholiques et s'en alla mourir au pied du mont Ararat [1].

En 1411, le patriarche Jacques mourut à Sis, empoisonné par quelques vartabeds mécontents de lui [2].

GRÉGOIRE VIII KHENDZORGHAD, 58ᵉ PATRIARCHE CATHOLIQUE (1411-1418).

Après son élection, des troubles éclatèrent à Sis, pendant lesquels on alla jusqu'à conspirer contre sa vie ; néanmoins, il put se maintenir pendant sept années, au bout desquelles des chrétiens, rebelles à son autorité, l'enfermèrent dans une forteresse, où il mourut en 1418 [3].

---

[1] Medzopétsi.
[2] Tchamtchian, t. III, ch. IV.
[3] Tchamtchian, *ibidem*.

PAUL II, 59ᵉ PATRIARCHE CATHOLIQUE

(1418-1430).

Les évêques arméniens, en voyant les désordres qui désolaient la ville de Sis, mandèrent le vartabed Paul, qui était supérieur du couvent de Jérusalem, afin de rétablir la paix. Paul répondit à l'appel des évêques, et fut assez heureux pour calmer les esprits. Il proposa alors d'élever au patriarcat un évêque sage et prudent. Le choix des évêques et des vartabeds tomba sur lui. Après sa promotion, il sut mettre de l'ordre dans la résidence patriarcale, ainsi que dans la ville de Sis. Son patriarcat dura douze années [1].

CONSTANTIN V VAHGUÉTSI, 60ᵉ PATRIARCHE CATHOLIQUE

(1430-1439).

En 1431, Constantin V reçut avec la plus vive allégresse la bulle que le pape Eugène IV lui adressa pour qu'il eût à se rendre au concile œcuménique convoqué pour la réunion des Eglises d'Orient à l'Eglise catholique. Le patriarche arménien eût bien voulu s'y rendre en personne; mais, retenu par des difficultés majeures, il délégua à sa place Joachim, évêque d'Alep, et les trois vartabeds Serge, Marc et Thomas, en déclarant qu'il acceptait d'avance toutes les décisions du concile. Les délégués du patriarche partirent en 1438, et ils rencontrèrent à Venise l'empereur de Constantinople, Jean V Paléologue, et Joseph, patriarche grec. Ils les accompagnèrent jusqu'à Ferrare, où s'était faite l'ouverture du concile; et quand, à cause d'une

---

[1] Tchamtchian, t. III, ch. IV.

épidémie, la sainte assemblée fut transférée à Florence, ils y suivirent les Pères du concile. Introduits devant le souverain Pontife, ils lui adressèrent ces paroles : « Vous tenez la place du Christ, vous êtes son vicaire sur le siège des apôtres : c'est donc à notre chef et à notre pasteur que nous sommes venus. Vous êtes le fondement de l'Eglise ; une bête féroce déchire tout troupeau qui se sépare de vous ; toute Eglise qui ne vous suit pas est renversée de fond en comble. O chef, prenez pitié des membres ; ô pasteur, réunissez le troupeau ; ô fondement, confirmez l'Eglise. O vous qui avez le pouvoir des clefs célestes, ouvrez-nous les portes de la vie éternelle. C'est par l'autorité de notre patriarche et de tous les évêques de notre nation, que nous nous sommes rendus auprès de Votre Sainteté ; enseignez-nous, et si notre symbole et notre foi renferment quelque défaut, corrigez-le. »

Cinq questions principales furent traitées au concile de Florence : 1° la question de la procession du Saint-Esprit ; 2° l'addition du *Filioque* au symbole ; 3° la question du pain azyme et du pain fermenté ; 4° celle du purgatoire ; 5° enfin, celle de la suprématie du Pape. Le concile fut terminé en 1439. Les Grecs en signèrent toutes les définitions, ainsi que les représentants du patriarche Constantin. Ces derniers rédigèrent en ces termes leur souscription : « Nous, les délégués de notre très vénérable patriarche, tant en son nom qu'en notre propre nom, nous acceptons en toute obéissance toutes les définitions du concile, et en général tout ce que croit et enseigne le siège apostolique ainsi que la sainte Eglise romaine. » Eugène IV donna une instruction spéciale aux Arméniens, sur la matière et la forme des sept sacrements, dans laquelle il recommanda la mixtion de l'eau au vin du saint sacrifice ; puis, il écrivit au patriarche Constantin pour lui témoigner son contentement au sujet des fidèles représentants qu'il avait envoyés au concile, et pour lui recommander l'observation des décrets d'union et de foi portés à Florence. Le Pape, en renvoyant les délégués de Constantin, leur remit quelques reliques et un crucifix d'or orné de diamants, renfermant une parcelle de la vraie croix. Partis de Florence en 1440, ils trouvèrent leur patriarche mort depuis une année [1].

JOSEPH II DE SIS, 61ᵉ PATRIARCHE CATHOLIQUE

(1439-1440).

Ce patriarche mourut quelques mois après son élection.

[1] Asdvadzadour, auteur contemporain.

CHAPITRE XII

CINQUIÈME RECHUTE DE L'ARMÉNIE DANS LE SCHISME, ET MENTION DES PATRIARCHES QUI DEMEURÈRENT NÉANMOINS FIDÈLES A L'ÉGLISE ROMAINE

A la mort du patriarche Joseph, de grands troubles éclatèrent parmi les Arméniens. La main droite de saint Grégoire fut volée à Sis [1], et le siège patriarcal demeura vacant pendant quelque temps; néanmoins, en 1440, Grégoire Mousapékian monta sur la chaire patriarcale, où il fut porté par le suffrage des évêques réunis à Sis. Tous les évêques n'avaient pu être convoqués à cause de la difficulté des temps. Le patriarche Grégoire se crut alors obligé de sacrer cinq nouveaux évêques, pour l'aider dans l'expédition des affaires ecclésiastiques. Quatre évêques arméniens en prirent occasion pour protester contre leur patriarche légitime.

Non contents de blâmer l'ordination de ces cinq évêques, ils

---

(1) Selon Victor Langlois dans son Voyage à Sis (p. 32), Guiragos Virabétsi, dont il va être question, aurait tenté, en 1441, d'enlever la dextre de saint Grégoire sans y réussir. D'où il suivrait que la relique d'Etchmiadzin serait apocryphe; quoi qu'il en soit, à Sis comme à Etchmiadzin, a lieu chaque année une fantasmagorie analogue à celle du feu sacré des Grecs schismatiques à Jérusalem : à l'imposition de la main vraie ou fausse de saint Grégoire le chrême bout et l'honneur d'enlever le couvercle de la marmite est mis à l'encan; ce qui rapporte chaque fois une somme assez ronde.

taxèrent de nullité l'élection de Grégoire, parce que tous les évêques n'y avaient pas pris part. Ces quatre évêques rebelles entraînèrent dans leur révolte un grand nombre d'autres évêques. Ils résolurent d'abord de procéder à une nouvelle élection ; mais ensuite ils se contentèrent d'écrire au patriarche d'avoir à transporter son siège à Etchmiadzin. Sur le refus formel de Grégoire, ces évêques se réunirent en 1441, à Etchmiadzin, et élurent, dans un conciliabule, Guiragos Virabetsi soi-disant patriarche de l'Arménie [1]. Ce fut ainsi que le schisme se renouvela pour durer jusqu'à nos jours. Cependant plusieurs des successeurs de Guiragos se soumirent au souverain Pontife, et au milieu de la défection générale, ils se montrèrent fidèles à leur conscience. Nous citerons un peu plus loin leurs noms vénérables, après avoir achevé ce que nous avons à dire sur les patriarches de Sis.

GRÉGOIRE IX MOUSAPÉKIAN, 62ᵉ patriarche catholique

(1440-1450).

Un document conservé dans la bibliothèque des manuscrits de Laurent de Médicis nous atteste l'esprit catholique dont était animé le patriarche Grégoire Mousapékian, successeur de Joseph de Sis. C'est une lettre qu'il écrivit à Eugène IV, en réponse à une missive que le souverain Pontife lui avait adressée. Il l'avait rédigée en Egypte, où l'avaient appelé les affaires de sa nation. Mais cette réponse arriva à Rome après la mort d'Eugène IV, et fut remise à son successeur, Nicolas V. En voici la traduction.

« Grégoire, par la grâce et la miséricorde de Dieu, patriarche

---

[1] Medzopétsi.

des deux Arménies et évêque des évêques de ces contrées, que la bénédiction divine repose sur tous ! Que le Seigneur bénisse et garde le trône légitime du puissant et illustre pasteur, le très saint Père et souverain Pontife Eugène, ainsi que les nobles personnes qui l'assistent et qui remplissent des charges auprès de lui. Je demande à Dieu, par les prières de saint Grégoire l'Illuminateur, qu'il vous conserve dans la paix et qu'il vous accorde de vivre jusqu'à une extrême vieillesse, bienheureux Père, sur le siège de saint Pierre et de saint Paul ; car c'est pour qu'ils revivent en vous que vous êtes leur successeur.

» Que Votre Sainteté apprenne que nous sont parvenues les sublimes paroles de votre lettre; elles ont eu pour nous la splendeur des cieux; elles nous ont paru lumineuses à l'égal du soleil et des astres, et sorties comme un or précieux d'un cœur et d'un esprit immaculés. Saint Père, je vous considère comme le suprême pasteur de la vérité et le guide des fidèles catholiques, ainsi que vous considéraient les anciens Pères. Quant à moi, je confesse la Trinité, un seul Dieu, le Père, le Fils et le Saint-Esprit. Mes enfants spirituels, les vartabeds Serge et Thomas, se sont rendus auprès de vous pour y représenter ma personne. Ce qu'ils auront fait et dit devant vous et ce que Votre Sainteté aura décidé, je l'accepte de tout cœur, dans son entier et d'une manière absolue. J'aurais voulu vous envoyer un grand nombre de vartabeds et d'évêques, mais par crainte des infidèles, je n'ai pu vous en envoyer davantage. Tout ce que vous déciderez avec ces deux fidèles vartabeds, je l'accepterai de tout mon cœur. Votre Sainteté sache aussi que votre envoyé, le frère Albert, saint et sage prédicateur de Dieu, est venu nous trouver au Caire, lorsque nous nous étions rendu auprès du sultan.

» Il nous a remis le bref que vous aviez envoyé à Jérusalem

au seigneur évêque Martyros. Nous avons ordonné d'en faire la lecture, et nous avons appris ce que vous nous avez mandé sur l'issue du saint concile qui est le lien de la charité et de l'union. Moi, qui suis, malgré mes démérites, établi patriarche sur tous les évêques et les vartabeds, ainsi que sur le pays des Jérosolymitains, lorsque j'ai appris tout ce que le Seigneur a fait pour la gloire impérissable de votre nom, j'ai été rempli de la plus vive allégresse et j'en ai rendu grâce à Notre-Seigneur. Ecrit l'an de l'ère arménienne 899, le 4 septembre (1450). »

Par le contenu de cette lettre, on voit que ce patriarche avait reçu le concile de Florence; on sait aussi qu'il envoya à Rome, par l'intermédiaire de deux vartabeds, sa pleine soumission aux décrets de l'Eglise catholique, ainsi que sa reconnaissance de la suprématie du souverain Pontife [1].

Que firent ses successeurs jusqu'à 1740 ? Continuèrent-ils à être en communion avec l'Eglise romaine ? Les documents historiques nous apprennent expressément, pour quatre d'entre eux, qu'ils imitèrent, dans leur fidélité au saint-siège, les patriarches de Sis dont nous avons donné la notice. A défaut de preuves contraires, nous pensons que les autres ont dû être catholiques, au moins pour la plupart. Ce qui confirme notre assertion, c'est que nous voyons, en 1584, les évêques réunis à Sis demander au pape Grégoire XIII de vouloir bien confirmer dans sa dignité le patriarche Azarias, qu'ils venaient d'élire [2]. Néanmoins, nous passons sous silence ces patriarches, parce que nous ne mentionnons dans cette histoire, que ceux qui ont été certainement catholiques. Quoi qu'il en ait été des

---

[1] BALDJIAN, *Histoire du catholicisme en Arménie.*
[2] Tchamtchian.

chefs, il restait cependant dans le peuple, en Cilicie, un levain de schisme, qui s'étendait de jour en jour. Nous avons été témoins des difficultés parfois insurmontables que créait, au zèle des patriarches catholiques de cette contrée, l'esprit de rébellion qui couvait dans la nation arménienne. Il éclata plus tard et finit par triompher de l'autorité légitime, comme nous le raconterons lorsque nous traiterons du schisme définitif de Sis. Parlons pour le moment des quatre patriarches de Cilicie, qui furent à cette époque manifestement unis au saint-siège.

KHATCHADOUR, 63ᵉ PATRIARCHE CATHOLIQUE
(1560-1584).

En 1575, le patriarche de Sis, Khatchadour, écrivait à Grégoire XIII : « Le seigneur Khatchadour envoie cette lettre en signe d'affection, avec un saint baiser de paix, à vous, Bienheureux Père, souverain Pontife de Rome, courageux et vigilant Pasteur des pasteurs, qui êtes établi le chef du bon troupeau, et qui tenez la place des saints apôtres Pierre et Paul, l'honneur de tous les chrétiens. Au milieu des malheurs qui pèsent sur la nation arménienne, nous avons la confiance que le Dieu clément et miséricordieux, que nous invoquons, vous conservera dans la paix, ô vous qui êtes un flambeau inextinguible allumé pour notre gloire et celle de tous les chrétiens. Vous êtes une image formée par le Père Créateur ; en vous se trouvent réunies toutes les grâces spirituelles ; vous êtes une source inépuisable où se désaltèrent les créatures ; vous réfléchissez la lumière du soleil, vous resplendissez d'un éclat sans ombre, vous êtes un vase formé du métal le plus pur et le plus brillant ; vous êtes un foyer lumineux qui ne s'éteint jamais et qui dissipe les ténèbres.... Vous êtes le cèdre, le cyprès, l'arche construite d'un bois incorruptible ; vous êtes l'arbre verdoyant de la vie, qu'un séraphin protège en tremblant [1]. »

AZARIAS DE TCHOUGHA, 64ᵉ patriarche catholique
(1584-1602).

Ce patriarche était encore appelé Zacharie. Le pape Grégoire XIII avait envoyé en Orient Léonard, évêque de Sidon, avec une mission spéciale pour travailler à l'union des diverses nations orientales avec l'Eglise romaine.

Le patriarche Azarias se soumit à tous les avis du légat apostolique ; du reste, il avait déjà projeté de se rendre à Rome, aux tombeaux des saints Apôtres, mais les circonstances ne le lui avaient pas permis. Il signa alors une profession de foi catholique, qu'il remit à l'évêque de Sidon, et en 1584 il écrivit une lettre au Pape pour l'assurer de son obéissance entière. Cette profession de foi et cette lettre se trouvent dans les archives du Vatican [2].

Voici, en abrégé, cette profession de foi que le patriarche Azarias envoya au pape Grégoire XIII, tant en son nom qu'au nom des évêques, des prêtres et des fidèles :

1° Je crois que le Saint-Esprit procède du Père et du Fils comme d'un seul principe.

2° Je confesse en Jésus-Christ, avec l'unité de personne, deux natures, deux volontés et deux opérations.

3° Je crois que la vierge Marie est la mère de Dieu.

4° Je crois au purgatoire.

5° Je crois que celui qui est mort avec une entière pénitence est au ciel, où il contemple l'essence divine.

---

(1) L'autographe de cette lettre est à la bibliothèque Vaticane.
(2) Baldjian.

6° Je crois le concile de Chalcédoine.

7° J'anathématise le Trisagion avec l'addition *qui avez été crucifié pour nous*, en tant qu'elle se rapporte à la divinité.

8° J'anathématise l'hérésie des Iconoclastes.

9° Je crois le concile de Florence et ses définitions dogmatiques sur la procession du Saint-Esprit, le purgatoire, la béatitude des saints et la suprématie du souverain Pontife.

10° Je crois le saint concile de Trente et toutes ses définitions dogmatiques.

11° Je crois avec humilité que le grand Pontife de Rome, assis sur le siège apostolique, a l'inspection sur tout l'univers ; je crois que le Pontife romain tient la place du bienheureux Pierre, le prince des apôtres, et qu'il est le véritable Vicaire de Jésus-Christ, à qui a été donnée la plénitude du pouvoir de la part de Notre-Seigneur Jésus-Christ, pour paître, corriger et affermir l'unité de l'Eglise. Je confesse cette vérité d'une manière absolue, et j'affirme que quiconque est hors de cette Eglise catholique ne peut avoir part à la vie éternelle. Je promets d'obéir comme un enfant et avec une éternelle fidélité à tout ordre, précepte, décision, règle émanant de Notre Très Saint Père Grégoire XIII et Pape par la miséricorde divine, et des grands Pontifes, ses successeurs. Je garderai cette profession de foi jusqu'au dernier soupir, et je la ferai prêcher partout et observer à ceux qui dépendent de mon autorité. Je le jure sur l'Evangile et je signe : AZARIAS.

GRÉGOIRE X D'ADANA, 65ᵉ PATRIARCHE CATHOLIQUE

(1689-1691).

Ce patriarche se rendit à Rome en pèlerinage avec deux évêques, et y donna sa profession de foi catholique (1).

JEAN III DE HADJIN, 66ᵉ PATRIARCHE CATHOLIQUE

(1718-1727).

Ce patriarche, le 7 mars 1718, envoya d'Alep au saint-siège sa soumission souscrite par plusieurs archevêques, évêques, docteurs, prêtres et notables, au nombre de cent, et signée en particulier par l'évêque d'Alep, Abraham, qui fut ensuite élevé au patriarcat, comme nous le dirons plus tard, sous le nom d'Abraham Pierre Iᵉʳ (2).

Nous allons maintenant parler des patriarches d'Etchmiadzin, qui furent en communion avec l'Eglise romaine.

Le patriarche d'Etchmiadzin, Etienne, fatigué des persécutions que lui faisaient subir ses ouailles, avait confié l'administration du patriarcat à Michel de Sébaste et s'était retiré à Constantinople. De là, il se rendit à Rome, en 1548, et offrit au pape Paul III l'hommage de sa filiale obéissance. Il lui promit, en particulier, de s'employer de tout son pouvoir à faire accepter en Arménie le rite apostolique de la mixtion de l'eau au vin du saint sacrifice de la messe. Mais il mourut peu de temps après son retour à Etchmiadzin (3).

Michel de Sébaste, en 1562, envoya au souverain Pontife

---

(1) Baldjian.
(2) Azarian.
(3) Arakiel.

Arménie. — Autel de l'église des Jésuites à Adana

Pie IV un ambassadeur issu de race royale et nommé Abgar ; ses deux fils, Soultan et Alexandre, accompagnaient leur père. Il était chargé de remettre une lettre au Pape au nom du patriarche et de la nation arménienne. Mais, inquiet sur le sort de son ambassade, dont il n'avait pas de nouvelles depuis une année, il expédia à Rome la lettre suivante, que nous donnons ici en abrégé :

« De la résidence d'Etchmiadzin, où sont les reliques des saints, de la part de tous les évêques et du clergé de cette contrée, et de la part de Michel, patriarche d'Arménie, ainsi que de celle de tous les frères bien-aimés. Nous tous, nous baisons avec dévotion les pieds de notre Saint-Père Pie IV, qui est vraiment Pierre. Nous saluons aussi tous les vénérables cardinaux et tous les princes et seigneurs chrétiens. Amen.

» Nous faisons savoir à Votre Sainteté, que le 20 mai 1562, Nous, patriarche Michel de Sébaste, nous vous avons envoyé notre fils Abgar, porteur d'une lettre dans laquelle nous témoignons, en notre nom et au nom de tous, de notre obéissance à Votre Béatitude.... J'ai la ferme confiance que vous voudrez bien renouveler avec nous l'alliance faite dans les temps anciens entre le bienheureux souverain pontife Sylvestre, de sainte mémoire, et saint Grégoire, notre premier patriarche, et nous l'envoyer comme gage de notre mutuelle amitié, en sorte qu'il n'y ait plus qu'un troupeau et un pasteur. En signe d'affection, nous avons chargé notre envoyé de remettre à Votre Sainteté du saint chrême, une croix d'or, un anneau bénit, des reliques de saint Théodore, martyr, la liste de nos églises et de nos monastères, le nombre de nos ouailles, et une copie du susdit traité d'alliance, qui a été écrit pour jamais avec le sang précieux et incorruptible de Notre-Seigneur Jésus-Christ.... Nous sommes tous soumis, Très Saint Père, à Votre Sainteté et à toutes vos décisions. Tout ce que vous aurez réglé avec notre envoyé, nous l'accepterons avec un cœur sincère, et nous l'observerons jusqu'au jour de la venue du Seigneur, comme le traité d'alliance ci-dessus mentionné....

» Donné à Etchmiadzin, l'an de la Nativité de Jésus-Christ 1563, le jeudi 1ᵉʳ avril. »

Voici quelle a été la profession de foi solennelle faite par Abgar, à la demande du souverain Pontife. Pour abréger, nous n'en donnerons que les points principaux :

« Vous êtes, dit-il au Pape, le souverain Pontife dont l'autorité s'étend aux quatre points cardinaux du monde, et tout ce que vous déliez reste délié, et tout ce que vous liez reste lié. Veuillez nous recevoir parmi les brebis de votre troupeau, et renouveler l'ancien lien d'amour et d'obéissance qui nous unissait à l'Eglise romaine. Nous confessons que le Pape seul peut délier ce que les évêques, les archevêques et les patriarches ont lié. Nous confessons que quiconque meurt sans avoir fait pénitence est livré au démon ; et que celui qui a fait une entière pénitence va droit au ciel. Nous croyons que celui qui meurt sans avoir entièrement satisfait à la justice de Dieu descend au purgatoire, d'où le délivrent l'offrande du saint sacrifice, les aumônes, les prières et les bonnes œuvres des vivants. Nous disons que notre premier patriarche a été saint Grégoire, qui le premier s'est rendu à Rome, où l'a béni et sacré saint Sylvestre, au temps de l'empereur Constantin et de notre roi Tiridate. Nous confessons que Jésus-Christ a dit à saint Pierre : « Pais mes brebis, » et qu'il a prié pour lui afin que sa foi ne défaille point, et que si quelqu'un parmi nous ne reconnaît pas le siège de Pierre comme le siège suprême, et le seigneur Pontife de Rome comme chef et pasteur de toute la terre et maître des clefs, celui-là renie l'Evangile, Jérusalem et le siège de saint Grégoire d'Etchmiadzin.

» Ecrit par moi, et remis au souverain Pontife, notre Saint-Père le Pape Pie IV, ce mercredi 10 novembre 1565 [1]. »

Saint Pie V donna, dans la ville de Rome, aux Arméniens l'église de Sainte-Marie-Egyptienne, l'hôpital, et les maisons voisines. Grégoire XIII voulut aussi les gratifier d'un collège ; mais la mort l'empêcha d'exécuter ce projet. Il était réservé à Léon XIII d'accomplir le dessein de son prédécesseur.

En 1593, deux hommes, David et Melchisédech, s'étaient arrogé le titre de patriarche d'Etchmiadzin, et en exerçaient conjointement les fonctions. Mais il arriva qu'ils ne purent plus payer au schah de Perse le tribut que celui-ci exigeait d'eux chaque année pour les maintenir dans leur charge. Ils durent avoir recours à Sérapion, évêque de Diarbékir, autrement Kara-Amid (l'Amida des anciens), et ils lui offrirent de partager avec eux le titre de patriarche. Sérapion était catholique et bien intentionné ; il accepta donc, dans l'espoir de servir l'Eglise romaine. Etant d'une famille riche et honorable, il paya les dettes de ses confrères. Mais les schismatiques ne purent supporter un patriarche catholique sur le siège qu'avait occupé saint Grégoire ; par leurs intrigues, ils le rendirent suspect au schah, qui le força, par ses vexations et ses violences, à s'enfuir à Tigranocerte, où il mourut en 1606 [2]. Mais son exemple avait profité à ses collègues. En effet, l'année précédente (1605), le patriarche David avait écrit conjointement à six évêques une lettre d'obéissance à Paul V [3].

---

[1] Rainaldi.
[2] *Lettres édifiantes.*
[3] Steph. Leh, *Chronologie*, 1605.

En 1610, le même patriarche Melchisédech fit parvenir à Paul V une lettre d'humble soumission, ou, pour mieux dire, une profession détaillée de sa foi catholique. Nous en extrayons le passage suivant : « De même que le soleil est le principe de la vie humaine et de toute la nature animée, ainsi vous, roc vivant, du haut du siège où vous êtes assis pour vivifier la foi, vous répandez le principe de la vie parmi tous les fidèles. C'est pourquoi toutes les nations chrétiennes viennent se jeter dans vos bras, puisqu'il est écrit : Sur ce rocher, je bâtirai mon Eglise. Et de même qu'il n'y a qu'un seul soleil, et que de son unique sphère partent les rayons qui illuminent l'univers, et qu'il a sous lui tous les êtres animés et inanimés, auxquels il donne le mouvement, en sorte qu'il semble être le chef et le roi de toute la nature ; de même vous, par la suprématie de l'unique siège apostolique, vous dirigez par votre autorité l'universalité des chrétiens ; tout le monde est sous votre obéissance comme l'univers le reconnaît ; et toutes les nations fidèles révèrent et exaltent votre primauté ; il n'est personne qui puisse s'opposer à votre volonté, car le Seigneur lui-même vous a dit : « Paissez mes brebis. »

Paul V répondit à Melchisédech, qui envoya une nouvelle protestation de sa soumission et de sa déférence aux avis et aux ordres du souverain Pontife [1]. Ce pieux patriarche fut forcé, par les intrigues et les persécutions des schismatiques, de se réfugier en Pologne.

Un de ses successeurs, Moïse, suivit la même voie, et envoya au pape Urbain VIII sa profession de foi, signée aussi par douze archevêques et évêques [2].

---

[1] Baldjian.
[2] Baldjian.

Urbain VIII chargea un dominicain, le P. Paul Firamoli, d'une mission spéciale auprès de Philippe, successeur de Moïse, en 1640. Philippe remit entre les mains du légat pontifical sa profession de foi signée par vingt-cinq évêques et huit vartabeds, pour être présentée au souverain Pontife. Mais celui-ci étant mort dans l'intervalle, ce fut Innocent XI qui la reçut [1].

D'après les *Lettres édifiantes*, Philippe était très zélé catholique. Il sut se rendre si agréable au schah de Perse, qu'il en obtint la restitution du bras que l'on croyait avoir été celui de saint Grégoire l'Illuminateur, et qui se trouvait à Ispahan depuis environ trente ans. Il fit réparer l'église dédiée à sainte Ripsime et sainte Gaïané. Ensuite il se rendit par dévotion à Jérusalem, où il rencontra le patriarche de Sis, Nersès de Sébaste, avec lequel il contracta une alliance très étroite : ce qui indiquerait que Nersès était ou se fit alors catholique. Philippe revint à Etchmiadzin et y mourut en 1655.

En 1680, le patriarche Jacques, qui déjà, dix-huit ans auparavant, avait envoyé à Rome sa profession de foi, écrivit de nouveau en ces termes au pape Innocent XI : « D'après l'enseignement de Notre-Seigneur Jésus-Christ, que nous ont transmis les douze apôtres, témoins auriculaires du Verbe, d'après la doctrine des saints Pères et des docteurs de l'Eglise, d'après les définitions des quatre conciles généraux, de Nicée, de Constantinople, d'Ephèse et de Chalcédoine, avec une foi entière, une espérance inébranlable et une charité indéfectible, moi, Jacques, l'infime serviteur du Christ, patriarche de tous les Arméniens, résidant à Vagharchabad, âgé de quatre-vingt-deux ans et trois mois, la vingt-sixième année de mon pontificat, l'heure de ma mort n'étant pas éloignée, me trouvant à

---

[1] Baldjian.

Constantinople, dans l'église de la Vierge Mère de Dieu, sous les regards du ciel et en présence du Révérendissime archevêque de Cérigo, Mgr Gaspard Gasparini, et du R. P. François Gili, de la Compagnie de Jésus, j'ai donné ma profession de foi, suivant ce que je crois et confesse ; je déclare que la grande et apostolique Eglise de Rome a une souveraine autorité et suprématie sur toute l'Eglise universelle catholique. Je crois que son Pontife, qui siège sur le trône de saint Pierre, chef des apôtres, est le successeur du même Pierre, qui avait le pouvoir de lier et de délier au ciel et sur la terre. Je crois que tout ce qu'il lie sur la terre est lié au ciel, et que tout ce qu'il délie sur la terre est délié au ciel. J'accepte et j'honore de même la grande, sainte, apostolique et universelle Eglise de Rome. Je suis avec obéissance sa doctrine à la vie et à la mort, et je repousse et anathématise quiconque s'oppose à l'Eglise de Rome et à sa foi.

» Ecrit, approuvé et signé : JACQUES, patriarche de tous les Arméniens. Août 1680 [1]. »

Si l'on s'en rapporte aux *Lettres édifiantes*, Jacques se serait transporté à Rome cette même année 1680, pour y témoigner de sa parfaite obéissance au saint-siège, et il y serait mort peu de temps après son arrivée.

Isaac Artar ou le Juste, évêque de Tauris, avait été désigné par Jacques III pour lui succéder à Etchmiadzin ; mais il redouta la responsabilité de la charge qui lui était offerte et la laissa à Eléazar Glaïétsi. Isaac Artar observait le jeûne du samedi en l'honneur de l'Eglise romaine. Pendant qu'il exerçait les fonctions de vicaire patriarcal, il fit parvenir à Rome, le 21 juin 1685, sa reconnaissance de la suprématie du saint-siège,

---

[1] Le texte de cette profession de foi se trouve dans la bibliothèque des Mékhitaristes de Vienne.

qu'il nomme la colonne de la foi. Sa lettre est conçue en termes magnifiques, dont le texte original se trouve aux archives de la Propagande.

Eléazar Glaïétsi fut aussi catholique; il favorisa de tout son pouvoir les missionnaires et leurs missions, qui furent très prospères sous son patriarcat [1].

En 1795 et en 1799, le patriarche Nahabed envoya des lettres de soumission au pape Innocent XII.

D'après Tchamtchian [2], le patriarche Alexandre, en 1707, aurait fait remettre au pape Clément XI une lettre dans laquelle il le reconnaissait comme Pontife universel, chéf de toutes les Eglises, Père et docteur de tous les chrétiens, flambeau toujours ardent de l'Eglise universelle et apostolique, et se déclarait prêt à recevoir ses ordres comme les oracles divins que recevait Moïse.

En 1717, le patriarche Asdvadzadour imita l'exemple de Nahabed, et écrivit à Clément XI pour lui témoigner de sa parfaite obéissance [3].

Mais d'après les *Lettres édifiantes*, il ne paraît pas que ces trois patriarches aient persévéré dans leur union avec l'Eglise romaine.

Plusieurs vicaires d'Etchmiadzin, résidant à Constantinople avec le titre de patriarche ou de patrik, firent de même leur soumission au saint-siège.

Clément Galano raconte en détail la conversion d'un de ces patriks à laquelle il eut part et dont nous donnons un récit succinct :

Arrivé à Constantinople, dans le quartier de Galata, je fus

---

[1] *Lettres édifiantes.*
[2] *Histoire d'Arménie*, t. III, p. 750.
[3] Azarian, Traditio Eccl. Arm. de primatu S. Pontificis.

reçu, dit-il, dans le couvent des Pères capucins, qui tiennent une école sous la protection du pieux ambassadeur de la France, M. de la Haie, et je m'y livrai à l'instruction des jeunes Arméniens. Il y avait alors à Constantinople un patriarche arménien, du nom de Cyriaque ; c'était un prédicateur remarquable ; le bruit de son talent, de son éloquence et de son intégrité de mœurs s'était répandu dans toute l'Arménie. Mes leçons, écrites en arménien, lui tombèrent sous les yeux, et il reconnut que ma doctrine était saine. Un commerce épistolaire s'établit entre nous deux et je dissipai tous ses doutes. Instruit de la vérité, il l'embrassa avec courage et m'envoya de nouveaux disciples auxquels il disait : « De nos jours, s'est levé en Orient un nouvel Athanase, un nouveau Cyrille ; allez à lui, mes enfants, et instruisez-vous. Dieu fasse que toute l'Arménie l'accepte et le reconnaisse comme un père envoyé par le ciel aux Arméniens. » Il écrivit bientôt après une lettre au pape Urbain VIII, dans laquelle, après avoir déploré l'aveuglement de ses concitoyens, il faisait profession de foi catholique et lui promettait obéissance et fidélité. Dans une seconde lettre, qu'il fit remettre à l'ambassadeur du roi très chrétien, il le priait de faire transmettre souverain Pontife son acte de soumission. Le Pape reçut avec joie la missive du patrik Cyriaque et lui fit répondre, en 1642, par le cardinal Antoine Barbérini, préfet de la Propagande, qu'il le félicitait de sa réunion à l'Eglise, avec l'espoir que, par ses prédications et son exemple, toute la nation arménienne serait éclairée des vraies lumières de la foi. Ce patriarche mourut de la peste quelque temps après, à l'âge de quarante ans, après avoir exhorté les siens à embrasser la foi catholique et à s'unir à l'Eglise romaine. Son successeur, Khatchadour, l'imita dans son retour à l'unité catholique ; mais la faction schismatique lui fit la guerre et un certain David le supplanta.

Cependant un moine, du nom de Thomas, fit exiler l'intrus et se fit reconnaître pour patrik. Toutefois, n'ayant pu payer à la Porte les sommes nécessaires pour l'obtention du firman, il se retira à Rome, où il vécut en bon catholique [1].

D'après Mgr Azarian, le patriarche de Constantinople, Mékhitar, fit sa soumission au saint-siège en 1700.

Parmi les patriarches arméniens de Jérusalem, on cite Minas, qui écrivit, en 1699, une lettre de soumission à Innocent XII. L'exemple des patriarches fut suivi par un grand nombre d'évêques. Voici la liste des principaux évêques qui se sont unis, à diverses époques, au siège apostolique. 1° En 1689, 19 avril, Thomas Nouradjan, évêque de Sainte-Croix, dans la Grande-Arménie; 2° en 1691, 26 juin, Cyriaque (*episcopus Talsensis*); 3° en 1695, Aristaguès, évêque de Jériz-Manganz, en Mésopotamie; 4° en 1698, 30 septembre, Jacques, évêque de Marache; 5° en 1700, Vartan, évêque de Césarée; 6° à la même époque, Jean Kévorkian, évêque de Kaffa en Crimée; 7° Georges, évêque d'Edesse; 8° en 1711, Jérémie, évêque d'Egypte; 9° Jonas, Elie, évêque de Sébaste; 10° en 1725, Pascal, évêque de Chypre, et Sukias Kasavétian, évêque de Brousse; 11° en 1717, Nersès, évêque d'Aïntab; 12° en 1723, Vartamian, évêque d'Edesse; 13° en 1721, l'archevêque Minas. Ce dernier, en adressant à Clément XII sa lettre de soumission, donnait au Pape le titre d'illuminateur de l'univers, de chef des chefs et de père de tous les chrétiens, attendu que saint Grégoire l'Illuminateur était accouru plein d'amour et de confiance, et toute humilité, à saint Sylvestre, comme un fils à son père [2].

---

[1] Galano, t. I, p. 179 et suiv.
[2] Azarian.

S. B. Mgr Etienne-Pierre X. Azarian, patriarche arménien

Tous ces patriarches et tous ces évêques dont nous venons de parler montrèrent, par leur humble soumission au vicaire de Jésus-Christ, une haute élévation de sentiments. Néanmoins, les hommes qui comprirent leur devoir furent rares dans l'obédience d'Etchmiadzin, et l'histoire ne signale, dans le petit diocèse d'Aghtamar, personne qui se soit uni à l'Eglise romaine. Car, parallèlement au pseudo-patriarcat d'Etchmiadzin, continua celui d'Aghtamar, interrompu momentanément au temps du patriarche Jacques III de Sis. Sentant bon gré, mal gré, que, séparés de l'Eglise catholique par le schisme, ils étaient séparés de Dieu, les prétendus patriarches d'Etchmiadzin firent ce que, du reste, font tous les schismatiques : ils cherchèrent un appui dans la puissance séculière. S'étant mis sous la tutelle des rois de Perse, ceux-ci leur vendaient leur protection à prix d'argent. Pour leur élection, les évêques présentaient au schah trois noms choisis dans une assemblée réunie par ses ordres. Ce monarque musulman conférait alors à l'un des trois la dignité patriarcale, en lui mettant au doigt un anneau qui coûtait bien cher au faux pasteur. Il y eut un temps où le pseudo-patriarche achetait sa place cinquante mille pièces d'argent; mais il s'en dédommageait par la simonie, en spéculant sur la main de saint Grégoire l'Illuminateur, et en prétendant que toute ordination faite sans l'imposition de cette relique était nulle. De cette façon, il avait le monopole des ordinations épiscopales, qui lui rapportaient, bon an, mal an, d'assez fortes sommes. Le roi de Perse, à son tour, spéculait, pour augmenter ses trésors, sur la rivalité des évêques, et vendait parfois la place de patriarche à deux ou trois prétendants et les laissait se disputer entre eux, après avoir touché leur argent. Tel est le scandale qui fut donné à Etchmiadzin, sans nulle interruption, pendant tout le xvi° siècle [1]. Mgr Gerbet dit le mot de la situation quand il s'écrie : Qu'ont gagné les patriarches d'Orient à n'être pas confirmés par le Pape, si ce n'est d'avoir été habituellement les créatures, les muphtis chrétiens du sultan ou les serfs spirituels d'un pouvoir laïque [2] ?

C'est ainsi que la malheureuse nation arménienne devint le jouet de faux pasteurs, s'arrogeant sur les âmes une autorité qu'ils n'avaient point, afin de faire leur fortune en ce monde. Dieu châtia enfin ces sacrilèges, en les faisant tomber sous le joug de fer des czars russes, qui changèrent Etchmiadzin en prison d'Etat, où l'élu de la nation demeurait sous la garde d'un geôlier moscovite. Cet élu a fini par déplaire au despote couronné de Pétersbourg ; le czar vient de rejeter avec mépris l'œcuménique qui avait réuni la majorité des suffrages, et de lui substituer arbitrairement un Russe qui n'a d'Arménien que le nom [3]. Dans quelques années, de par le knout, ce nom même disparaitra, et quelque pope cosaque remplacera l'Arménien russifié et occupera à Etchmiadzin le trône de saint Grégoire l'Illuminateur. Terrible et juste vengeance de Dieu, qui châtie de la sorte ceux qui refusent d'obéir à son Eglise !

Le patriarcat de Sis ne resta pas en arrière de celui d'Etchmiadzin dans la voie de la rébellion ; il se sépara définitivement en 1742, quand la faction schismatique repoussa le patriarche Abraham, dont nous allons parler un peu plus bas, et le remplaça par un intrus du nom de Michel. Dès lors, on ne vit plus à Sis que de faux patriarches soumis aux caprices des brigands Kazan-Oghlou [4], qui infestèrent le Taurus jusqu'à ces derniers

---

(1) *Lettres édifiantes.*
(2) *Esquisse de Rome chrétienne*, t. I, ch. v, p. 441.
(3) Le premier est Melchisédech Mouradian et le second Magar, qui est actuellement à Etchmiadzin.
(4) Lors du voyage de Victor Langlois en Cilicie pendant l'année 1852, le pseudo-

temps, châtiment bien mérité pour s'être mis en révolte contre la houlette paternelle du vicaire de Jésus-Christ. Enfin le minuscule patriarcat d'Aghtamar, toujours schismatique depuis son origine, a reçu, pour punition, le mépris universel.

Dans quel état se trouvent actuellement les sièges de ces trois patriarcats? C'est ce que nous allons expliquer en quelques mots.

Etchmiadzin est situé à l'ouest d'Erivan, au milieu de la plaine. Dans le voisinage se groupent les maisons de la petite ville de Vagharchabad. Etchmiadzin n'est qu'un vaste couvent aux murailles de pisé, dominé par une église à clocher pyramidal et à clochetons latéraux. Une enceinte quadrangulaire, dont les murs grisâtres ne sont pas même flanqués de tours, cache le bas des édifices. Etchmiadzin n'a de vraiment beau que ses eaux limpides, ses fleurs, son bosquet de peupliers et d'arbres fruitiers. Il occupe l'emplacement de l'une des puissantes cités de l'antique Arménie. Là s'élevait Ardimet-Kaghak, la ville d'Artémis ou d'Anahit, la Vénus arménienne. C'est aussi près de là, au pied de la forteresse d'Armavir, que l'on allait consulter les chênes sacrés, où les prêtres, comme ceux de Dodone, entendaient dans le feuillage à la fois le murmure des vents et celui des destins. La bibliothèque du couvent possède 635 manuscrits anciens, et son imprimerie publie un journal et quelques ouvrages populaires en arménien. Une cloche du couvent d'Etchmiadzin porte une inscription thibétaine avec

---

patriarche de Sis se prit à sourire, quand il entendit la lecture des lettres de recommandation que celui-ci lui présentait de la part du pacha d'Adana et dit : « Le pacha gouverne à Adana et à Tarsous ; mais c'est Kazan-Oghlou qui règne à la montagne. » Victor Langlois ajoute : Le patriarche ne se maintenant sur son siège que par des dons d'argent et des cadeaux faits à ce chef rebelle, il est en quelque sorte devenu son vassal (p. 8). En effet les Kazan-Oghlou savaient tenir en laisse leurs vassaux mitrés : l'un de ces derniers, Guiragos, en 1825, fut empoisonné pour avoir cherché à se soustraire à leur autorité (p. 30).

des paroles mystiques résumant la vie et la mort [1]. Singulière coïncidence! comme si la cloche d'Etchmiadzin, après avoir fait entendre autrefois les sons de la vie catholique, ne faisait plus retentir aujourd'hui qu'un glas de mort avec le schisme et l'hérésie.

Aghtamar n'est qu'un simple monastère dans un îlot du lac de Van.

Sis est bâti en amphithéâtre sur la pente d'une montagne rocheuse isolée, mais se rattachant par la base au système de la grande chaîne du Taurus. Les maisons sont à terrasses, mais étagées de telle sorte que les terrasses d'un rang de maisons semblent servir de rue au rang qui les domine. Le couvent se trouve au nord et au sommet de la ville. On l'aperçoit de très loin, à cause de l'élévation de ses constructions nombreuses. Une mosquée et un bazar sont les deux seuls établissements turcs de Sis.

Le château couronne le rocher sur lequel il est assis; il ne présente que quelques buissons brûlés par le soleil, et des herbes desséchées que broutent des chèvres et des moutons. Une rivière, le Karabouna-Tchaï, serpente au pied de la ville. Sis paraît avoir été la ville antique de Flaviopolis, mais il n'en reste aucun débris.

Le roi Léon II fonda ou rebâtit cette cité, et depuis le règne de ce prince, ses successeurs y firent édifier des monuments et des églises.

En 1374, les Egyptiens s'en emparèrent et la détruisirent de fond en comble, après avoir renversé presque entièrement le palais des rois et démantelé les murailles du château.

Sis n'est plus aujourd'hui qu'une bourgade d'environ deux

---

(1) Elisée Reclus.

cents maisons turques et arméniennes, groupées au pied du vieux château et du monastère. Les pierres provenant des décombres du palais ont servi à la construction du nouveau patriarcat en 1734. La bibliothèque ne renferme que cent quarante-cinq manuscrits modernes et deux cent cinquante volumes imprimés; ce sont des livres liturgiques sans importance. Les archives, qui devaient former un dépôt historique bien précieux pour les annales de la Cilicie sous les Roupéniens, n'existent plus [1].

La prise de Constantinople en 1453, par les Turcs, apporta un nouveau changement dans l'état de l'Eglise arménienne. Mahomet II, pour repeupler la ville, qu'il avait dévastée, donna l'ordre à Joachim, évêque arménien de Brousse, de se transporter, avec un grand nombre de familles arméniennes, dans la nouvelle capitale de son empire. Il leur concéda dans Galata un lieu vaste et commode pour y habiter. Le chef de cette Eglise reçut le nom de patriarche, et il étendit sa juridiction sur tous les Arméniens établis dans la Grèce et dans l'Anatolie. Telle fut l'origine du nouveau patriarcat érigé à Constantinople [2].

Les patriarches de Sis s'étaient déjà donné, avant la fin du xve siècle, un vicaire patriarcal, résidant à Jérusalem. Mais bientôt ce vicaire s'arrogea le titre de patriarche et le droit de bénir et de distribuer le saint chrême, droit réservé aux patriarches orientaux [3]. Il paraît cependant qu'au milieu du xviie siècle, le patriarche arménien de Jérusalem se serait fait confirmer ce droit par le patriarche Philippe d'Etchmiadzin [4]. C'est ainsi que s'est établi le patriarcat arménien de Jérusalem.

---

(1) Langlois, *Voyage en Cilicie*, p. 380.
(2) Eugène Boré, p. 50.
(3) Or. Christ., p. 1364.
(4) Or. Christ., p. 1420.

CHAPITRE XII. 289

Ce n'était pas assez, dit le P. de Damas. Les vingt-trois mille familles traînées par Abbas Ier à Ispahan s'étaient également nommé un chef indépendant ; d'où il résulte que ces schismatiques, toujours d'accord pour s'insurger contre Rome, ne surent pas rester unis et formèrent un corps monstrueux. Ils se donnèrent cinq têtes, cinq chefs suprêmes, cinq patriarches [1].

---

[1] *Coup d'œil sur l'Arménie*, p. 72.

CHAPITRE XIII

MISSION DES JÉSUITES EN ARMÉNIE

A l'époque où nous sommes arrivés dans cette histoire, l'esprit schismatique triomphait en Arménie, et envahissait les sommités de la nation, surtout dans les contrées du nord. Dieu n'abandonna pas ces infortunés chrétiens, que la gangrène du schisme menaçait de dévorer. Déjà, pour maintenir leur union avec Rome et prévenir les maux que la rébellion allait faire éclater parmi eux, il leur avait envoyé, trois siècles auparavant, sous le pontificat de Jean XXII et le patriarcat de Jacques II, les illustres enfants de saint Dominique. La congrégation des Frères-Unis ou Unitoriens, qui fut fondée par les Dominicains, et qui s'incorpora plus tard à leur ordre, produisit les fruits les plus abondants dans la Grande-Arménie. Néanmoins le schisme, combattu et comprimé pour un temps par leur vigoureux apostolat, reparaissait avec insolence et s'apprêtait à détruire ce qui restait encore de la foi catholique, semée par saint Grégoire l'Illuminateur. C'est alors que Dieu lui opposa les fils de saint Ignace de Loyola.

En 1380, le conquérant tartare Tamerlan avait arraché à leur patrie six cent mille Arméniens, et les avait déportés en Perse, et en 1605, le cruel schah de Perse Abbas Ier en avait traîné dans son royaume plus de vingt-deux mille familles. Ce fut à ces malheureux exilés que s'adressa d'abord le zèle des Jésuites en 1650; et le P. Rigordi fut le premier qui se dévoua à l'adoucissement de leurs infortunes. Le schah Abbas II l'autorisa à s'établir en Perse et à ouvrir une résidence et une église, soit à Ispahan, sa capitale, soit à Chiros, la ville sainte des Chiites.

Le P. Chézaud, qui lui succéda, s'établit à Ispahan, dans le faubourg de Vulfa, se fit médecin en même temps que pasteur des âmes, et se consacra tout entier au soulagement des misères spirituelles et temporelles des Arméniens. Ceux-ci l'adoraient comme un père et lui donnèrent le surnom de bien-aimé.

Le P. Chézaud et ses compagnons étendirent le cercle de leur apostolat en dehors de Vulfa et évangélisèrent les campagnes, où ils furent reçus avec enthousiasme et écoutés comme des oracles. Après vingt-deux ans de prédications, la vraie foi avait été ressuscitée parmi les Arméniens de la Perse; ils abjurèrent le schisme, et leurs évêques, ainsi que les notables, signèrent au nom de tous une profession de foi catholique qu'ils envoyèrent au roi très chrétien. Mais le démon fut jaloux d'un tel succès; il suscita contre les missionnaires des tracasseries continuelles de la part du gouvernement. Les nouveaux convertis, voyant le pouvoir contraire aux Jésuites, n'osèrent plus continuer leurs rapports avec eux. Les missionnaires toutefois ne désespérèrent point de la situation. Ils entreprirent de ramener les familles les unes après les autres, en convertirent un grand nombre, et sans doute qu'ils auraient fini par les faire rentrer en masse dans le bercail de l'Eglise, sans la suppression de la Compagnie en 1773. Mais ceux que les Pères avaient instruits étaient solides dans la foi catholique, comme le fait suivant le démontre.

A Julfa, les dissidents avaient suscité contre les catholiques

Arménie. — Le R. P. André Gras, S. J.

mort à Sivas le 18 novembre 1883

une longue persécution quelque temps avant le départ des Jésuites.

Un chef de famille à qui l'on disait que quand il n'y aurait plus de Pères ni de missionnaires, il serait bien forcé d'aller à leur église, fit cette réponse remarquable : « Je ne connais qu'une Eglise, l'Eglise romaine, avec laquelle je suis en communion. S'il ne reste plus à Julfa de missionnaires ni de prêtres catholiques, je suis veuf, par conséquent libre ; j'irai me faire ordonner prêtre, afin de pouvoir satisfaire ma dévotion et pour que mes enfants trouvent dans leur maison de quoi remplir leurs devoirs de chrétiens, sans être obligés d'aller aux églises schismatiques [1]. »

Les Jésuites ne se contentèrent pas de venir au secours des Arméniens fixés à Ispahan ; ils allèrent les chercher à Chamakié, dans la province de Chirvan.

Qnoique les Arméniens n'eussent que deux cents maisons dans cette ville, soixante villages de la province en étaient peuplés et les caravanes en amenaient continuellement dans les khans de la cité.

Les Pères se mirent à l'œuvre. Le P. Pothier, qui ouvrit la mission, paya de sa vie les nombreuses abjurations qu'il fit faire dans sa chapelle : il fut assassiné. Le P. de la Maze, qui lui succéda, fit une riche moisson, de concert avec le P. Champion, qui était venu le rejoindre de France. Tous deux évangélisèrent les habitants de Chamakié, rompirent le pain de la parole divine aux marchands qu'amenaient les caravanes et donnèrent de fréquentes missions dans les villages de la province.

A Berlis, d'autres Jésuites prêchèrent la voie du salut, malgré

---

[1] E. Boré, p. 54.

toutes sortes d'avanies ; ils eurent néanmoins la consolation d'y faire d'éclatantes conversions, entre autres celles d'un évêque schismatique et d'un savant docteur.

A Erzeroum, le P. Roche fit des prodiges, et immense fut l'ascendant que lui gagnèrent ses vertus. L'évêque schismatique de Trébizonde abjura l'erreur entre ses mains; un autre évêque, avancé en âge, suivit cet exemple, et l'on vit plusieurs prêtres sous sa direction abandonner le schisme et rentrer dans le sein de l'Eglise catholique. La peste éclate dans la cité; le P. Roche se fait l'infirmier et le confesseur des moribonds. Attaqué lui-même, il succombe au fléau, et son corps, porté processionnellement dans tous les quartiers, y arrête sur-le-champ la terrible épidémie. D'autres Jésuites, entre autres le célèbre P. Villotte [1], vinrent prendre la place du martyr de la charité. Quand le P. Roche arriva à Erzeroum, il n'y rencontra que trois catholiques. Quatre années s'étaient à peine écoulées que quatre cents familles s'étaient réunies à l'Eglise romaine. Les missionnaires avaient bien mérité de l'Eglise; aussi l'enfer déchaîna-t-il contre eux un terrible orage qui dura trois années; il leur fallut céder à la tempête. Ils s'éloignèrent donc d'Erzeroum en attendant des jours meilleurs.

Le même orage força aussi les Jésuites de quitter Trébizonde, où ils s'étaient établis et où ils prêchaient non sans succès depuis deux années. Ce qu'ils recueillirent surtout dans cette

---

[1] Il a composé en langue arménienne plusieurs ouvrages qui ont été imprimés à Rome. *Une explication de la foi catholique*, 1711, in-12; *l'Arménie chrétienne ou Catalogue des patriarches et rois arméniens, depuis Jésus-Christ jusqu'à l'an* 1712. Rome, 1714, in-fol.; *Abrégé de la doctrine chrétienne*. Rome, 1713, in-12; *Commentaires sur les évangiles*, 1714, in-4°; *Dictionnaire latin-arménien*, où on trouve bien des choses sur l'histoire, la théologie, la physique, les mathématiques. 1714, in-fol. Le même auteur a donné en français : *Voyage en Turquie, Arménie, Arabie et Barbarie*. Paris, 1714, in-fol. (Feller.)

dernière ville, ce furent des huées et des outrages ; ils furent mis dans les fers, souffletés, accablés de pierres, jetés dans la rue, forcés d'acheter à prix d'argent quelques instants de répit, et enfin bannis comme des malfaiteurs. Du moins, ils avaient eu part aux opprobres de Jésus-Christ. *Ibant gaudentes.... quoniam digni habiti sunt pro nomine Jesu contumeliam pati* (1).

La ville d'Erivan est à une soixantaine de kilomètres du mont Ararat, qui porte, comme nous l'avons dit, à 5,248 mètres dans les nues son front couronné de neiges éternelles et sur lequel s'arrêta l'arche de Noé. Non loin de là est situé Etchmiadzin, résidence de saint Grégoire l'Illuminateur et de ses premiers successeurs dans le patriarcat.

Les Jésuites vinrent s'y fixer. Le poste était périlleux, et le P. Longeaux, qui le premier parla d'union avec le vicaire de Jésus-Christ, fut empoisonné. Celui qui était alors reconnu comme patriarche d'Etchmiadzin et se nommait Nahabed, s'était tout d'abord déclaré contre les missionnaires romains ; il avait lancé l'excommunication contre tout Arménien qui les fréquenterait, et il avait été même accusé d'avoir été l'auteur de la mort du P. Longeaux ; quoi qu'il en soit, il avait défendu d'inhumer sa dépouille mortelle. Cependant il revint plus tard de ses impressions hostiles, combla les Jésuites de ses faveurs, leur donna un terrain et une maison, les autorisa à prêcher dans toutes les églises arméniennes et les admit à faire des conférences théologiques dans son propre monastère d'Etchmiadzin, auxquelles il assistait avec ses évêques et ses vartabeds. Nahabed reconnut la nécessité de se soumettre au saint-siège ; mais craignant d'être déposé s'il obéissait officiellement au souverain

---

(1) *Act.*, v, 41.

Pontife, il n'eut pas le courage de ses convictions. Nonobstant cette faiblesse, il continua ses bontés aux Jésuites, qui purent prêcher en paix la foi catholique. Son successeur, Alexandre, fit une guerre secrète aux catholiques, mais Asdvadzadour, qui vint après, les laissa vivre en liberté. Aussi, les travaux des missionnaires furent-ils fructueux dans leur résidence d'Erivan [1].

Les Jésuites travaillèrent donc plus d'un siècle à rétablir l'union des Arméniens avec l'Eglise catholique. Ils furent en butte à mille contradictions et aux plus sanglantes avanies, ils affrontèrent les cachots et la mort pour obtenir cette union si désirée. Leurs efforts furent couronnés de beaux succès. Mais la suppression de leur ordre, en 1773, arrêta le mouvement de retour que leur zèle avait provoqué. Espérons que leurs successeurs aujourd'hui achèveront, de concert avec le clergé catholique de l'Arménie, l'œuvre si héroïquement commencée par leurs devanciers.

---

(1) *Lettres édifiantes.*

CHAPITRE XIV

RÉTABLISSEMENT DU PATRIARCAT CATHOLIQUE EN ARMÉNIE

Nous l'avons vu plus haut, Dieu a rejeté les faux pasteurs de l'Arménie et semble les avoir livrés à leur sens réprouvé ; mais il n'a point rejeté l'intéressante nation arménienne ; au contraire, il l'a bénie en conservant dans son sein, depuis saint Grégoire l'Illuminateur jusqu'à nos jours, la foi catholique qu'elle avait embrassée en masse à la voix de l'apôtre que le ciel lui avait donné ; cette foi était vive, à l'époque où nous en sommes, au point qu'elle donna des martyrs, qu'elle triompha de la ruse et fit surgir un ordre monastique pour la défense de la vérité : c'était la rose au milieu des épines. Ces épines furent douloureuses pour l'Eglise arménienne à la fin du xviie siècle et au commencement du siècle suivant. Le patrik Ephrem à Constantinople provoqua, à cette époque, une terrible persécution contre les catholiques et fit condamner un grand nombre d'entre eux à la prison, à l'exil et aux galères. Avédic, son successeur, suivit la même voie jusqu'à ce qu'il fût déposé par les Turcs, et relégué dans l'île de Ténédos, d'où il fut transféré en France à la demande de M. Ferriol, ambassadeur de Louis XIV auprès du gouvernement turc. Avédic reconnut plus tard ses erreurs et en fit une abjuration solennelle à Paris, où il mourut en 1711.

En 1707, Jean de Smyrne remplissait la charge de patrik. La paix dont jouissaient les catholiques sous son prédécesseur Mathieu fut de courte durée. Sous de fausses accusations, Jean fit jeter au bagne soixante notables catholiques de Constantinople, et défendre toute propagande religieuse. Il obtint même que tout Arménien catholique désigné par lui serait mis en accusation comme perturbateur du repos public.

Muni de cet ordre, il força au milieu de la nuit, avec quelques-uns de ses prêtres et un certain nombre de laïques, le domicile du prêtre arménien catholique Gomidas Geumurdjian, le chargea de chaînes, et le traîna devant les autorités mahométanes. Là, il l'accusa de crimes imaginaires que les fausses dépositions de ses complices firent regarder comme vraies, et demanda qu'il subît le dernier supplice. La requête fut acceptée, et le 5 novembre de cette même année, Gomidas fut exécuté : sa tête tomba sous la hache du bourreau et fut placée, par mépris, entre les jambes du cadavre, étendu aux pieds même du patrik Jean, qui avait voulu voir, de ses yeux, couler le sang de sa victime. Cette persécution s'étendit à tout l'empire turc. C'est alors qu'on saisit à Sébaste le prêtre Michel de Perquenik, et qu'on le suspendit la tête en bas à un poteau. C'est ainsi que ce champion de la foi catholique mourut après d'atroces souffrances. Son tombeau se voit encore dans l'église de Perquenik. Au patrik Jean succéda Isaac, en 1713, et à celui-ci, Jean de Kantzag. Tout le temps qu'ils exercèrent leurs fonctions, ils continuèrent les persécutions inaugurées par le patrik Ephrem; tortures, prison, galères, exil, tout fut mis en œuvre pour anéantir la foi catholique parmi les Arméniens. Deux évêques, Jean et Melkon de Mardin, avec plusieurs clercs, furent emprisonnés par

Arménie. — Vue générale de Sivas

Jean de Kantzag; Melkon périt dans les cachots infects où il était détenu à cause de son attachement à l'Eglise romaine. Cette persécution ne prit fin qu'en 1720.

Voyant qu'ils ne gagnaient rien par la violence, ils cherchèrent à tromper les catholiques en faisant semblant de se rapprocher d'eux et en affectant de se conduire en tout comme des catholiques. Beaucoup se laissèrent induire en erreur et se mirent à fréquenter les églises schismatiques et à y recevoir les sacrements. Les personnes timorées s'adressèrent alors à Clément XI et lui posèrent les questions suivantes :

1° Est-il licite de fréquenter les églises des schismatiques? Quand nous ne pouvons pas faire autrement, pouvons-nous nous adresser aux schismatiques pour faire baptiser nos enfants, nous marier et ensevelir nos morts? 2° Si quelqu'un s'était adressé aux schismatiques, peut-il recevoir l'absolution sans jurer qu'il ne retournera plus chez eux? Peut-on assister, dans une église schismatique, à une controverse religieuse, sans prier ni s'agenouiller, comme si l'on assistait à une réunion profane?

Le Pape répondit négativement à ces trois questions et le délégué apostolique, qui avait cru jusqu'alors pouvoir fermer les yeux sur ces désordres, défendit à Constantinople toute communication *in sacris* avec les schismatiques, et les fidèles se soumirent [1].

En 1676, naquit à Sivas, l'ancienne Sébaste des quarante martyrs, un jeune homme du nom de Mékhitar. De bonne heure, il montra pour l'étude les plus remarquables dispositions. Instruit des vérités catholiques par les deux jésuites Beauvolier et Verzeau, il abjura entre leurs mains le schisme et l'hérésie, et il entreprit de rétablir l'union entre l'Eglise de Rome et le pa-

---

[1] Baldjian.

triarcat arménien. Dans ce but, il fonda une congrégation à qui il donna la règle de saint Benoît. Cette congrégation porte son nom et a rendu, jusqu'à nos jours, de grands services à la littérature arménienne et à l'Eglise [1].

Au moment où le schisme allait triompher à Sis, dernier boulevard de l'unité, Dieu suscita un homme qui sut conserver les grandes traditions catholiques de l'Arménie : cet homme se nommait Abraham Arzivian.

Né dans la ville d'Aïntab, en 1679, il fut élevé par ses parents dans la piété et dans la doctrine catholique. D'une physionomie agréable, il était infatigable au travail ; aucun danger ne l'effrayait. Il s'attira par son mérite l'éloge des personnages illustres de son époque, et surtout du souverain Pontife, comme en font foi les archives patriarcales.

Ordonné prêtre et promu à la dignité de vartabed [2], il débuta en Cilicie dans le ministère apostolique, et prêcha la foi catholique dans plusieurs autres contrées. Sa prudence, sa sagesse, et l'édification qu'il donnait partout, le firent élever sur le siège épiscopal d'Alep, en 1710. Malgré les persécutions que suscitèrent contre lui les schismatiques, il continua à annoncer, partout où il allait, les vérités catholiques, sans que son zèle se démentît un instant. Exilé, pourchassé, tourmenté de toute manière, il tint tête à l'orage et établit quatre églises catholiques à Trébizonde. Cependant il crut prudent de se retirer plus tard au mont Liban, et il fonda à Kerème un monastère où il réunit plusieurs religieux. Il leur donna des règles avec le nom d'Antonins, et il les envoya prêcher la foi catholique dans l'Arménie.

---

[1] Baldjian.
[2] Le titre de vartabed, dont il a été souvent question dans cette histoire, signifie docteur.

En 1740, le siège de Sis était vacant depuis sept mois. Sur la réputation de ses vertus, Abraham fut choisi d'une voix unanime pour l'occuper.

ABRAHAM PIERRE Ier, 67e patriarche catholique

(1740-1749).

La première pensée du nouvel élu fut de se transporter à Rome pour resserrer les liens qui unissaient l'Arménie à l'Eglise catholique. Arrivé dans la ville éternelle en 1742, il reçut avec solennité le pallium des mains du pape Benoît XIV, en présence des cardinaux, le jour de la fête de l'Immaculée Conception. La reine du ciel, qui a écrasé toutes les hérésies, remportait en ce jour un triomphe définitif sur le schisme implanté dans l'Arménie par l'impie Nersès Achdaraguétsi.

Pour montrer à la face du monde son entière soumission au successeur du prince des apôtres, le patriarche Abraham ajouta à son nom le nom de Pierre, et ses successeurs ont suivi jusqu'à maintenant son exemple. A son retour en Orient, voyant que les schismatiques de Sis, par haine contre l'Eglise romaine, s'étaient donné un pseudo-patriarche du nom de Michel, il voulut transporter ailleurs la chaire patriarcale. Il eût souhaité de l'établir à Constantinople; mais le saint-siège avait déjà mis sous la juridiction d'un délégué apostolique les catholiques de cette ville, ainsi que ceux qui habitaient dans le nord de l'Asie Mineure. Le patriarche Abraham dut se contenter de placer son siège au mont Liban, où il mourut en 1749.

JACQUES IV PIERRE II, 68ᵉ PATRIARCHE CATHOLIQUE

(1749-1753).

Jacques IV était un des disciples du patriarche Abraham. N'étant encore que prêtre, il avait converti l'évêque d'Angora, Simon, et fait rentrer les habitants de cette ville dans le sein de l'Eglise catholique. Lorsque Abraham fut élevé au patriarcat, il lui succéda sur le siège épiscopal d'Alep. Elu lui-même patriarche, il transporta son siège au couvent de Sainte-Marie de Bezoummar, dont son prédécesseur avait presque achevé la construction. Avant de quitter le monastère de Kérème, il eut soin d'assigner aux religieux Antonins des revenus suffisants, et, dans un concile d'évêques, qu'il tint en 1752, il confirma leurs règles.

MICHEL PIERRE III, 69ᵉ PATRIARCHE CATHOLIQUE

(1753-1780).

Le patriarche Michel lui succéda. Il fit le voyage de Rome et, à son retour, il bâtit l'église de la résidence patriarcale et en agrandit les bâtiments.

BASILE II PIERRE IV, 70ᵉ PATRIARCHE CATHOLIQUE

(1780-1788).

Ce patriarche, n'étant encore qu'évêque d'Amasie, s'était déjà fait remarquer par son zèle à seconder les patriarches précédents dans toutes leurs entreprises. Pendant son patriarcat de huit ans, il fit d'utiles réformes, et après avoir gouverné son troupeau avec la prudence d'un vigilant pasteur, il mourut saintement.

GRÉGOIRE XI PIERRE V, 71ᵉ PATRIARCHE CATHOLIQUE
(1788-1812).

Avant son élévation au siège patriarcal, il était évêque d'Adana. A cause de son activité, le saint-siège et le patriarche lui confièrent plusieurs missions importantes, et, pour les remplir, il dut parcourir la Grande et la Petite-Arménie. Vers cette époque, les Arméniens catholiques de Mardin, ayant perdu leur évêque, demandèrent au saint-siège celui d'Adana pour pasteur. Sur ces entrefaites, arriva la mort du patriarche Basile, et les suffrages des évêques portèrent Grégoire sur la chaire patriarcale de l'Arménie. Grégoire ajouta à la résidence de Bezoummar plusieurs constructions dans lesquelles il ouvrit un séminaire, l'an 1810.

Grégoire mourut après un patriarcat de vingt-quatre ans.

GRÉGOIRE XII PIERRE VI, 72ᵉ PATRIARCHE CATHOLIQUE
(1812-1841).

Cet ancien archevêque de Marache (Kermanig) fut un patriarche remarquable par sa science, versé dans la connaissance des langues et doué des plus rares qualités. Le renom de sa sainteté est encore vivant de nos jours parmi les habitants du Liban. Durant vingt-six ans, il administra l'héritage de saint Grégoire l'Illuminateur avec tout le zèle d'un pasteur dévoué.

En 1828, éclata dans l'empire ottoman une grande persécution contre les Arméniens catholiques, à l'instigation du patrik

Mgr Jean Ohannessian, évêque arménien de Mouche

arménien schismatique Paul Edirnéli et d'Artin Bezdjian, directeur de la Monnaie.

Voici comment la chose se passa :

A cette époque-là, les catholiques arméniens dépendaient pour le temporel du patriarche schismatique ; ils étaient donc à sa merci. Le 20 octobre 1827, la flotte turco-égyptienne avait été détruite à Navarin, port de la Morée, par les flottes combinées de France, d'Angleterre et de Russie. Les deux personnages ci-dessus nommés représentèrent au sultan Mahmoud les catholiques comme une race perverse et maudite, qui était de connivence avec les vainqueurs et qui se révolterait à la première occasion. Mahmoud, irrité de la défaite de Navarin, prêta facilement l'oreille à ces calomnies. Il disgracia le grand vizir Habib-Pacha et le ministre des affaires étrangères Saïd-Effendi, qui passaient pour favorables aux catholiques. Il ordonna d'expulser les missionnaires latins, espions du roi de France, prétendait-il, et défendit, sous peine de mort, de leur donner asile. Les catholiques arméniens reçurent la défense de se réunir pour prier ailleurs que dans les églises schismatiques.

Le 8 janvier 1828, huit de leurs plus riches banquiers virent apposer brutalement les scellés sur leurs comptoirs, sur leurs caisses, sur leurs papiers, au risque d'une ruine totale, et furent chassés de Constantinople. Bientôt après, les autres catholiques d'Angora, résidant à Stamboul ou à Péra, durent abandonner leurs biens et retourner au lieu de leur naissance. Enfin, tous les catholiques arméniens, sans exception, furent sommés de quitter la capitale dans les quinze jours, et d'aller habiter des villages où les schismatiques demeuraient en majorité. Le 21 mars, sous les peines les plus sévères, il fut défendu de cacher un de ces catholiques ou même de l'abriter momentanément. Un dernier décret proclama l'Eglise schismatique seule reconnue par le sultan, et condamna les catholiques à abjurer leur foi devant le patriarche hérétique [1].

A la suite de ces ordres, trente mille catholiques préférèrent quitter leurs foyers plutôt que de renoncer à l'Eglise. Ils furent donc expulsés de Constantinople de la façon la plus inhumaine, et l'on vit des femmes et des vieillards réduits à se nourrir de l'herbe des champs au milieu desquels ils erraient. La passion des dissidents allait jusqu'à la barbarie. Une pauvre femme catholique, réfugiée dans un grenier avec sa famille, manquait de nourriture. Pressée par la faim, elle envoie un de ses petits enfants prier le cuisinier d'un banquier schismatique de lui donner les restes qu'il jetait aux chiens : J'aime mieux les donner aux chiens, répondit le cuisinier, que de vous les donner à vous autres, chiens de catholiques ; et l'enfant fut chassé de la cuisine sans pouvoir soulager sa faim ni celle de sa mère [2].

Une famille arménienne, celle des Dussoglou, semblait à l'abri de la persécution. Le sultan lui avait accordé le privilège très rare du peutché, qui l'exemptait du contrôle des pachas, et la faisait relever directement du souverain. Maintes fois, Mahmoud avait dit qu'il se laisserait plutôt couper un bras que de se priver du service des Dussoglou.

Les chefs de cette famille étaient quatre frères ; les deux aînés occupaient un emploi à la direction de la Monnaie. Seulement, comme la loi turque défend à un chrétien de tenir officiellement cette place, on avait mis au-dessus d'eux un homme de paille, un vieillard nommé Abd-ar-Rahman, qui leur laissait complète liberté d'action. Leur fortune était immense.

---

[1] R. P. DE DAMAS, *Coup d'œil sur l'Arménie*, p. 183.
[2] E. Boré, p. 55.

Un traître, le vizir Habid, se rencontra pour les perdre. Leur ami, leur commensal le plus dévoué en apparence, il était de toutes leurs fêtes. Surtout, il leur empruntait sans cesse des sommes considérables dont il ne donnait pas de reçu. Le misérable calcula que ses dettes seraient payées, sans bourse délier, s'il venait à détruire le crédit de ses bienfaiteurs. Il circonvint le sultan et lui persuada de destituer Abd-ar-Rahman, pour mettre à sa place un Turc qui lui était dévoué. Abd-ar-Rahman fut pendu; c'était le meilleur moyen de s'assurer son silence. A son entrée en charge, le nouveau gouverneur de la Monnaie exigea que les Dussoglou lui présentassent, dans leur intégrité, les sommes avancées par le sultan, à peu près vingt millions. Les Dussoglou faisaient la banque; leurs capitaux étaient dispersés dans toute l'Europe. Ils présentèrent des titres, le gouverneur les accusa d'infidélité, et les emprisonna dans l'hôtel même de la Monnaie. La nuit suivante, leurs parents et leurs domestiques furent arrêtés clandestinement, les hommes conduits à la Monnaie, et les femmes dans le palais du patriarche schismatique. On les mit pêle-mêle, sans distinction de maîtres et de serviteurs. Les femmes avec leurs servantes gémirent dans une salle basse, où le patriarche daigna leur accorder quelques bottes de paille. Meubles, vaisselle d'or, trésors artistiques, furent mis sous les scellés, pour être ensuite vendus à l'encan. Les prisonniers, au nombre de soixante-quinze, restèrent au secret.

Longtemps on les maintint dans un état de torture morale plus cruel que les privations physiques. Ils attendaient la mort, lorsque une nuit, la police pénétra dans le cachot des hommes et annonça que le sultan, toujours magnanime, faisait grâce de la vie aux quatre frères Dussoglou; que les deux aînés étaient seulement condamnés à l'exil dans une île de l'Archipel, et que les cadets seraient internés en Asie Mineure. Les autres prisonniers félicitèrent les quatre frères ; quelle fortune, en effet, pour des hommes qui attendaient la mort ! Ils les embrassèrent en pleurant de joie, et les frères sortirent. A la porte, ils furent séparés. Les deux plus jeunes se virent conduits vers le Bosphore. On plaça les aînés en face de cet hôtel des Monnaies, qu'ils avaient dirigé si longtemps, et on leur trancha la tête. Leurs frères, tout joyeux, entrés dans une barque, remontèrent le Bosphore jusqu'à la hauteur de leur splendide demeure, et là, on les força à s'agenouiller pour recevoir le coup mortel. Le reste de la famille fut dispersé, sans ressources, dans des pays à demi sauvages [1].

Le patriarche Grégoire accueillit avec charité les infortunés, qui vinrent lui demander asile.

Les schismatiques triomphaient, mais Dieu leur montra qu'il savait protéger son Eglise.

Le général de Guilleminot, ambassadeur français, déploya dans ces tristes circonstances une énergie au-dessus de tout éloge, et, au bout de deux années, cessa l'exil des catholiques. Grâce à l'intervention du pape Léon XII et de Charles X, roi de France, le sultan Abd-ul-Medjid publia, le 6 janvier 1830, un édit qui rappelait tous les proscrits, et le 5 janvier 1831, un ordre de la Porte reconnut définitivement l'existence légale de la nation arméno-catholique et son indépendance du patriarcat schismatique.

L'année précédente, Pie VIII, qui avait succédé à Léon XII, avait établi, le 30 juillet, sous la dépendance directe du saint-siège, Antoine Nouridjian, archevêque sur les Arméniens catholiques de Constantinople, de la Grande-Arménie et de l'Asie

---

[1] R. P. DE DAMAS, *Coup d'œil sur l'Arménie*, p. 183.

Mineure; mais ce prélat se démit de sa charge l'année suivante, pour éviter certaines difficultés avec la Porte, et fut remplacé par Jacques de la Valle (1).

En 1838, ce fut Pierre Marouchian qui occupa ce siège; et en 1846, M#gr# Antoine Hassoun.

Grande avait été la joie du patriarche Grégoire, quand il vit les catholiques rendus à la liberté; il put donc terminer en paix son long patriarcat.

Les conversions ne furent pas rares de son temps; mais la plus éclatante est sans contredit celle de Mgr Artin, archevêque hérétique de Van, en Arménie. L'éminence de ses talents, jointe à l'autorité d'une vie exemplaire, le faisait considérer comme une des plus fermes colonnes de sa secte, dont il occupait un des sièges principaux. Souvent le patriarche schismatique de Constantinople l'avait appelé dans cette capitale, pour faire servir son éloquence au triomphe de l'erreur. L'année dernière, écrivait en 1840 le supérieur des Lazaristes, il l'avait encore chargé d'adresser à ses coreligionnaires une suite d'instructions, dans le but de les prémunir contre le prosélytisme protestant, auquel plusieurs d'entre eux s'étaient laissé surprendre. Grâce à l'élévation de son esprit, à la droiture de son cœur et surtout à une secrète inspiration d'en haut, Mgr Artin n'avait pour notre Eglise aucune antipathie.

La notable différence, qu'il avait eu mille occasions de remarquer entre la conduite des sectaires et celle des catholiques, différence tout à l'avantage de ces derniers, lui avait inspiré pour nous et pour nos doctrines une certaine affection. Plus d'une fois il lui arriva de proposer, du haut de la chaire, nos chré-

---

(1) Les Arméniens unis de la Galicie, de la Russie, de Vienne, de Rome et de Venise ne dépendent point du patriarche de Constantinople. Leur archevêché de Lemberg a été érigé en 1635. (Adolphe D'AVRIL, *Les Hiérarchies dans les Eglises d'Orient.*)

tiens pour modèles aux hérétiques, en les exhortant à honorer comme eux leur foi par leurs vertus. Un jour même, il déclara qu'il aimerait mieux voir ses frères entrer dans le sein de l'Eglise romaine que de les voir passer dans les rangs du protestantisme. C'en fut assez pour déchaîner contre lui la haine du patriarche schismatique et de tout son clergé. On le renvoya brusquement dans son diocèse, et défense lui fut faite de remettre jamais les pieds à Constantinople.

La Providence avait ménagé cette disgrâce pour achever de lui ouvrir les yeux. Il comprit que l'esprit de Dieu ne peut être avec un parti où l'on proscrit avec tant d'acharnement un simple hommage rendu à la vérité, une légitime inclination vers ce qui paraît digne de tout respect. Bientôt sa résolution fut prise ; il alla se jeter dans les bras de M. Leleu, notre préfet apostolique à Constantinople, et le pria de mettre la dernière main à une conversion que la grâce avait commencée depuis si longtemps dans son cœur. Cette démarche fit une sensation profonde. Le patriarche schismatique, effrayé des suites qu'elle ne manquerait pas d'avoir à cause de la réputation du prélat, mit tout en œuvre pour obtenir du gouvernement turc qu'il fût livré comme un transfuge. Le clergé schismatique seconda de tout son pouvoir les intrigues du chef. Il fallut toute l'influence de l'ambassadeur français pour résister à leurs efforts réunis et conserver à la religion sa glorieuse conquête.

Les résultats qu'avait voulu prévenir l'hérésie ne se firent pas longtemps attendre. En apprenant la conversion de leur premier pasteur, sept cents personnes de la ville de Van résolurent de suivre son exemple et vinrent à Constantinople pour recevoir ses instructions. Leurs sentiments se furent bientôt communiqués à leurs coreligionnaires de la capitale ; à toute heure ils assiégeaient la maison des missionnaires pour conférer avec le prélat arménien sur l'abjuration qu'ils méditaient. Enfin, le 6 août 1840, Mgr Artin fut réconcilié à l'Eglise en présence d'une foule de dissidents, qu'il exhorta à rentrer avec lui dans la voie du salut.

Peu de temps après ce discours, où respirait toute l'onction d'une âme heureuse enfin de posséder la vérité, on compta douze cents imitateurs de cette mémorable conversion. Le vénérable archevêque a vu plusieurs fois, depuis cette époque, sa vie menacée : on a même essayé d'incendier la maison des missionnaires, dans l'espoir qu'il périrait dans les flammes. C'est pour le soustraire à ces dangers qu'on lui conseilla de faire un voyage en France. Par là se trouvera aussi réalisé son grand désir de se préparer dans la retraite à travailler un jour à la conversion de ses anciens diocésains. Il se proposait de passer, à cet effet, deux années dans la communauté des missionnaires à Paris, d'où il repartirait ensuite pour l'Arménie plein de courage et d'espérance [1].

Les vœux que ce prélat formait pour la conversion de l'Arménie ne furent point exaucés. Il mourut avant de pouvoir retourner en Orient. Il avait du moins donné un grand exemple à sa nation.

JACQUES V PIERRE VII, 73ᵉ PATRIARCHE CATHOLIQUE

(1841-1843).

Il avait été archevêque d'Amasie, et il exerçait la charge de vicaire patriarcal, quand il fut choisi pour succéder à Grégoire XII. A cause de son grand âge et de la débilité de son corps, ce ne fut qu'avec peine qu'il céda aux instances des

---

[1] Rohrbacher, t. XII, p. 192.

Asie Mineure. — Vue générale d'Amasia

évêques qui le mettaient à leur tête. Il n'occupa que deux ans le siège patriarcal.

GRÉGOIRE XIII PIERRE VIII, 74ᵉ PATRIARCHE CATHOLIQUE
(1843-1866).

Ce patriarche était originaire de Perkenik, village de dix-huit cents âmes, entièrement catholique, à une heure de Sivas. Grégoire se fit remarquer par sa capacité dans l'administration, lorsqu'il n'était encore que simple directeur des études au séminaire de Bezoummar. Nommé vicaire patriarcal dans le diocèse de Sébaste, il en remplit les fonctions avec une grande sagesse. Il quitta le siège de Césarée, dont il était devenu le titulaire, pour monter sur la chaire patriarcale en 1843. Arrivé à sa résidence de Bezoummar, située au sommet d'abrupts rochers et dans une solitude profonde, le nouveau patriarche, loin des bruits du monde, étranger à tous les intérêts matériels du siècle, s'occupa uniquement des choses du ciel et de l'extension de l'Eglise catholique. Un des soins les plus chers à son cœur fut le développement de son séminaire et les progrès des élèves. Il envoya plusieurs de ses meilleurs sujets se perfectionner dans les sciences au séminaire de la Compagnie de Jésus alors à Ghazir. Il occupait les instants que l'administration lui laissait de libres à la composition ou à la traduction d'ouvrages utiles à l'Eglise. Enfin, il établit une association de prêtres destinés à prêcher la foi catholique partout où le besoin s'en ferait sentir. Dans la ville d'Adana, des divisions avaient éclaté parmi les Arméniens schismatiques. Les protestants offrirent insidieusement leur médiation pour s'introduire à la faveur du trouble. On les accueillit d'abord; mais, lorsqu'on les entendit parler contre la sainte Vierge et les saints, le peuple ne put les souffrir, et il les chassa. Cependant les protestants avaient appris à ces pauvres gens à douter de la légitimité du schisme. On se tourna vers la France. On écrivit à M. de Lesseps, alors consul général à Beyrouth. Le consul prévint le patriarche; celui-ci envoya deux prêtres, et cinquante familles rentrèrent dans le giron de l'Eglise romaine.

A Kassab, un schismatique arménien donna le premier exemple d'un changement de religion, en passant au protestantisme. Comme les consuls anglais d'Alep et d'Antioche promettaient leur protection et de l'argent aux transfuges, dix familles imitèrent le mauvais exemple. De là des angoisses et une grande perplexité dans le reste de la population. D'un côté, elle maudissait les blasphémateurs qui rejetaient la sainte Vierge et le culte des saints, et d'autre part, elle ne savait comment répondre aux arguments des astucieux ministres du culte soi-disant réformé. On demanda la lumière au catholicisme. Des prêtres de Bezoummar accoururent; ils eurent avec les protestants des disputes publiques. Dans l'une d'elles, un ministre protestant se couvrit de honte. Poussé à bout et ne sachant que répondre, il se jeta sur le prêtre catholique, le saisit par la barbe et le renversa par terre : c'était s'avouer vaincu ; le peuple le comprit.

Si les prêtres ne ramenèrent point ceux qu'avaient séduits l'or et la protection anglaise, ils éclairèrent du moins les schismatiques et les ramenèrent à l'unité [1].

On doit aussi au zèle des prêtres de la congrégation de Bezoummar, à l'aide efficace des RR. PP. Franciscains et à la protection de la France, la conversion des six cents familles catholiques de Marache.

(1) R. P. DE DAMAS, *Coup d'œil sur l'Arménie*, p. 190.

Les retours à l'Eglise romaine furent nombreux sous le patriarcat de Grégoire XIII. Outre Adana, Kassab et Marache, de nouveaux centres catholiques se formèrent à Malatia, à Albistane, à Hadjin, à Marsivan et dans plusieurs autres localités.

Le patriarche fit un voyage à Rome, pour traiter avec le souverain Pontife des affaires de son patriarcat. A son retour à Bezoummar, il réunit en concile les évêques de sa juridiction, pour délibérer avec eux sur les mesures à prendre, afin d'élargir le cercle des missions patriarcales.

Dans ce synode, les évêques promirent au patriarche obéissance et respect, à condition que celui-ci obéirait avec vénération au souverain Pontife comme à son père, son seigneur et son maître, et qu'il n'entreprendrait rien d'important sans sa volonté.

Deux années auparavant, c'est-à-dire en 1851, le primat, Mgr Hassoun, avait fait avec ses suffragants à Constantinople un acte analogue de soumission au saint-siège, et avait déclaré que l'unique cause de la ruine de l'Eglise arménienne avait été sa révolte contre Rome, que son antique gloire provenait de ce qu'autrefois elle reposait sur la pierre angulaire du saint-siège, et qu'elle ne se relèverait jamais que par son union et son obéissance au siège apostolique de Rome et par son adhésion à la doctrine immaculée et infaillible des souverains Pontifes.

Tels étaient les magnifiques témoignages de soumission filiale au vicaire de Jésus-Christ, que l'Eglise arménienne ajoutait, de nos jours, à ses glorieuses professions de foi catholique des siècles passés.

Le patriarche de Bezoummar sacra, dans son synode de 1853, cinq nouveaux évêques qui travaillèrent à la diffusion de la foi catholique.

S. E. le cardinal Hassoun, ancien patriarche arménien

Jamais, depuis bien des siècles, l'Eglise catholique n'avait été aussi florissante en Arménie que sous le patriarcat de Grégoire XIII.

Il mourut au couvent de Bezoummar, en 1866 [1].

ANTOINE HASSOUN PIERRE IX, 75ᵉ PATRIARCHE CATHOLIQUE (1867-1880).

Nous l'avons vu précédemment, les Arméniens catholiques étaient partagés en deux obédiences : l'obédience de Bezoummar, où siégeait S. B. Grégoire XIII, et celle de Constantinople, où Mgr Hassoun était archevêque et primat. Après la mort du patriarche Grégoire, fut réuni à Bezoummar, le 14 septembre 1866, un concile des évêques arméniens catholiques, auquel assistait Mgr Joseph Valerga, patriarche latin de Jérusalem et délégué apostolique de la Syrie. Mgr Antoine Hassoun, archevêque de Constantinople, fut élu patriarche et confirmé l'année suivante. Il réunit sous sa juridiction les deux obédiences, conformément à la bulle de Pie IX « *Reversurus.* » Dans cette bulle, le souverain Pontife décrétait : 1° la réunion du patriarcat et du diocèse de Constantinople ; 2° l'élection du patriarche selon l'usage suivi jusqu'à ce jour; 3° la présentation au saint-siège de trois candidats, lorsqu'il s'agirait d'une promotion épiscopale : cette présentation devait se faire par le patriarche et de l'avis des évêques, et le Pape se réservait de choisir, parmi ces trois candidats, celui qu'il jugerait le plus digne; 4° l'obligation du patriarche de se rendre tous les cinq

---

[1] Nous devons à l'obligeance de Mgr Garabed-Aslanian, évêque actuel d'Adana, les détails que nous venons d'écrire sur les patriarches de Bezoummar; nous les avons puisés dans un manuscrit que ce prélat a composé d'après les archives du patriarcat et qu'il nous a gracieusement communiqué.

ans à Rome; 5° la défense d'aliéner les biens ecclésiastiques sans la permission du Pape; 6° le mode du serment d'obéissance et de fidélité au souverain Pontife que devait prononcer le patriarche à son élection. Tous les évêques arméniens, pendant leur séjour à Rome pour le Jubilé de 1867, acceptèrent unanimement tous les points renfermés dans cette bulle. Le patriarche reçut le pallium de la main du Pape et lui prêta serment de fidélité et d'obéissance, selon la formule prescrite. Puis, au mois d'août, il revint à Constantinople, où il fut reçu par le peuple avec allégresse et reconnu officiellement par le sultan. Mais la paix ne fut pas de longue durée. La bulle *Reversurus*, si pleine de sagesse, fut une pierre d'achoppement pour les esprits faibles ou entêtés. On n'osa cependant pas s'en prendre directement au saint-siège; mais les mécontents parlèrent hautement contre le patriarche, l'accusèrent d'avoir été traître à sa nation en en sacrifiant les droits, et d'avoir usurpé l'autorité civile. Ils prirent alors le titre de catholiques orientaux, refusèrent de reconnaître l'autorité patriarcale, prétendirent que le Pape ne pouvait toucher aux droits des Orientaux, rejetèrent les décisions de la bulle *Reversurus*, et, secondés par le gouvernement turc, ils s'emparèrent, avec la force armée, des églises, des hôpitaux et des monastères dans tout l'empire ottoman. Il n'y eut qu'Alep et Marache où les catholiques échappèrent à ce vandalisme. A Marache, deux prêtres kupélianistes arrivèrent munis de firmans qui leur adjugeaient les sanctuaires du culte catholique. Les principaux habitants se réunirent et envoyèrent porter aux prêtres excommuniés ces paroles laconiques : « Nous savons que vous avez des firmans qui vous autorisent à nous spolier; mais vous, sachez que nous avons des balles dans nos fusils. Nous vous donnons vingt-quatre heures pour réfléchir. » Les deux apostats se le tinrent pour dit et partirent la nuit, sans tambour ni trompette, avec leurs firmans dans la poche.

Ces deux malheureux avaient déjà échoué dans la ville d'Alep. Frappés par le saint-siège d'excommunication nominale, ils n'avaient pu s'aboucher avec aucune famille catholique, une seule exceptée, déjà en révolte contre son évêque. Du haut de la chaire, les prêtres avaient prévenu la population, et tous, jusqu'aux enfants, témoignaient leur horreur pour ces dévoyés. L'un d'eux eut l'audace d'entrer un jour dans une église pendant la messe ; aussitôt le saint sacrifice fut interrompu, et il ne continua qu'après le départ de l'excommunié.

M. Victor Bertrand était alors consul de France à Alep. C'était un homme d'une rare énergie et tout dévoué aux intérêts catholiques. Il avait déjà vigoureusement protégé les missionnaires de la Compagnie de Jésus, lorsqu'ils vinrent, en 1873, ouvrir leur résidence ; et en 1875, il leur avait obtenu une médaille d'or du gouvernement français, à cause du dévouement qu'ils avaient montré pendant l'épidémie cholérique. M. Bertrand ne pouvait voir de sang-froid les catholiques placés sous le protectorat français expropriés sous ses yeux. Il se rendit chez le pacha chaque fois qu'arrivait de Constantinople un ordre en faveur des Kupélianistes, et chaque fois il en empêcha l'exécution. Grâce au zèle intelligent du représentant de la France et à sa fermeté, les schismatiques furent déboutés de leurs prétentions. M. Bertrand mourut quelque temps après, avec d'admirables sentiments de piété. Ce fut à ses obsèques que la croix reparut publiquement dans les rues d'Alep, après douze siècles de disparition. Ce noble défenseur de l'Eglise méritait bien un tel honneur.

Cependant le schisme kupélianiste, grâce à Dieu, ne recruta relativement que peu d'adeptes. La masse des Arméniens de-

Asie Mineure. — Le Séminaire provisoire d'Angora

meura fidèle à l'Eglise, et en mainte occasion témoigna de son attachement à la foi catholique. En voici un exemple. Une année de disette sévissait à Angora ; un comité avait été établi pour subvenir aux besoins des malheureux, mais à la condition qu'on produirait un papier signé par le prêtre kupélianiste. Une pauvre femme se présenta avec ses trois enfants pour réclamer un peu de farine. Il y avait déjà trois jours qu'elle et ses enfants n'avaient rien mangé. On exigea le billet du prêtre schismatique. Cette femme héroïque répliqua : « Je ne l'ai pas demandé et je ne le demanderai jamais. » Puis, elle leva les yeux et les mains au ciel : « Je suis catholique, s'écria-t-elle, et je préfère mourir avec mes trois enfants plutôt que de m'adresser à un prêtre excommunié. » Cela dit, elle se retira. Dieu ne l'abandonna pas, et il lui fit trouver ailleurs le pain qu'elle avait si généreusement refusé afin de sauvegarder sa foi.

Profondément attristé de la rébellion des Kupélianistes, qui était d'autant plus indigne qu'elle était moins motivée, Pie IX avait fait parvenir aux mutins ses conseils paternels; mais il ne fut point écouté par ces cœurs endurcis. Alors le Pape sévit et suspendit, par lettres apostoliques du 20 mai 1870, plus de quarante ecclésiastiques, au nombre desquels se trouvaient tous les religieux Antonins [1], et presque tous les Mékhitaristes de Venise. Loin de se soumettre, les coupables s'obstinèrent dans le mal ; ce fut alors que le Pape excommunia momentanément quatre évêques, dix-huit religieux Antonins, douze religieux Mékhitaristes de Venise, deux prêtres propagandistes, huit prêtres séculiers, et cinq prêtres de la congrégation de Bezoummar. Ce coup de foudre, qui aurait dû arrêter ces misérables dans la voie du schisme, ne fit que les aigrir davantage. Ils

---

(1) Un seul excepté, qui est actuellement évêque de Marache, Mgr Clément.

eurent l'audace de se donner deux intrus pour remplacer le patriarche légitime. Le premier était l'évêque de Diarbékir, Jacques Bakhtarian, qui fut censé patriarche spirituel; et le second, Jean Kupélian, qui se fit reconnaître par la Porte pour patrik ou patriarche temporel. C'est de son nom que ces nouveaux schismatiques furent appelés Kupélianistes. Les Turcs, complices des sectaires, qui achetaient leur faveur avec de grandes sommes d'argent, exilèrent Mgr Hassoun, qui alla se réfugier à Rome. Ce malheureux schisme dura quelques années, jusqu'à ce que, par l'intervention énergique de l'ambassadeur de France, M. Fournier, il prit fin. Mgr Hassoun retourna à Constantinople et reprit possession de son siège. Petit à petit, presque tous les dissidents firent leur soumission, et les églises qui avaient été usurpées furent rendues aux catholiques.

En 1880, notre saint-père le pape Léon XIII, heureusement régnant, voulut donner aux Arméniens un témoignage de son affection particulière. Il éleva à l'honneur de la pourpre cardinalice S. B. Mgr Antoine Hassoun, faveur qui n'avait été accordée, en Orient, qu'une seule fois auparavant, à l'évêque grec Bessarion, à cause du zèle qu'il avait déployé au concile de Florence pour l'unité catholique. S. Em. le cardinal Hassoun abdiqua alors la dignité patriarcale et se transporta à Rome, où il mourut quatre années plus tard. Il eut pour successeur, en 1881, S. B. Mgr Etienne Azarian Pierre X, assis actuellement sur la chaire de saint Grégoire l'Illuminateur. C'est le soixante-seizième patriarche catholique de l'Arménie.

Sa Sainteté Léon XIII a donné encore aux Arméniens un nouveau gage de l'intérêt qu'il leur porte, en leur envoyant les religieux de la Compagnie de Jésus, ainsi que ceux de l'ordre de Saint-Dominique, afin qu'ils travaillent, de concert avec le clergé, au rétablissement de l'union et à la prospérité de la nation arménienne par l'éducation de la jeunesse et la diffusion des sciences divines et humaines. Les Jésuites ont aujourd'hui six résidences dans l'Asie Mineure ; à Marsivan, à Amasie, à Tokat, à Sivas, à Césarée et à Adana, dans lesquelles ils s'efforcent, par leur dévouement, de répondre aux vues du souverain Pontife.

Les RR. PP. Dominicains, si connus pour leur zèle, sont établis à Van, dans la Grande-Arménie. Malatia et Kharpout goûtaient déjà depuis plusieurs années les fruits de l'apostolat des enfants de Saint-François. Que Dieu, par l'intercession de la Vierge immaculée, bénisse les efforts de son vicaire et lui donne la consolation de voir bientôt les Arméniens réunis, par une obéissance filiale, dans le giron de la sainte Eglise catholique. Amen !

ÉPILOGUE

Notre travail est terminé; c'est notre amour pour l'intéressante nation arménienne qui nous l'a inspiré. Puisse-t-il être agréé par les cœurs droits et amis de la vérité. Ce que nous demandons, c'est l'union et la paix : *Ecce quam bonum et quam jucundum habitare fratres in unum!* Qu'il est beau et qu'il est consolant de voir des frères habiter ensemble dans l'union (1)! Ce que nous demandons, c'est le rétablissement de l'ordre de choses établi dès les premiers jours du christianisme, par saint Barthélemy et saint Thaddée. Ce que nous demandons, c'est que les Arméniens suivent en vérité saint Grégoire l'Illuminateur et tant d'illustres patriarches, qui ont fait la gloire de leur pays, et qu'ils laissent les perfides enseignements qui ont causé le malheur de leur patrie. Ces enseignements ne sont pas sortis de l'Arménie; ils sont exotiques. Jamais les Arméniens n'ont inventé des idées hérétiques. Ce sont des étrangers qui les leur ont inoculées. Les erreurs sur l'incarnation, la procession du Saint-Esprit, le purgatoire, la béatitude des saints, le jugement particulier et la suprématie du Pape, ne sont que des erreurs grecques. Les Arméniens n'ont que faire de ces doctrines étrangères et surannées.

(1) *Ps.* CXXXII, 1.

En revenant à l'unité catholique, les Arméniens répudieront des hérésies qui ne sont point les leurs, garderont leur rite, leurs cérémonies, leur langue et leur nationalité, et redeviendront ce qu'ils étaient à la belle époque de leur histoire. Ce ne sera pas pour la première fois qu'ils feront ce pas : nous l'avons vu, cette réunion s'est déjà faite plusieurs fois dans les siècles passés. Il n'y a plus aujourd'hui qu'à la faire d'une manière définitive ; et alors les Arméniens, seuls maintenant, sans appui, menacés dans leur nationalité et leur religion par le despotisme moscovite ou l'impiété protestante, auront derrière eux deux ou trois cents millions de catholiques et de frères, qui leur tendront les mains. Cette réunion est la seule chance de salut offerte à l'Arménie. Quiconque refuse cette union n'aime point sa patrie, ou, s'il l'aime, il se trompe cruellement et travaille, sans le savoir, à sa ruine totale.

Sans doute il serait heureux pour les Arméniens de se réunir tous un beau jour et, d'un commun accord, de faire cesser cette funeste division, qui finira par les conduire aux abîmes. Mais il est inouï dans l'histoire que les esprits abjurent à la fois, à un jour donné, leurs préjugés séculaires. La voie ordinaire des grandes réconciliations n'est pas qu'elles se fassent en masse, mais en détail. Que celui qui est convaincu de la nécessité de s'unir à l'Eglise catholique, et qui voit que cette union est le salut, l'embrasse avec indépendance de caractère, sans s'inquiéter de son frère, moins éclairé que lui, et qu'il l'attire, au contraire, par son exemple, sans le confirmer dans l'erreur par une lâche prévarication.

Insensiblement, surtout si l'exemple part d'en haut, l'union grandira et deviendra, avec le temps et la grâce de Dieu, un fait accompli pour la nation entière.

Afin d'encourager nos frères séparés à rentrer dans le bercail, nous leur ferons entendre la voix même du pasteur de l'Eglise, qui les appelle et qui leur tend les bras dans son encyclique adressée aux Arméniens à l'occasion du retour des derniers Kupélianistes.

A nos vénérables Frères Etienne Pierre X, patriarche de Cilicie, aux archevêques, aux évêques et à nos Fils bien-aimés les clercs, les religieux et les fidèles du rite arménien en grâce et en communion avec le siège apostolique.

Léon XIII, Pape.

Vénérables Frères et Fils bien-aimés, salut et bénédiction apostolique.

La charité paternelle, avec laquelle Nous embrassons tous les membres du troupeau du Seigneur, est telle par sa force et sa nature, qu'elle ne cesse de Nous faire participer d'une manière intime aux événements joyeux ou tristes, partout où ils se produisent dans la république chrétienne. Aussi éprouvions-Nous naguère dans Notre cœur une grande douleur qui Nous a longtemps affligé, en voyant que quelques-uns de la nation arménienne, surtout dans la ville de Constantinople, s'étaient séparés de votre communauté et de leurs frères. Mais aujourd'hui Nous ressentons une joie sensible, et Nos vœux les plus ardents sont comblés, puisque cette discorde, par la grâce de Dieu, s'est heureusement apaisée. Mais tout en vous félicitant du rétablissement de la concorde et de la paix au milieu de vous, Nous ne pouvons Nous empêcher de vous adresser les plus vives exhortations, afin que vous fassiez tous vos efforts pour conserver avec soin et pour augmenter une si grande faveur de la bonté divine. Comme moyen d'arriver à ce but, c'est-à-dire d'avoir, dans les questions religieuses, un même avis et un même sentiment, vous devez tous constamment, comme vous le faites d'ailleurs, persévérer dans votre obéissance au siège apostolique, et vous en particulier, Nos fils bien-aimés, vous montrer dociles, soumis et fidèles à votre patriarche et aux autres prélats chargés de vous en vertu d'une institution légitime. Les dissensions au sujet des affaires publiques et les querelles dans les affaires privées sont souvent une occasion de ruine pour la religieuse concorde qui doit vous unir. Que vous éloigne donc des premières votre fidèle et respectueuse soumission, déjà très connue, du reste, envers le chef suprême de l'empire ottoman, dont Nous n'ignorons pas la justice et le zèle à sauvegarder la paix, et qui Nous a témoigné son bon vouloir en maintes circonstances. Quant aux disputes et aux rivalités particulières, elles disparaîtront facilement du milieu de vous, si vous imprimez profondément dans vos esprits, et si vous faites la règle de vos actions, ces paroles du bienheureux Paul, l'apôtre des gentils, au sujet de la charité parfaite, qui, dit-il, est patiente, bienveillante, sans jalousie, ignore la perversité dans les actes, ne s'enfle point d'orgueil, ne connaît pas l'ambition, ne recherche point ses intérêts, ne s'irrite pas et jamais ne pense mal [1]. Or, cette excellente et parfaite union des esprits vous procurera un autre avantage, celui d'augmenter, ainsi que Nous l'avons dit, et d'étendre au loin les fruits de la concorde et de la paix rétablie parmi vous : car vous attirerez sur vous, par cette union, les regards de ceux qui sont de votre race et qui portent votre nom, mais qui sont encore séparés de vous et de Nous, et qui restent en dehors de l'enceinte sacrée du bercail auquel Nous commandons. Témoins des exemples de charité et de concorde que vous donnerez, ils comprendront sans peine que l'esprit de Jésus-Christ vit parmi

---

[1] *Corinth.*, XIII, 4-5.

vous, Lui qui, seul, peut tellement unir les siens entre eux, qu'ils ne forment plus qu'un seul corps. Plût à Dieu qu'ils reconnaissent cette vérité et qu'ils se résolvent à rentrer dans l'unité dont leurs ancêtres se sont séparés ! Par là, ils éprouveraient nécessairement un bonheur indicible lorsqu'ils se sentiraient unis à Nous, unis à vous et unis à tous les fidèles qui, répandus sur tout le globe, portent le nom de catholiques ; et ils comprendraient qu'ils habiteraient alors sous les pavillons de la Sion mystique à qui seule il a été donné, d'après les divins oracles, de dilater son campement dans tout l'univers et d'y dresser les tentures de ses tabernacles. Du reste, c'est à vous surtout, Frères vénérables, qui êtes à la tête des diocèses arméniens et à qui, Nous le savons, il ne manque ni le zèle pour exhorter ni la science pour persuader, qu'il appartient de travailler à ce retour si désirable. Bien plus, c'est en Notre nom et avec Nos propres paroles que Nous voulons que soient rappelés les dissidents ; ce n'est point une honte, ou plutôt il est d'une haute convenance qu'un père rappelle des enfants séparés de lui et longtemps attendus, qu'il aille même à leur rencontre et qu'il leur tende les bras avec lesquels il les embrassera à leur retour.

Nous ne pensons pas que Nos appels et Nos exhortations tombent dans le vide. Ce qui Nous le fait espérer, c'est avant tout la miséricorde de Dieu répandue sur toutes les nations ; c'est ensuite le caractère et la docilité du peuple arménien. Les monuments de l'histoire prouvent combien il est prompt à embrasser la vérité une fois connue, combien disposé à rentrer dans le droit chemin dès qu'il s'aperçoit qu'il en est sorti. Ceux mêmes qui ont un culte séparé du vôtre se glorifient de ce que la nation arménienne a été instruite dans la foi par le grand saint Grégoire, surnommé l'Illuminateur, et ils l'honorent tout particulièrement comme leur père et leur patron. Ils ont gardé le souvenir d'un voyage qu'il fit à Rome pour donner au Pontife romain des preuves de sa foi et des marques de son respect. Même on rapporte que ce Pape l'accueillit avec une extrême bienveillance et l'enrichit de plusieurs privilèges. Un grand nombre de ceux qui gouvernèrent dans la suite les Eglises arméniennes furent animés des mêmes sentiments que Grégoire envers le saint-siège : on le voit par leurs lettres, par les pèlerinages qu'ils firent à Rome et surtout par les décrets de leurs synodes. Ainsi, au concile de Sis, en 1307, les Pères arméniens firent une déclaration bien digne de mémoire sur la soumission due au saint-siège. Comme le corps doit obéir à la tête, disaient-ils, ainsi l'Eglise universelle, qui est le corps de Jésus-Christ, doit obéir à celui que Jésus-Christ a fait la tête de toute l'Eglise. Cette déclaration fut confirmée et développée au concile d'Adana, en 1318. En outre, pour ne pas parler d'autres témoignages moins importants, vous savez ce qui fut fait au concile de Florence. Les délégués du patriarche Constantin V s'y rendirent; ils vénérèrent Eugène IV, Notre prédécesseur, comme le vicaire de Jésus-Christ, et dirent qu'ils étaient venus au chef, au pasteur, au fondement de l'Eglise, demander que le chef compatît aux membres, que le pasteur réunît le troupeau, que le fondement affermît l'Eglise. Et lui présentant leur symbole et leur foi : Si quelque chose y manque, disaient-ils, enseignez-nous. Alors le souverain Pontife publia la constitution conciliaire *Exultate Deo*, où il leur enseigna tout ce qu'il leur était nécessaire de savoir sur la religion catholique. Les délégués déclarèrent qu'au nom du patriarche et de toute la nation arménienne ils recevaient cette constitution et l'acceptaient d'un cœur soumis et docile, protestant de leur part, en vrais fils d'obéissance, qu'ils exécuteraient fidèlement les ordres et les commandements de ce siège apostolique. C'est donc avec raison qu'Azarias, patriarche de Cilicie, écrivit à Grégoire XIII, Notre prédécesseur, le 10 avril 1585 : Nous avons trouvé des livres de nos ancêtres qui témoignent que nos catholicos et nos patriarches ont obéi au Pontife romain comme saint Grégoire avait obéi au pape saint Sylvestre. Aussi la nation arménienne eut-elle coutume d'accueillir avec beaucoup d'honneur les légats envoyés en diverses occasions par le saint-siège et d'exécuter religieusement leurs ordres.

Ces motifs, Nous en avons la confiance, auront une grande force pour inspirer à plusieurs de ceux qui ont été jusqu'à présent séparés de Nous le désir de l'union. S'ils tardent, s'ils hésitent par crainte de ne pas trouver dans le saint-siège la sollicitude, et en Nous l'amour qu'ils désirent, dites-leur, vénérables frères, de considérer ce qu'ont fait les Pontifes romains, Nos prédécesseurs, qui jamais n'ont laissé les preuves de leur charité paternelle manquer aux Arméniens. Quand ils sont venus à Rome en pèlerins ou pour y chercher un refuge, les Papes les ont toujours accueillis avec bonté ; ils leur ont fait ouvrir des maisons hospitalières. On sait que Grégoire XIII avait conçu le projet de fonder un établissement où de jeunes Arméniens recevraient une bonne éducation ; la mort l'empêcha de l'accomplir, mais Urbain VIII l'exécuta en partie, lorsqu'il admit les Arméniens, avec d'autres élèves étrangers, dans le grand collège de la Propagande, qu'il avait construit. C'est Nous qui, malgré le malheur des temps, avons pu, avec l'aide de Dieu, réaliser plus complètement le dessein de Grégoire XIII ; ouvrant aux élèves arméniens une assez grande maison, celle de Saint-Nicolas de Tolentino, Nous avons donné à leur collège une institution régulière. Toutes ces dispositions ont été prises de manière que la liturgie et la langue arméniennes, si recommandables par leur antiquité, leur élégance et par un si grand nombre d'écrivains distingués, fussent traitées avec l'honneur qui leur est dû ; et même depuis longtemps on a pourvu à ce qu'un évêque de votre rite demeurât toujours à Rome, pour ordonner tous ceux des élèves que le Seigneur appellerait à son héritage. De plus, un cours de langue arménienne a été depuis longtemps établi dans le collège d'Urbain VIII, et Pie IX, Notre prédécesseur, a fait en sorte qu'il y eût dans le gymnase du séminaire pontifical romain un maître qui enseignât aux élèves de vos contrées la langue, la littérature et l'histoire du peuple arménien. La sollicitude des Pontifes romains pour les Arméniens ne s'en tint pas là ; ils n'eurent rien plus à cœur que de tirer votre Eglise des difficultés où elle était engagée, de réparer les maux que lui avait causés le malheur des temps et de pourvoir à ses intérêts. Personne n'ignore le zèle de Benoît XIV pour conserver intactes votre liturgie et celles des autres Eglises orientales, et pour rétablir dans le siège de Sis la succession des patriarches catholiques d'Arménie. Vous savez quelles peines Léon XII et Pie VIII se sont données afin que les Arméniens eussent dans la capitale de l'empire ottoman un chef de leur nation pour les affaires civiles, à l'instar des autres nations sujettes de la Turquie. On se souvient de ce que plus récemment encore, Grégoire XVI et Pie IX ont fait pour augmenter dans votre pays le nombre des sièges épiscopaux, et pour qu'un évêque arménien résidât à Constantinople avec honneur et dignité. C'est pour cela qu'un siège archiépiscopal et primatial y fut d'abord institué, et qu'ensuite il fut uni au patriarcat de Cilicie, à condition que le patriarche résiderait dans la capitale de l'empire. Et pour que la distance n'affaiblît pas l'étroite liaison qui attache les fidèles arméniens à l'Eglise romaine, il fut réglé que le délégué apostolique, qui tient la place du souverain Pontife, serait dans la même ville. Quant à Nous, vous voyez Notre sollicitude pour votre nation, et Nous voyons votre affection pour Nous, dont Nous avons plus d'une fois reçu des témoignages.

En conséquence, comme d'une part leur génie, les mœurs de leurs ancêtres et le souvenir de tous les âges passés, attirent trop fortement à cette citadelle de la vérité les Arméniens séparés de vous, pour qu'ils en demeurent plus longtemps éloignés ; comme, d'une autre part, le siège apostolique a toujours voulu que votre nation lui fût unie par les liens les plus intimes, et, quand ces liens ont été brisés, n'a jamais cessé de la rappeler à son antique union, vous avez, vénérables Frères, de puissants arguments pour persuader les esprits, et Nous, de grands motifs d'espérer le rétablissement de l'ancienne unité dans sa perfection.

Toute la nation y trouvera non seulement le salut éternel des âmes, mais aussi, comme il est pieusement permis de l'espérer, la prospérité et la gloire sur cette terre. L'histoire l'atteste, parmi tous les saints Pontifes de l'Arménie, ceux-là, entre tous les autres, ont brillé comme des astres lumineux, qui se sont attachés plus étroitement à l'Église romaine, et c'est dans les siècles où la religion catholique a été le plus florissante dans son sein, que la nation arménienne a jeté le plus glorieux éclat.

Cependant Dieu seul peut combler Nos vœux et Nos désirs, puisque lui seul dirige tous les événements du monde, appelle ceux qu'il daigne choisir, et rend religieux quiconque lui plaît [1]. C'est à lui que vous devez faire monter avec Nous vos prières et vos supplications, vénérables Frères, afin que,

---

[1] Saint AMBROISE, *Commentaire sur saint Luc*, IV.

touchés par sa grâce qui ramène les cœurs, tous ceux de votre nation déjà introduits par le baptême dans la société chrétienne, mais formant une communauté séparée de Nous, viennent Nous combler de joie par leur retour, en sorte qu'ils soient tous unis ensemble, et n'aient tous qu'un même amour, une même âme et les mêmes sentiments [1]. Ne négligez rien pour qu'intercède au pied du trône de la grâce la glorieuse, bénie, sainte et toujours vierge Marie, Mère de Dieu et Mère du Christ, et pour qu'elle offre vos prières à son Fils et à notre Dieu [2].

Adressez-vous aussi à l'illustre martyr Grégoire l'Illuminateur, afin qu'il joigne ses prières à celles de Marie et qu'il obtienne, lui qui a été l'instrument de l'action divine, que l'œuvre commencée par ses travaux et sa patience invincible dans les tourments soit achevée et consolidée. Enfin demandez, en vous unissant à Nos prières, que la docilité des Arméniens et leur retour à l'unité catholique soient un exemple excitant ceux qui adorent, il est vrai, le Christ, mais qui ont rompu avec l'Eglise romaine, à revenir à celle qu'ils ont quittée, afin qu'il n'y ait plus qu'un seul troupeau et un seul pasteur.

Tout en faisant de ce retour l'objet de Nos vœux et de Notre espérance, Nous vous accordons avec effusion de charité, à vous, vénérables frères, et à vous tous, Nos fils bien-aimés, la bénédiction apostolique, qui sera comme un présage de la bonté divine.

Donné à Rome, près Saint-Pierre, le 25 juillet de l'an 1888, la onzième année de notre pontificat.

Léon XIII, Pape.

---

(1) *Phil.*, II, 2.
(2) Rép. dans la liturgie arménienne.

NOTICES

SUR LES AUTEURS CITÉS DANS CET OUVRAGE

~~~~~~~~

1. Agathange est du ɪᴠᵉ siècle. Il fut secrétaire du roi Tiridate et compte parmi les auteurs classiques du premier ordre. On ne sait s'il était Grec ou Arménien ; il est célèbre par son histoire de l'Arménie, dans laquelle il raconte la conversion de Tiridate, la vie de saint Grégoire l'Illuminateur et le martyre de sainte Ripsime et de ses compagnes.

2. Zénob de Glag, Syrien de nation, mort vers l'an 324. Saint Grégoire l'Illuminateur l'attacha à sa personne dans son voyage à Césarée et le sacra évêque. Zénob s'est fait l'historiographe de la conversion de l'Arménie par la prédication de saint Grégoire.

3. Moïse de Khorène. Né au bourg de Khorni en 370, il est mort en 489, à l'âge de cent vingt ans. Le patriarche Kïud l'avait consacré évêque de Pakrévant. Dans sa jeunesse, il avait parcouru la Syrie, l'Egypte et la Grèce, pour se perfectionner dans les sciences et les lettres ; il avait visité Edesse, Antioche, Alexandrie, Byzance, Athènes et Rome. S'étant procuré dans ses voyages de nombreux manuscrits, il contribua au grand travail de traduction qui fit passer en arménien les chefs-d'œuvre de la Grèce. Son principal ouvrage est son histoire de l'Arménie. Il est l'un des plus célèbres auteurs arméniens.

4. Elisée Vartabed. Auteur classique arménien, mort en 480. Il fut écrivain et aumônier du général Vartan, prince des Mami-

goniens. Une histoire des Vartaniens, comprenant un espace de vingt-quatre ans, de (439 à 463), le place au premier rang des écrivains de l'Arménie.

5. L'Auteur Anonyme du ve siècle a écrit la généalogie de la famille de saint Grégoire l'Illuminateur et la vie du patriarche saint Nersès. Cet auteur appartient à l'âge d'or de la littérature arménienne.

6. Fauste de Byzance était contemporain de saint Nersès le Grand (ive siècle); il est regardé comme Grec de nation. Son histoire d'Arménie est remplie d'exagérations. Sont-elles de Fauste lui-même, ou bien viennent-elles des copistes ou des retouches postérieures? on l'ignore. Déjà, de son temps, Lazare de Pharbe était obligé de défendre cet auteur, en disant qu'un homme aussi érudit était incapable d'avoir commis de pareilles bévues.

7. Gorioun (ve siècle,) disciple des saints Isaac et Mesrop, dont il a écrit l'histoire ainsi que celle des faits contemporains de son époque. Il est un des historiens les plus renommés de l'Arménie; le Mékhitariste Tchamtchian l'appelle un homme admirable, un bon littérateur et un grand écrivain.

8. Ghévante Yérets, contemporain de saint Mesrop et de Gorioun; il travailla avec ce dernier à la traduction de la Bible.

9. Lazare de Pharbe vécut à la fin du ve siècle et au commencement du vi^e. Il a fait l'histoire de l'Arménie depuis le partage de cette contrée entre les Grecs et les Perses jusqu'à l'année 485.

10. Thomas Ardzrouni, historien arménien (ve siècle et commencement du vi^e), était disciple d'Elisée Vartabed. Il est auteur d'une histoire de son pays où il montre une vaste érudition et une grande impartialité.

11. Moïse Galkantouni, chroniqueur arménien du viie siècle, a écrit l'histoire des Aghovans, ou Albanais limitrophes de l'Arménie.

12. Jean Catholicos. Il naquit au milieu du ixe siècle et mourut en 925, dans une extrême vieillesse. Il est surnommé l'historien

par les Arméniens; les annales qu'il a écrites commencent au déluge et se terminent à l'an 923 ou 924. Malgré ses déclamations contre le concile de Chalcédoine, il nous a conservé de précieux renseignements sur l'histoire de l'Arménie, surtout sur l'époque où il a vécu.

13. Etienne Assoghig vécut vers la fin du xe siècle; il a écrit l'histoire de l'Arménie depuis Haïg jusqu'à Hakig Ier Pagradouni, c'est-à-dire jusqu'à l'an 1000 environ. Il est regardé comme le plus exact des historiens au point de vue chronologique.

14. Grégoire Degha. Il fut élevé au patriarcat en 1173 et travailla à consolider les Arméniens dans la foi catholique; on a de lui des lettres sur l'union et quelques controverses.

15. Nersès de Lampron était né en 1153. Fait évêque de Tarse en Cilicie, il fut l'une des gloires de l'Eglise arménienne et un ardent promoteur de l'union avec l'Eglise romaine. Il a laissé plusieurs sermons pleins d'éloquence, et la vie du patriarche Nersès Chenorhali, sans compter de nombreux commentaires sur l'Ecriture sainte.

16. Matthieu d'Edesse, historien arménien du XIIe siècle, est célèbre par son histoire d'Arménie de l'an 952 à 1132, très estimée pour son exactitude et intéressante pour l'histoire des croisades.

17. Samuel Anétzi (XIIe siècle) a composé, par l'ordre du patriarche Nersès Chenorhali, une chronique qui commence à Adam pour se terminer au temps où il a vécu.

18. Samuel Sguévratsi a fait la biographie de Nersès de Lampron.

19. Grégoire Sguévratsi (XIIe siècle), contemporain et disciple de Nersès de Lampron, nous a retracé les belles actions de son maître, à la prière du neveu de cet illustre évêque.

20. Vanagan Vartabed (Jean) mourut en 1251, à l'âge de soixante-dix ans. Son nom fait autorité; il a écrit sur la procession du Saint-Esprit, et a composé l'histoire des conciles et celle de son temps.

21. Guiragos de Kantzag, disciple de Vanagan, nous a laissé le récit de l'invasion des Tartares en Arménie (1238-1239). C'est un auteur d'une certaine célébrité.

22. Vartan Vartabed de Partserpert fut le disciple de Vanagan et le condisciple de Guiragos (xiiie siècle); il a écrit une histoire d'Arménie à partir du déluge jusqu'à son temps; cet ouvrage est peu développé, il est vrai, mais bien coordonné et plein d'érudition sur les temps antiques.

23. Etienne Siounatzi Ourbélian vivait au xiiie siècle, à l'époque du patriarche Grégoire d'Anazarbe. Il parle, dans ses écrits, contre le saint concile de Chalcédoine.

24. Grégoire Dadévatzi, mort entre 1210 et 1220, inclina d'abord vers l'Eglise catholique; mais il se jeta ensuite dans le parti schismatique et attaqua avec passion les Unitoriens, dans son livre *des Questions*.

25. Vahram d'Edesse (1286), surnommé Rabbouni ou Docteur; il était secrétaire du roi Léon, qui lui fit écrire en vers l'histoire des Roupéniens.

26. Hétoum l'historien a écrit en français, par l'ordre du Pape, l'histoire contemporaine de son temps.

27. Sempad (xive siècle) a décrit, dans sa chronique de Cilicie, l'invasion de l'Arménie par les sultans d'Egypte et d'Alep.

28. Thomas Médzopétzi (commencement du xve siècle) a raconté l'invasion de Tamerlan.

29. Mékhitar Abarantzi (unitorien), mort au commencement du xve siècle. Il a beaucoup écrit sur le schisme arménien.

30. Michel Tchamtchian, mékhitariste qui vivait au siècle dernier, a composé une histoire d'Arménie en trois volumes in-4° assez estimée.

31. Arakiel Vartabed Tavrétzi (xviie siècle) était du couvent d'Etchmiadzin; il écrivit l'histoire de son temps (de 1600 à 1660

ou 1662), d'après les ordres des deux patriarches Philippe et Jacques.

32. Baldjian, évêque arménien de ce siècle, a rédigé plusieurs ouvrages sur l'Eglise et la primauté du siège romain.

33. Mgr Azarian, patriarche actuel des Arméniens catholiques ; il a publié un traité en latin et en arménien, intitulé : *Traditio Ecclesiæ Armenæ de primatu Summi Pontificis.*

34. Nicéphore Calliste, moine et historien grec, mort vers 1350, a laissé une histoire ecclésiastique en vingt-trois livres, qui va jusqu'en 610.

35. Rainaldi (Oderic), né à Trévise en 1395, entra chez les prêtres de l'Oratoire, et s'appliqua aux études historiques ; il a beaucoup d'érudition et une manière de voir sage, équitable et très orthodoxe.

36. Galano (Clément), né à Sorrento, dans le royaume de Naples, théatin, missionnaire en Arménie pendant douze ans, publia à son retour à Rome, de 1650 à 1661, deux gros volumes in-folio en latin et en arménien, sous ce titre : *Conciliation de l'Eglise arménienne avec l'Eglise romaine, sur les témoignages des Pères et des docteurs arméniens.*

37. Eznigh Goghpatsi (ve siècle), un des premiers élèves de saint Isaac et son collaborateur dans la seconde traduction de la Bible ; il était très versé dans les lettres grecques, ainsi que dans le syriaque. Ses ouvrages sont très estimés dans la littérature arménienne pour la pureté du style. Il composa plusieurs ouvrages, entre autres une réfutation des sectes, c'est-à-dire du manichéisme, du mazdéisme et de l'athéisme. Il écrivit de nombreux traités spirituels sur divers sujets, d'après ce qu'on lit dans quelques *ganonakirk* (livres des canons). Il fut évêque de Pakrévant et d'Archarouniats.

38. Khosrov Antzévatsi naquit au xe siècle, dans la contrée de Vasbouragan ; il connaissait à fond les lettres et les sciences de la

Grèce. Il vécut un certain temps dans l'état du mariage et eut un enfant qui s'illustra plus tard par sa sainteté, et qui est connu sous le nom de saint Grégoire de Nareg. Il renonça au monde et se retira dans un monastère, vers l'an 961, et au bout de quelques années, il fut élu évêque de son diocèse natal. On a de lui quelques ouvrages, pleins d'onction et d'érudition, entre autres une explication du saint sacrifice de la messe et un commentaire des offices arméniens. Il mourut l'an 972.

39. Saint GRÉGOIRE DE NAREG, fils de Khosrov Antzévatsi, naquit l'an 951. Accompagné de son frère aîné Jean, il entra de bonne heure dans le couvent de Nareg, où il s'adonna aux études sous la direction d'Ananie, supérieur du monastère, et son grand-oncle maternel. Ordonné prêtre, il travailla avec ardeur, par ses prédications comme par ses écrits, à confondre les adversaires du saint concile de Chalcédoine. Il écrivit, vers la fin de sa vie, le célèbre livre de prières qu'on appelle Nareg. Il composa, en outre, des sermons, des panégyriques, des cantiques en grand nombre, et un commentaire sur le Cantique des cantiques de Salomon. A la demande du seigneur Vartan, son parent, et secrétaire du roi Sénakérim au pays de Vasbouragan, il rédigea un traité sur la foi et les mœurs. Ses ouvrages sont nombreux et pleins de piété et d'érudition. Il mourut l'an 1003.

40. GRÉGOIRE MAGISTROS, au xie siècle, était le fils de Vasag (général en chef du roi Sempad Pagradouni), prince du pays de Nik et maître de la grande forteresse de Petchni et de quelques autres domaines considérables. Mais ayant été en butte à la haine du roi Hakig Pagradouni, qui le soupçonnait de trahison, il fut obligé de livrer ses possessions à l'empereur de Constantinople, contre un duché situé dans la Mésopotamie. Pendant sa jeunesse, il avait fait à Constantinople de fortes études et était devenu maître passé en grec et en syriaque ; ses connaissances étaient très variées ; il était très versé dans les lettres profanes, et il possédait à fond l'Ecriture sainte. Il s'illustra aussi par divers faits d'armes, soit en Arménie, soit pendant son séjour parmi les Grecs ; aussi fut-il comblé d'honneurs par l'empereur Constance Monomaque. Il com-

posa, à la prière de son fils Vahram, une grammaire arménienne, qui fut en grande estime pendant assez longtemps. Il écrivit en prose et en vers ; il traduisit aussi plusieurs ouvrages scientifiques. On a encore de lui un grand nombre de lettres, adressées aux personnages les plus renommés de son siècle. Elles sont d'un style grave et respirent un vif attachement à la foi catholique. Il mourut l'an 1058. Son tombeau se voit encore dans un couvent arménien, nommé Passéno-Vank, près d'Erzeroum.

41. Sarkis Vartabed, xii° siècle. C'était un moine qui avait fait ses études à Garmir-Vank (Couvent Rouge), en compagnie des deux frères Grégoire Vegaïaser et Nersès Chenorhali, sous la direction d'Etienne Vartabed. Ensuite il séjourna dans le couvent de Karachitar, ou Kara-Dagh (Siavliarn), montagne du Taurus.

Vers l'an 1150, il écrivit un commentaire sur les sept Epîtres catholiques, où l'on admire sa doctrine, ses sentiments élevés et son style attrayant. Il écrivit aussi un commentaire sur le livre qu'on appelle Nareg, et un commentaire sur Isaïe.

42. Basile Vartabed surnommé Djon, vii° siècle, vécut sous le patriarcat du catholicos Nersès Chinogh. Il composa divers ouvrages utiles, au nombre desquels l'on compte un excellent commentaire sur saint Matthieu. Par ordre de Nersès Chinogh, il corrigea les *Charagants*, ainsi que les autres offices ecclésiastiques, et fit disparaître de la liturgie arménienne toutes les incorrections que l'ignorance y avait introduites.

TABLE DES MATIÈRES

Préface	5
Chapitre premier. — De l'autorité pontificale	13
Chapitre II. — De l'autorité patriarcale	31
Chapitre III. — Aperçu général sur l'Arménie	61
Chapitre IV. — Etablissement du catholicisme en Arménie	75
Chapitre V. — Voyage de saint Grégoire à Rome, où il est établi patriarche par le pape saint Sylvestre	85
Chapitre VI. — Les premiers patriarches catholiques d'Arménie	107
Saint Grégoire l'Illuminateur	107
Saint Aristaguès	112
Saint Varthanès	113
Saint Iousig	115
Pharèn ou Pharnerséh	118
Saint Nersès Ier le Grand	118
Chahag de Manazguerd	125
Zavène	125
Asbouraguès	126
Isaac Ier le Grand	126
Saint Joseph Ier de Khoghotsim	135
Mélidé de Manazguerd	145
Moïse de Manazguerd	146
Kiud d'Arahèz	146
Christophe Ier Ardzrouni	148
Jean Ier Montagouni	149
Papguèn d'Othémous	156
Samuel d'Ardzgué	161
Mouché d'Aghpérits	161

346 TABLE DES MATIÈRES.

Isaac II d'Oughoug	161
Christophe II de Diraroudj	161
Léon d'Iéraste	162

CHAPITRE VII. — Hérésie et schisme de Nersès Achdaraguétsi. . . . 163

CHAPITRE VIII. — Première réunion de l'Eglise arménienne à l'Eglise catholique. 175
    Esdras de Paragnaguérd. 179
    Nersès II Chinogh. 180
    Anastase d'Argouri 182
    Israël de Votmis 184
    Isaac III d'Arkounachian. 184
    Elie d'Ardjichag 185

CHAPITRE IX. — Rechute de l'Eglise arménienne dans le schisme et l'hérésie 187

CHAPITRE X. — Deuxième réunion de l'Eglise arménienne à l'Eglise romaine et ses deux rechutes subséquentes dans l'hérésie 193
    Zacharie de Dsag. 194
    Georges de Garhni. 195
    Machdots d'Eghivard 197
    Vahan de Paghk 198
    Pierre de Kédatartz 200

CHAPITRE XI. — Quatrième réunion des Arméniens à l'Eglise romaine. 205
    Grégoire II Vegaïasér. 206
    Basile Ier d'Ani. 210
    Grégoire III Pahlavouni 211
    Saint Nersès III Glaïétsi 216
    Grégoire IV Degha. 219
    Grégoire V Manoug 223
    Grégoire VI Abirad 224
    Jean II de Sis 228
    Constantin Ier Partserpert 229
    Jacques Ier Glaïétsi. 231
    Etienne Ier de Khakhd 232
    Grégoire VII d'Anazarbe. 233
    Constantin II Bronakordz 237
    Constantin III de Lampron 242
    Jacques II de Sis 244
    Mékhitar. 249
    Mesrop d'Ardaz. 256

TABLE DES MATIÈRES.

Constantin IV 257
Paul Ier 257
Théodore 258
Garabed Ier 259
David 259
Garabed II 259
Jacques III 259
Grégoire VIII Khendzorghad 260
Paul II 261
Constantin V Vahguétsi 261
Joseph II de Sis. 263

CHAPITRE XII. — Cinquième rechute de l'Arménie dans le schisme et mention des patriarches qui demeurèrent néanmoins fidèles à l'Eglise romaine 265
Grégoire IX Mousapékian 266
Khatchadour 269
Azarias de Tchougha 270
Grégoire X d'Adana 272
Jean III de Hadjin 272

CHAPITRE XIII. — Mission des jésuites en Arménie 291

CHAPITRE XIV. — Rétablissement du patriarcat catholique en Arménie. 299
Abraham Pierre Ier 304
Jacques IV Pierre II 305
Michel Pierre III 305
Basile II Pierre IV 305
Grégoire XI Pierre V 306
Grégoire XII Pierre VI 306
Jacques V Pierre VII 314
Grégoire XIII Pierre VIII 316
Antoine Hassoun Pierre IX 320

EPILOGUE 327

Notices sur les auteurs cités dans cet ouvrage 337

BESANÇON. — IMPRIMERIE DE PAUL JACQUIN.

LIBRAIRIE DELHOMME & BRIGUET

Paris, 13, rue de l'Abbaye, & Lyon, 3, avenue de l'Archevêché

VIENT DE PARAITRE

PAR DELA L'ADRIATIQUE ET LES BALKANS

AUTRICHE MÉRIDIONALE, SERBIE, BULGARIE, TURQUIE ET GRÈCE

Par l'abbé **HAMARD**, DE L'ORATOIRE DE RENNES

Un beau volume grand in-8° avec de nombreuses gravures. Prix . . . . . 6 fr.

M. l'abbé Hamard est un voyageur érudit, en même temps qu'un écrivain élégant et correct ; il sait observer, discuter et décrire ; les questions politiques ne l'embarrassent pas plus que les problèmes archéologiques. Aussi le récit de son voyage dans la péninsule balkanique est-il aussi instructif qu'agréable à lire. Dans ses appréciations, il se place naturellement, avant tout, au point de vue catholique, mais sans perdre de vue les intérêts français. Il souhaite ardemment un rapprochement entre les Eglises latine et grecque, et se laisse aller à l'espérer, d'une façon au moins partielle. Selon lui, l'ennemi commun est le Turc, dont la domination a toujours été caractérisée par l'oppression et la ruine ; mais, d'autre part, il établit une distinction formelle entre les Russes et les Grecs proprement dits ; des premiers, il n'attend rien de bon, parce que l'autocratie du czar lui paraît un obstacle à toute entente, tandis que les Hellènes lui sont tout à fait sympathiques, et il leur prédit un brillant avenir, pourvu qu'ils fassent un pas décisif vers Rome qui leur tend les bras. Au point de vue archéologique, M. l'abbé Hamard est grand admirateur de Schliemann, le savant qui découvrit les ruines de Troie et qui vient de mourir ; il prend chaleureusement sa défense contre ses détracteurs et s'extasie sur ses fouilles de Tyrinthe et de Mycènes. Mais qu'on ne se laisse pas effrayer par l'érudition de l'auteur ; elle n'a rien de rébarbatif, et son livre n'en est pas moins d'une lecture facile et à la portée de tous ; il est, en outre, bien édité, avec de bonnes gravures, une petite carte-croquis et plusieurs plans.

(Polybiblion.)

Histoire contemporaine rédigée selon les programmes officiels, par M. GIRARD. — 1 vol. in-12 de plus de 1000 pages, avec récits, cartes et gravures. Prix cartonné . . . . 6 fr. »
Relié dos chagrin 7   50

.... A mon humble sentiment, je trouve ce volume encore plus chrétien et plus français que les précédents. J'admire comment, dans un récit qui suit les événements de si près, vous êtes élevé au-dessus de toutes les compétitions politiques, ne sacrifiant rien de la vérité, mais jugeant toutes choses en catholique qui n'aime et ne veut que la gloire et la grandeur de sa patrie.

Il me faut louer aussi la netteté avec laquelle vous exposez les opérations militaires, les campagnes, par exemple, de Vendée et d'Espagne, les grandes coalitions, les clauses des traités, les constitutions et les chartes, la succession des ministères.... toutes choses qui ne se gravent dans la mémoire qu'autant qu'elles se présentent avec ordre et clarté. Je ne compte pas les cartes nombreuses et fort belles, les gravures et les portraits qui ornent votre ouvrage, ainsi que la supériorité de son exécution typographique. Je souhaite que pour vos autres volumes, vous rédigiez une table bien nette, bien méthodique, semblable en un mot à celle de dix-huit pages qui complète si heureusement votre *Histoire contemporaine*.

(Extrait d'une *lettre adressée à l'auteur* par un professeur d'histoire, licencié ès lettres.)

DU MÊME AUTEUR :

Nouveau cours d'histoire rédigé conformément aux programmes officiels pour *l'enseignement secondaire, primaire* et *spécial*. (Demander le prospectus spécial.)

COLLECTION VARIÉE — PUBLICATIONS RÉCENTES

Courses dans les Alpes, par l'abbé P. BAURON, licencié ès lettres, ancien professeur de rhétorique et de philosophie. — *Deuxième édition.* 1 beau vol. in-8°, orné de sept gravures. Prix . . . . 4 fr.

La lecture de ce livre a des agréments qui seront goûtés par tous ceux qui auront la curiosité de le parcourir. La gaieté des collégiens en vacances, les piquantes aventures de la route, offrent un charme, une saveur qu'on ne trouve pas dans tous les romans.... (*Le Salut public.*)

Dante. Etude religieuse et littéraire sur la Divine Comédie, par l'abbé Henri PLANÉT. — 1 beau vol. in-8°, orné de huit gravures. Prix . . . . 4 fr.

Dans une introduction d'une quarantaine de pages, l'auteur nous donne une idée générale du poète, de son œuvre et de son interprétation. Il nous indique, en même temps, la marche qu'il a lui-même suivie dans son étude. Il a pris les pensées les plus saillantes du poète, et a groupé sous des titres et dans des tableaux distincts les passages épars dans le poème, qui se rapportent à la même idée. Voici quelques-uns de ces titres : 1° *La nuit terrible ; — Voyage chez les morts ;* — 2° *L'Enfer ;* — 3° *Le Purgatoire ;* — 4° *Dante régénéré, la mission ;* — 5° *Béatrix ;* — 6° *Paroles d'un croyant,* etc., etc. (*Le Prêtre.*)

Récits bretons, par l'abbé A. BLANLOEIL. — 1 beau vol. in-8°. Prix 4 fr.

Table des matières. — La Ville d'Is. — Le roi Marc'h. — Le Festin miraculeux. — Gwennola. — Herbadilla. — Notre-Dame du Mûrier. — Une messe des Morts. — Le Tombeau d'Almanzor. — La Grotte des Korrigans. — La vengeance de Nomenoë. — Le Combat des Trente. — Jean de Pontorson. — L'Ogresse. — Le Captif. — Notre-Dame du Folgoët. — Saint-Yves. — Meurtre d'Arthur de Bretagne. — Double Trahison. — Gilles de Bretagne. — Gilles de Retz.

Un Poète Apôtre ou le R. P. Léon Barbey d'Aurevilly, missionnaire Eudiste, par le R. P. Joseph DAUPHIN, de la Congrégation de Jésus et de Marie. — 2 beaux vol. in-8°. Prix . . . . 8 fr.

On vend séparément : **Vie du R. P. Léon d'Aurevilly.** 1 vol. Prix, 4 fr.
— **Choix de ses poésies.** 1 vol. Prix, 4 fr.

Un Poète-Apôtre, voilà un titre heureux et parfaitement justifié. Le frère du fameux polémiste et du hardi prosateur que Lamartine appelait « le duc de Guise de la littérature, » était un poète d'une richesse étonnante et d'une prodigieuse facilité. « Il portait des rimes comme, au printemps, un pommier de Normandie porte des fleurs.... Les vers jaillissent du cœur et de l'esprit du poète avec un naturel parfait ; ils traduisent en un langage simple et clair, sans aucune recherche et sans nul effort, des pensées élevées, des sentiments généreux, de hautes et nobles inspirations (1). »

Mais, ce qui vaut mieux encore, le R. P. Léon d'Aurevilly était fou de l'amour de Dieu, comme l'ont été les saints, et son cœur brûlant aurait voulu incendier toutes les âmes du feu de ce divin amour. Pendant trente ans, il a dépensé ses forces et sa vie pour le salut des pécheurs dans le dévorant labeur des missions. Enfin, très versé dans la science de l'ascétisme, il était un admirable guide des âmes, et rien n'est plus ravissant que ses nombreuses lettres de direction. C'est donc aux âmes pieuses que nous recommandons ces deux intéressants volumes, non moins qu'aux amis des belles-lettres.

Le Médaillon de Fourvière, suivi de : *Un membre modèle de la Société de Saint-Vincent de Paul.* — *La Prière du soir.* — *Les enfants de Clodomir*, par le P. ANDRÉ G. 1 vol. in-8°. Prix . . . . 3 fr.

Ces pages sont écrites d'un style naturel, élégant et limpide ; elles ont pour but de faire entrer dans le roman contemporain l'honnêteté, le sentiment chrétien. C'est une bonne initiative. Elle se recommande d'elle-même aux écrivains qui ont conscience de leur mission. (*Etudes religieuses.*)

(1) M. Edmond Biré. *Revue de France.*

Le Beau dans la nature et dans les arts, par M. l'abbé GABORIT. — *Deuxième édition.* 2 beaux vol. in-8° raisin. Prix . . . . 8 fr.

Ce livre doit faire époque dans l'histoire de la philosophie comme dans celle de l'art. Enfin un grand coup est porté à ce malheureux réalisme qui de nos jours est venu envahir et avilir tous les beaux-arts. M. l'abbé Gaborit a mis au service d'une grande et noble cause une haute connaissance des grands problèmes de la philosophie, une érudition non commune dans l'étude de l'histoire de chacun des beaux-arts, un style net et élégant et qui attache le lecteur dans de longues études, attrayantes sans doute par elles-mêmes, mais aussi qui demandent une certaine dose d'application.

(*Univers,* abbé Falcimagne.)

Histoire de France depuis la révolution de juillet jusqu'à nos jours, par M. A. RASTOUL.

1re *partie.* — **La Monarchie de juillet et la deuxième République.** — 1 vol. in-8°. Prix . . . . 5 fr.

2e *partie.* — **Le second Empire et la troisième République.** — 1 vol. in-8° *(sous presse.)*

Vie du vénérable Jean-Louis Bonnard, missionnaire au Tonkin, décapité pour la foi, par l'abbé VINDRY, curé de Sainte-Blandine, à Lyon. 1 beau vol. in-8°. Prix . . . . 4 fr.

VOYAGES EN ORIENT
Par le R. P. DE DAMAS

Jamais on n'avait écrit sur l'Orient avec autant de charme et de vérité, ni réuni tant de précieux souvenirs de ces pays extraordinaires, de ces lieux vénérables et si profondément intéressants. Il semble qu'on les parcoure soi-même avec l'auteur jusqu'à la fin de l'ouvrage.

Le nom du P. de Damas a retenti saintement parmi nous, à l'époque de la guerre de Crimée. C'est là sans doute que cet esprit, à la fois si délicat et si ferme, s'est pris d'amour pour ces contrées de l'Orient vers lesquelles se tournent volontiers aujourd'hui les intelligences de l'Europe civilisée, et où l'on sent comme des frémissements, présage de choses grandes, inconnues, décisives peut-être, pour le sort du monde. Le P. de Damas embrasse la matière sous son aspect le plus complet. A chacune des stations de son voyage, il s'arrête à peindre et à décrire, et quand il a mis clairement les choses sous les yeux, il s'élève à des considérations supérieures, à des rapprochements instructifs, à de chrétiennes méditations. Plusieurs de ces pages sont remplies de feu, de doctrines, de réflexions profondes et élevées, de vues remarquables sur le passé et sur l'avenir. On y sent battre le cœur du prêtre, du religieux, d'un homme éminent par l'esprit, et on ne les ferme point sans en emporter quelque solide et profitable instruction.

Chaque voyage forme un tout complet, chaque volume se vend séparément ainsi que nous l'indiquons ci-après; mais tous forment un ensemble coordonné de manière à composer un seul et même ouvrage.

Voyage au Sinaï. 1 vol. in-8° . . . . 4 fr.
Le même ouvrage, 1 vol. in-12 2

Voyage en Judée. 1 vol. in-8° 4
Le même ouvrage, 1 vol. in-12 2

Voyage à Jérusalem. 1 vol. in-8° 4
Le même ouvrage, 2 vol. in-12 4

Voyage en Galilée. 1 vol. in-8° 4
Le même ouvrage, 1 vol. in-12 2

DANTE

ETUDE RELIGIEUSE & LITTÉRAIRE SUR LA « DIVINE COMÉDIE »

Par l'Abbé Henri PLANET

Un beau volume in-16 orné de plusieurs gravures. Prix. . 3 fr.

En venant après tant de devanciers, nous n'avons pas essayé de refaire ce qui était bien fait (la compétence, d'ailleurs, nous eût manqué), mais de remettre en son rang ce qu'ils avaient négligé et de pousser à la lecture de Dante en le réduisant à ce qui en est saisissable pour tout le monde, les enseignements et les beautés.

En étudiant le poète, nous relevons avec soin tous les genres de poésie auxquels il a eu recours pour enrichir cette composition originale.

En étudiant le penseur, c'est-à-dire le chrétien et le moraliste sous le nom de *pénitent* et d'*apôtre*, nous montrons les sources de ce grand et sage mouvement de réforme qu'il voulut inaugurer dans les âmes et par elles dans la société.

Notre méthode n'a pas été de suivre le poète pas à pas et d'expliquer successivement et dans leur ordre les trois actes du drame et les chants dont chacun d'eux se compose. En prenant cette voie, notre travail eût dépassé de beaucoup les proportions que nous voulons lui donner, et il n'eût été plus ou moins qu'une redite des interprétations antérieures, ce qui le rendait inutile. Pour atteindre notre but, qui était de faire lire Dante et de faire penser avec lui, nous nous sommes fixé à son idée capitale, qui est l'idée de la régénération morale et sociale, par le retour aux croyances et à la pratique de la religion chrétienne. Nous en avons recherché les phases diverses, à travers les développements qu'elle a reçus dans son livre, et nous avons groupé sous ses titres et dans des tableaux distincts les passages qui se réfèrent à la même donnée et qui sont épars dans le poème. Chacun de ces groupements fait une place considérable aux détails — chose importante dans une œuvre où le détail abonde, — et leur ensemble donne tout son relief à la conception principale dont il importe, avant tout, que le lecteur reste pénétré. *(Extrait de l'Introduction.)*

Histoire de France depuis les origines jusqu'à nos jours, par l'abbé GIRARD, aumônier de l'hôpital militaire de Nancy. — 2 beaux vol. in-8º. Prix . . . . 10 fr.

Ce livre est utile et intéressant, au double point de vue catholique et patriotique, et il se recommande particulièrement par une méthode lumineuse, la rapidité de l'exposition, l'art de grouper les faits et par un style attrayant. R. P. FÉLIX.

Les cannibales et leur temps. Souvenirs de la campagne de l'Océanie sous le commandant Marceau, par Eugène ALCAN. — 1 fort vol. in-8º. Prix . . . . 4 fr.

.... Vous ouvrez une mine abondante et précieuse, vous y puisez, pour les faire passer sous les yeux de vos lecteurs, des faits pleins d'intérêt, des scènes dramatiques, des contrastes saisissants, vous mettez en regard « le mal extrême de la barbarie et les sacrifices nécessaires pour l'extirper ; les mœurs des cannibales, leurs instincts féroces, et la merveilleuse abnégation des grandes âmes décidées à tout pour tirer les sauvages de l'abîme. » En un mot, vous nous montrez la vérité prêchée victorieusement par la charité ; ce ne sont pas des fictions, mais des faits réels que vous exposez.

Vos pages ne demeureront pas stériles,
(Extrait d'une lettre adressée par Mgr l'évêque de Coutances à l'auteur.)

Norvège et Suède. Excursion de vacances par l'abbé A.-S. NEYRAT, maître de chapelle de la Primatiale et membre de l'Académie de Lyon. — 1 beau vol. in-8º. Prix . . . . 4 fr.

C'est tout simplement un livre ravissant que M. l'abbé Neyrat vient de publier. Ces notes fugitives, à peine retouchées dans les quartiers d'hiver du repos, ont le charme entraînant d'un voyage lointain opéré sans fatigue des rives de la Saône au bord des lacs norvégiens.
(Revue du diocèse de Lyon.)

www.ingramcontent.com/pod-product-compliance
Lightning Source LLC
Chambersburg PA
CBHW050748170426
43202CB00013B/2338